校企合作汽车专业系列丛书

互联网+创新型“十四五”精品教材

汽车工程材料

（微课版）

主　编　倪伟智　朴振华　邓彦波
副主编　唐艺凡　李　乾　左安成
　　　　张娟荣　郑　直　张孟华

哈爾濱工程大學出版社
Harbin Engineering University Press

内 容 简 介

本书注重严谨性和前瞻性，侧重实践技能的培养，课程资源丰富，通俗易懂。本书共五个项目，主要包括金属材料概述、汽车常用黑色金属材料、汽车常用有色金属材料、汽车常用非金属材料和汽车运行材料。

本书既可作为应用型本科、职业院校汽车专业的通用教材，也可作为汽车修理厂、汽车制造与装配技术人员的参考用书。

图书在版编目（CIP）数据

汽车工程材料 ： 微课版 / 倪伟智，朴振华，邓彦波主编. -- 哈尔滨 ： 哈尔滨工程大学出版社，2024. 9.

ISBN 978-7-5661-4575-8

Ⅰ. U465

中国国家版本馆 CIP 数据核字第 2024GP8193 号

汽车工程材料（微课版）

QICHE GONGCHENG CAILIAO（WEIKE BAN）

策划编辑 张林峰

责任编辑 张林峰

出版发行 哈尔滨工程大学出版社

社　　址 哈尔滨市南岗区南通大街 145 号

邮政编码 150001

发行电话 0451-82519328

传　　真 0451-82519699

经　　销 新华书店

印　　刷 唐山唐文印刷有限公司

开　　本 889 mm×1 194 mm　1/16

印　　张 12.5

字　　数 360 千字

版　　次 2024 年 9 月第 1 版

印　　次 2024 年 9 月第 1 次印刷

书　　号 ISBN 978-7-5661-4575-8

定　　价 49.80 元

http://www.hrbeupress.com

E-mail:heupress@hrbeu.edu.cn

前　言

党的二十大报告指出，“坚持尊重劳动、尊重知识、尊重人才、尊重创造，实施更加积极、更加开放、更加有效的人才政策”“着力形成人才国际竞争的比较优势”“深化人才发展体制机制改革……把各方面优秀人才集聚到党和人民事业中来”。

材料是人类社会生产和发展的重要物质基础。在现代工业社会里，材料、能源、信息被称为现代技术的三大支柱，而能源和信息的发展，在一定程度上又依赖于材料的进步。因此，世界各国都非常重视对材料技术的研究。目前，材料的种类、数量和质量已成为衡量一个国家科学技术水平、国民经济水平和社会文明的重要标志之一。

材料是汽车的基础。一辆汽车由上万个零部件组装而成，而上万个零部件又是由几千种不同品种、不同规格的材料加工制造出来的。汽车材料的优劣对汽车的整体性能有着重大的影响，汽车材料的革新是推动汽车发展的重要因素之一。因此，汽车行业的相关从业人员必须掌握汽车材料的性能并及时了解汽车材料的发展动态。本书具有以下特点。

（1）内容的严谨性和前瞻性。本书在编写过程中，查阅了最新的国家和行业标准，保证了内容的严谨性，同时密切关注材料的新工艺、新技术，保证了教材的前瞻性。

（2）深入浅出，便于教学。内容编排深入浅出，让学生便于理解和接受。为了激发学生的学习兴趣和拓展知识，本书设置了学习目标、任务工单、知识拓展、课后习题等小模块。

（3）加强实践技能的培养。全书采用理论知识与技能训练一体化的编写模式，以体现“做中学”“学中做”的教学理念。使内容贴近企业实际生产，有助于学生工作后更快适应工作岗位。

（4）课程资源丰富。通过微课、PPT 等与纸质教材无缝对接，便于学生理解，掌握各知识点的深度和广度。

本书由倪伟智（湖南潇湘技师学院）、朴振华（黑龙江林业职业技术学院）、邓彦波（永州职业技术学院）担任主编，由唐艺凡（西安思源学院）、李乾（泰安技师学院）、左安成（泰安技师学院）、张娟荣（咸阳职业技术学院）、郑直和张孟华（周口职业技术学院）担任副主编。本书的相关资料和售后服务可扫描封底微信二维码或登录 www.bjzzwh.com 下载获得。

本书在编写过程中，编者引用了大量原厂手册及文献资料，在此向原作者们表示衷心的感谢！由于新能源汽车领域的技术日新月异，同时编者的知识和能力也存在不足，书中难免存在疏漏之处，敬请读者及时反馈，以便后期修订。

编　者

目 录 CONTENTS

项目一

金属材料概述

项目导读

材料是指经过某种加工，具有一定结构、组分和性能，并具有一定用途的物质。而材料科学就是研究各种材料的成分、工艺、组织和性能之间相互关系的科学，通常说成分—工艺—组织—性能是材料科学的一条主线。材料科学可提供材料结构的统一描绘，或给出模型，并解释这种结构与材料性能的关系。材料工程属于技术的范畴，目的在于采用经济而又能为社会所接受的生产工艺、加工工艺控制材料的结构、性能和形状，以达到使用要求。

材料科学与工程是研究有关材料的成分、结构和制造工艺与其性能及使用性能间相互关系的知识及应用，是一门应用基础科学。

金属材料是机械制造工业中应用最为广泛的材料，分为纯金属和合金两类。合金是以一种金属为基础，加上其他金属或非金属，经过熔炼或烧结制成的具有金属特性的材料。与纯金属相比，合金的强度、硬度较高，并且可人为地进行加工处理（改变成分和工艺），获得具有各种性能的材料。

绝大多数金属材料是在固态下被应用的，其中固态物质是以晶体和非晶体两种结构形式存在的。掌握金属材料的晶体结构及其对金属材料性能的影响，对于生产、加工和使用金属材料具有重要的意义。

在汽车行业中，50%～60%的汽车金属零部件是通过塑性变形完成的，掌握金属材料的塑性变形原理，对于选择金属材料的加工工艺，提高产品强度、硬度要求，合理使用材料都有重大意义。

学习目标

◆ 知识目标

1. 了解金属材料的力学性能。
2. 了解金属材料的物理、化学、工艺性能。
3. 熟识金属的晶体结构与结晶。
4. 了解金属的塑性变形与再结晶。

◆ 能力目标

1. 能够运用所学知识评价金属材料的性能。
2. 能够概述晶体的相关概念，如晶格、晶胞、晶格常数等的含义。
3. 掌握金属压力加工的方法，冷、热塑性变形对金属组织和性能的影响。

◆ 素质目标

1. 培养学生初步具备分析和解决金属材料相关问题的能力。
2. 培养学生能够熟练运用金属晶体结构与金属性质之间的内在联系分析和解决实际问题。
3. 培养学生具备为汽车合理选材的能力。

◆ 思政目标

1. 培养学生对汽车行业的热爱，制定合理的职业生涯规划，从技术水平、管理水平等多方面全面提升自己。

2. 掌握汽车材料的性能并及时了解汽车材料的发展动态，强化工程伦理教育，培养学生精益求精的大国工匠精神。

任务工单

一、任务名称

熟识车用高分子材料

二、任务描述

全班同学以分组讨论的形式，列举出通过塑性变形完成的汽车金属零部件，并分析金属材料的塑性变形原理。在任务准备的过程中完成表 1-1 的填写。

表 1-1　实训表

姓名		班级		学号	
学时		日期		实训地点	
实训工具	汽车模型或图片、关于高分子材料的相关资料				

三、任务目的

通过分析、讨论、举例的形式，掌握金属材料的塑性变形原理，从而做到合理地选择金属材料的加工工艺，以提高产品强度、硬度要求，合理地使用材料。

四、分组讨论

全班学生以 3 ～ 6 人为一组进行分组，选出各组组长，组长对组员进行任务分工并将分工情况记入表 1-2 中。

表 1-2　分工情况表

本组成员	姓名	学号	任务分工
组长			
组员			

五、任务思考

1. 金属在外力作用下的变形可分为几种类型？
2. 晶粒的大小对变形有哪些影响？
3. 影响再结晶退火后晶粒大小的因素有哪些？
4. 冷塑性变形对金属组织与性能的影响有哪些？

六、任务实施

在任务实施过程中，将遇到的问题和解决办法记录在表 1–3 中。

表 1–3　问题及解决办法

序号	遇到的问题	解决办法
1		
2		
3		

七、任务评价

请各小组选出一名代表展示任务实施的成果，并配合指导教师完成表 1–4 的任务评价。

表 1–4　任务评价

评价项目	评价内容	分值	评价分值		
			自评	互评	师评
职业素养考核项目	考勤、纪律意识	10 分			
	团队交流与合作意识	10 分			
	参与主动性	10 分			
专业能力考核项目	积极参与教学活动并正确理解任务要求	10 分			
	认真查找与任务相关的资料	10 分			
	任务实施过程记录表的完成度	10 分			
	对金属材料的塑性变形原理的掌握程度	20 分			
	独立完成相应任务的程度	20 分			
合计：综合分数___自评（20%）+ 互评（20%）+ 师评（60%）		100 分			
综合评价			教师签名：		

任务一　金属材料的力学性能

在汽车制造领域中，金属材料因具有良好的工艺性能和服役性能，仍是汽车工程材料的主流。工艺性能是指金属材料在被加工过程中所表现出来的性能，包括铸造性能、锻造性能、焊接性能、热处理性能、涂镀性能、成形性能和切削加工性能等；服役性能是指金属材料在使用条件下所表现出来的性能，包括力学性能、物理性能和化学性能。其中，力学性能又称为机械性能，是材料在外力作用下所表现出来的属性，是设计汽车零件时的主要依据，零件所受的力有静载荷、动载荷和交变载荷。静载荷涉及强度、塑性、硬度；动载荷涉及冲击韧性和疲劳强度等，各性能参数可以通过相应的试验设备进行测试。

一、金属材料力学性能的相关概念

1. 载荷

金属材料在使用过程中所受的外力又称为载荷。根据作用性质的不同，载荷分为静载荷、动载荷和交变载荷三种。

（1）静载荷

静载荷是指大小不变或变化过程缓慢的载荷。

（2）动载荷

动载荷是指在短时间内以较高速率作用在零件上的载荷。

（3）交变载荷

交变载荷是指大小和方向随时间做周期性变化的载荷。

根据作用方式的不同，载荷又可分为拉伸载荷、压缩载荷、弯曲载荷、剪切载荷和扭转载荷。

2. 应力

应力是指物体在外因（如力、湿度变化、温度场变化等）作用下发生变形时，在物体内部各部分之间产生的相互作用的内力。这种内力的作用是抵抗外因对物体的作用，并试图使物体从变形后的状态恢复到变形前的状态。应力是单位面积上的内力。

3. 应变

物体在受到外力作用下会产生一定的变形，变形的程度称为应变。应变有正应变（线应变）、切应变（角应变）及体应变。其中，正应变是某一方向上微小线段因变形产生的长度增量（伸长时为正）与原长度的比值；切应变是两个相互垂直方向上的微小线段在变形后夹角的改变量。

4. 应力－应变曲线

准静态的应力–应变关系通常用单轴拉伸试验获得，因为伸长率的数值与试样尺寸有关，所以试验时应对所选定的试样尺寸做出规定，以进行比较。

普通低碳钢的圆形拉伸试样拉伸前和拉伸后如图 1–1 所示。

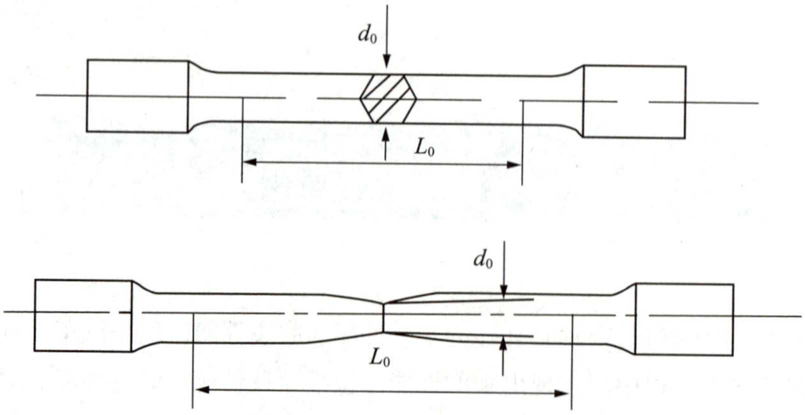

图 1–1　普通低碳钢的圆形拉伸试样拉伸前和拉伸后

低碳钢的拉伸过程中样件应力–应变的变化关系曲线如图 1–2 所示。

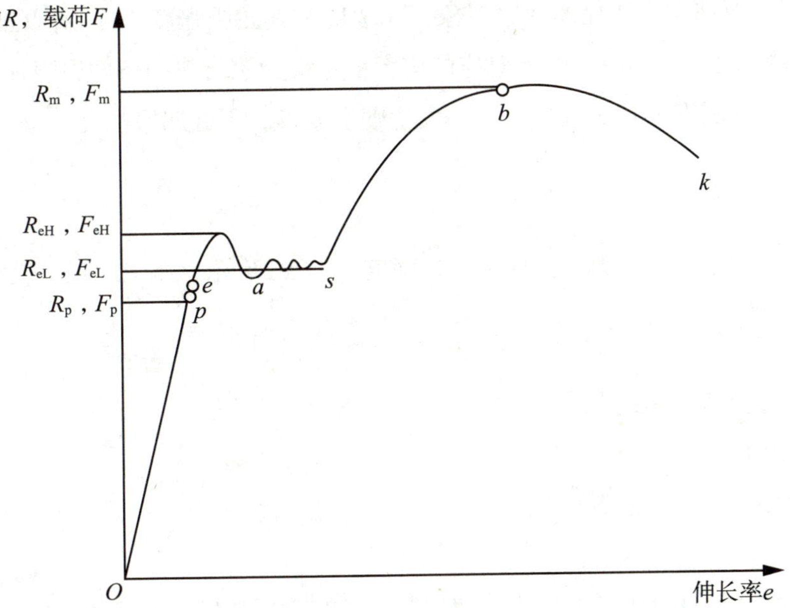

图 1–2　低碳钢的拉伸过程中样件应力—应变的变化关系曲线

（1）弹性变形阶段（*Oe* 段）

Oe 段是直线，表示变形量与外力成正比，服从胡克定律。载荷去除后，试样恢复原来的初始状态。F_{eL} 是使试样只产生弹性变形的最大载荷。

（2）屈服阶段（*es* 段）

当载荷超过 F_{eL} 时，拉伸曲线出现平台或锯齿，此时在载荷不变或变化很小时试样却继续伸长，此现象称为屈服，F_{eL} 称为屈服载荷。在载荷去除后，试样有部分残余变形不能恢复，称为塑性变形。

（3）强化阶段（*sb* 段）

试样在屈服时产生的塑性变形使试样的变形抗力增大，只有增大载荷，变形才可以继续进行。在此阶段，变形与硬化交替进行，随塑性变形增大，试样变形的抗力也逐渐增大，这种现象称为加工硬化。该阶段试样各处的变形都是均匀的，也称为均匀塑性变形阶段。F_m 为试样拉伸试验时的最大载荷。

（4）颈缩阶段（*bk* 段）

当载荷超过最大载荷 F_m 时，试件发生局部收缩，这种现象称为颈缩。由于变形主要发生在颈缩处，其所需的载荷也随之降低。变形继续增加，直到试样断裂。

5. 强度

强度是材料在外力作用下抵抗变形和破坏的能力。材料的屈服强度和抗拉强度是通过静态拉伸试验进行测定的。

（1）屈服强度

当金属材料呈现屈服现象时，在试验期间发生塑性变形而力不增加时的应力称为屈服强度，分上屈服强度 R_{eH} 和下屈服强度 R_{eL}，如 R_{eL} 的计算式为

$$R_{eL}=\frac{F_{eL}}{S_0}$$

式中　F_{eL}——材料屈服时的拉力（N）；

　　　S_0——试样横截面面积（mm^2）。

屈服强度是具有屈服现象的材料特有的强度指标。只有低碳钢、中碳钢、铜、铝等少数金属有屈服现象，大多数金属材料都没有明显的屈服现象，无法确定其屈服强度 R_{eL}。所以工程上规定，把试样产生的塑性变形量为标距长度的 0.2% 时所对应的应力值定义为该材料的条件屈服强度，用 $R_{p0.2}$ 表示。

大多数情况下，材料在使用过程中不允许发生塑性变形，因此屈服强度是进行零件设计和选材的重要依据。

（2）抗拉强度

材料在拉断前所能承受的最大应力称为抗拉强度，以 R_m 表示，则 R_m 的计算式为

$$R_m = \frac{F_m}{S_0}$$

式中　F_m——试样拉断前的最大外力（N）。

6. 金属材料弹性变形

金属材料弹性变形有以下主要特点。

（1）可逆性

金属材料的弹性变形具有可逆的性质，即加载时，卸载后恢复到原状的性质。

（2）单值性

金属材料在弹性变形过程中，不论是加载阶段还是卸载阶段，只要在缓慢的加载条件下，应力与应变都保持正比的单值对应的线性关系，即符合胡克定律。

（3）弹性变形量小

通常来说，金属材料和陶瓷材料的弹性变形很小，高聚物材料的弹性变形可以比较大。弹性模量又称为杨氏模量。一般来讲，对弹性体施加一个外界作用，弹性体会产生形状的改变称为应变。弹性模量的一般定义是：单向应力状态下应力与该方向应变的比值，即认为应力与应变具有线性关系。

弹性模量是指材料在外力作用下产生单位弹性变形所需要的应力，它是反映材料抵抗弹性变形能力的指标，相当于弹簧中的刚度，其值越大，使材料发生一定弹性变形的应力也越大，材料刚度越大，即在一定应力作用下，产生的弹性变形越小。在低于弹性极限的应力范围内，实际固体的应力和应变不是单值对应关系，往往有一个时间的滞后现象，这种特性称为滞弹性。

二、静载荷下的力学性能

1. 强度

常用的强度判据是屈服强度和抗拉强度。屈服强度一般作为低碳钢、中碳钢、退火钢等硬度较低的材料的强度指标，用来表明这类材料抗永久变形的能力，它是设计和选材的重要依据。

2. 塑性

塑性是指材料在外力作用下，产生不可逆永久变形的能力，常用断后伸长率和断面收缩率表示。

断后伸长率的计算式为

$$A = \frac{L_u - L_0}{L_0} \times 100\%$$

式中　A——断后伸长率（%），A > 5% 为塑性材料，A < 5% 为脆性材料；

L_u——试样拉断后标距（mm）；

L_0——试样原始标距（mm）。

断面收缩率的计算式为

$$Z = \frac{S_0 - S_u}{S_0} \times 100\%$$

式中　Z——断面收缩率；

S_0——试样原始横截面面积（mm^2）；

S_u——试样拉断后最小横截面面积（mm^2）。

3. 硬度

硬度是指金属材料抵抗局部弹性变形、塑性变形、压痕、划痕或破坏的能力，是材料软硬的度量，能够反映金属材料内部的化学成分、金相组织和热处理状态上的差异，是各种零件及工具、量具、模具等必备的性能指标。主要的表示方法有布氏硬度（HBW）、洛氏硬度（HR）、维氏硬度（HV）等。金属材料的硬度实际上也就是其强度的局部反映，强度高，硬度也高。

（1）布氏硬度

① 布氏硬度的测试原理

用一定的试验力 F，将直径为 D 的硬质合金球压头压入被测材料的表面，如图 1–3 所示。保持规定时间后卸除试验力，然后利用专用的刻度放大镜测出压痕直径 d[d =（d_1+d_2）/2]，根据 d 的大小，即可从硬度对照表中查出相应的布氏硬度。由硬度对照表可知，当试验力 F 与硬质合金球的直径 D 不变时，d 值越小，被测材料的布氏硬度值越大，被测材料越硬。

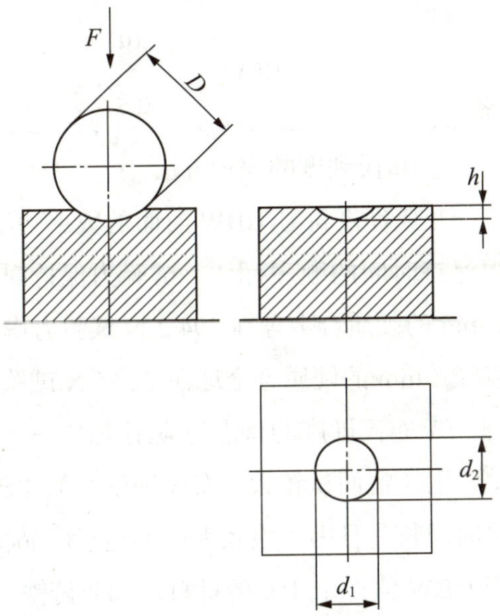

图 1–3　布氏硬度测试原理示意图

布氏硬度用 HBW 表示，布氏硬度的单位为 kgf/mm^2，但一般不用标注，压头球的材料采用硬质合金。常用的压头球直径有 1 mm、2.5 mm、5 mm、10 mm 四种，其中，以直径为 10 mm 的压头球最为常用。对于试验力在 9 807 ～ 29 420 N 范围内的保持时间，钢铁材料一般为 10 ～ 15 s；非铁金属材料为 30 s，布氏硬度小于 35 的材料为 60 s。试验时根据金属材料的种类、试样的硬度范围及试样厚度的不同，参照表 1–5 给出的部分布氏硬度试验规范，选择试验用压头球直径 D、试验力 F 及试验力保持时间。

表 1–5 布氏硬度试验规范（部分）

材料种类	布氏硬度使用范围	压头球直径 D/mm	$0.102F/D^2$ 值 /（N/mm^2）	试验力 F/N	试验力保持时间 /s	备注
铜及铜合金	＞ 200 HBW	10 5 2.5	30	29 420 7 355 1 839	30	（1）压痕中心到试样边缘的距离不应小于压痕平均直径的 2.5 倍； （2）两相邻压痕中心距离不应小于压痕平均直径的 3 倍； （3）试样厚度至少应为压痕深度的 8 倍，且试验后，试样支撑面应无可见的变形痕迹
	35 ～ 200 HBW	10 5 2.5	10	9 807 2 452 612.9	30	
	＜ 35 HBW	10 5 2.5	5	4 903 1 226 306.5	60	
铸铁	≥ 140 HBW	10 5 2.5	30	29 420 7 355 1 839	10	
	＜ 140 HBW	10 5 2.5	10	9 807 2 452 612.9	10 ～ 15	

② 布氏硬度的表示方法

布氏硬度符号 HBW 前面的数字为硬度值，符号后面的数字按压头球的直径、试验力换算值、试验力保持时间的顺序标注。试验力保持时间为 10 ～ 15 s 时不标注。例如，600 HBW1/30/20 表示用直径 1 mm 的硬质合金球在 294.2 N 试验力作用下保持 20 s 测得的布氏硬度值为 600；350 HBW5/750 表示用直径 5 mm 的硬质合金球在 7 355 N 试验力作用下保持 10 ～ 15 s 测得的布氏硬度值为 350。

③ 布氏硬度的特点与应用范围

因压痕面积较大、布氏硬度的值比较稳定，故测试数据重复性好，准确度较洛氏硬度法高。但其测量时间长，且因压痕较大，不适于成晶检验。由于测试过硬材料可导致钢球变形，因此布氏硬度通常用于 HBW 值小于 450 的材料，如灰铸铁、非铁合金及硬度较小的钢材。部分汽车零部件常用材料的硬度见表 1–6。

表 1–6 部分汽车零部件常用材料的硬度

零部件名称	材料	硬度
发动机轴承	锡基轴承合金	24 HBW
仪表板盖	ABS 塑料	70 HBW
排气管	蠕墨铸铁	140 ～ 217 HBW
汽车轮毂	球墨铸铁	130 ～ 210 HBW
曲轴	优质中碳钢	240 ～ 260 HBW

（2）洛氏硬度

① 洛氏硬度的测试原理

将顶角为 120° 的金刚石圆锥体或直径为 1.587 5 mm 或 3.175 mm 的淬火钢球（或碳化钨合金球）作为压头，先施加一个初试验力，然后在主试验力的作用下将压头压入被测材料表面，经规定的保持时间后，卸除主试验力，根据压痕的深度，直接从洛氏硬度计的显示器上读取洛氏硬度值如图 1–4 所示。

② 洛氏硬度的表示方法

洛氏硬度用 HR 符号表示，一般情况下，被测材料洛氏硬度的表示方法为：硬度值标在洛氏硬度符号（HR）的前面，HR 的后面写使用的标尺符号，若试验时用到球压头，则还需在标尺符号后面再加上球压头代号（钢球为 S，碳化钨合金球为 W）。例如，40 HRC，表示用 C 标尺测定的洛氏硬度值为 40；60 HRBW 表示用碳化钨合金球压头在 B 标尺上测得的洛氏硬度值为 60。我国常用的洛氏硬度标尺有 A、B、C 三种，其洛氏硬度试验规范见表 1–7。

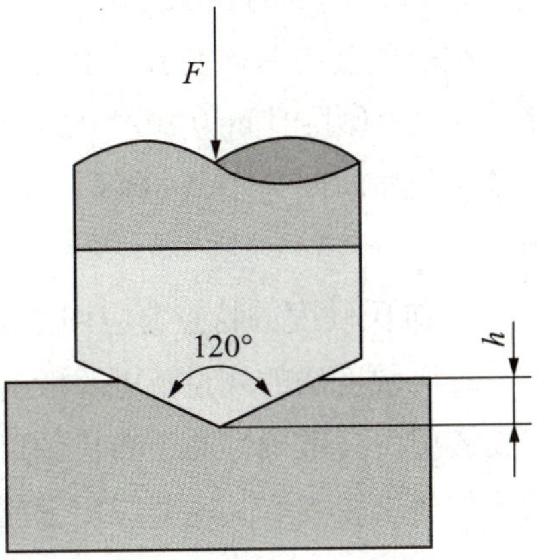

图 1–4　洛氏硬度测试原理示意图

表 1–7　A、B、C 标尺的洛氏硬度试验规范

洛氏硬度标尺	硬度符号	压头类型	初试验力 F_0/N	主试验力 F_1/N	总试验力 F/N	适用范围	应用举例
A	HRA	金刚石圆锥体	98.07	490.33	588.4	20 ～ 95 HRA	硬质合金、表面淬火球等
B	HRBW	直径为 1.587 5 mm 的球体	98.07	882.63	980.7	10 ～ 100 HRBW	非铁金属、退火及正火钢件
C	HRC	金刚石圆锥体	98.07	1 372.93	1 471	20 ～ 70 HRC	淬火钢件

③ 洛氏硬度的特点与应用范围

洛氏硬度测试简单，且压痕小，可用于成晶检验。但是其测得的硬度值重复性较差，需在不同部位测量数次。洛氏硬度应用于硬质合金、表面淬火钢、退火钢、非铁合金、一般淬火件。

（3）维氏硬度

① 维氏硬度的测试原理

维氏硬度的测试原理与布氏硬度的测试原理基本相同，区别在于前者的压头采用锥面夹角为 136° 的金刚石正四棱锥体，其压痕为四棱锥，测量压痕两对角线的长度，根据两对角线长度 d 的平均值对照专用维氏硬度表即可直接查出硬度值。图 1–5 为维氏硬度计。

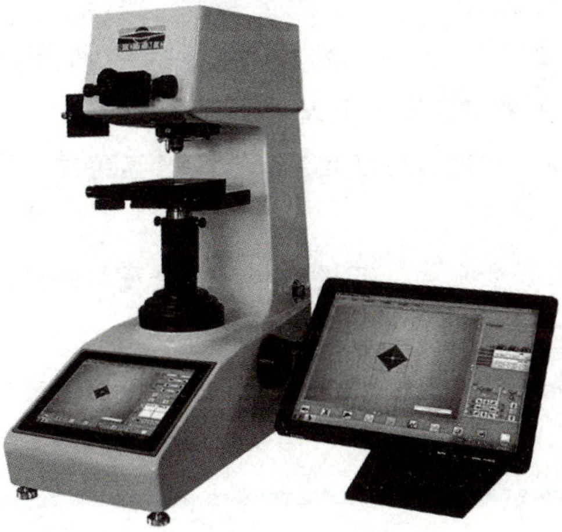

图 1–5　维氏硬度计

② 维氏硬度的表示方法

维氏硬度用 HV 表示，HV 符号前面的数值为硬度值，HV 后面按试验力、试验力保持时间的顺序标注，试验力保持时间为 10 ～ 15 s 时不用标注。例如，640 HV30 表示维氏硬度值为 640，试验力为 294.2 N，试验力保持时间为 10 ～ 15 s；640 HV30/20 表示维氏硬度值为 640，试验力为 294.2 N，试验力保持时间为 20 s。

③ 维氏硬度的特点与应用范围

维氏硬度法的测量范围一般为 10 ～ 1 000 HV，压入深度较浅，故可测很薄的材料，如表面硬化层、金属镀层，且准确性高于布氏硬度法及洛氏硬度法。但是，维氏硬度的测试方法较烦琐，对被测件表面质量的要求较高。其主要应用于测量微小、较薄部件的硬度。

4. 常用金属材料力学性能的指标与含义

常用金属材料力学性能的基本指标及其含义见表 1–8。

表 1–8　常用金属材料力学性能的基本指标及其含义

力学性能		性能指标			含义
		符号	名称	单位	
静载荷	塑性	A	断后伸长率		标距的伸长量与原始标距的比值
		Z	断面收缩率		颈缩处横截面面积的缩减量与原始横截面面积的比值
	强度	R_m	抗拉强度	MPa	试样拉断前所能承受的最大应力
		R_{eH} R_{eL}	屈服强度	MPa	拉伸过程中，力不增加（保持恒定）试样仍能继续伸长时的应力
		R_p	规定塑性延伸强度	MPa	发生微量的塑性变形时的应力
	硬度	HBW	布氏硬度值		球形压痕单位面积上所承受的平均应力
		HRA	A 标尺洛氏硬度值		用洛氏硬度相应标尺刻度满量程与压痕深度之差计算所得的硬度值
		HRB	B 标尺洛氏硬度值		
		HRC	C 标尺洛氏硬度值		
		HV	维氏硬度值		正四棱形压痕单位表面积上所承受的平均应力
动载荷	冲击韧性	a_K	冲击韧度	J/cm^2	冲击试样缺口处单位横截面面积上的冲击吸收能量
	疲劳强度	σ_{-1}	疲劳极限	MPa	试样承受无数次（或给定次数）对称循环应力仍不断裂的最大应力

知识拓展

影响金属材料力学性能的主要因素

影响金属材料力学性能的主要因素有如下五个方面。

（1）含碳量。含碳量越高，强度和硬度越高，但塑性显著降低。

（2）杂质元素。

（3）合金元素。加入某些合金元素，可提高和改善金属材料综合力学性能，并获得某些特殊的物理和化学性能。

（4）温度。一般，低温条件下强度有所增加，塑性和冲击韧性下降，高温条件下相反。

（5）热处理工艺。

三、金属材料动载荷下的动态力学性能

动载荷下的动态力学性能主要体现在韧性和疲劳强度两个方面。

1. 韧性

许多机械零件在工作时要受到冲击载荷的作用，如活塞销、锤杆、冲模及锻模等。用于制造这类零件的金属材料，不能仅用静载荷作用下的韧性（即金属材料在断裂前吸收变形能量的能力）指标来衡量其性能的好坏，还应考虑金属材料抵抗冲击载荷的能力，即冲击韧性，其指标以冲击韧度 a_K 表示。

冲击韧度是金属材料断裂前所吸收的能量与断口横截面面积的比值。通常采用摆锤式冲击试验机测定。测定时，一般是将带缺口的标准冲击试样放在试验机上，然后用摆锤将其一次冲断，并以试样缺口处单位截面面积上所吸收的能量表示其冲击韧度，表征材料在冲击载荷作用下，抵抗破坏的能力，如图 1–6 所示。

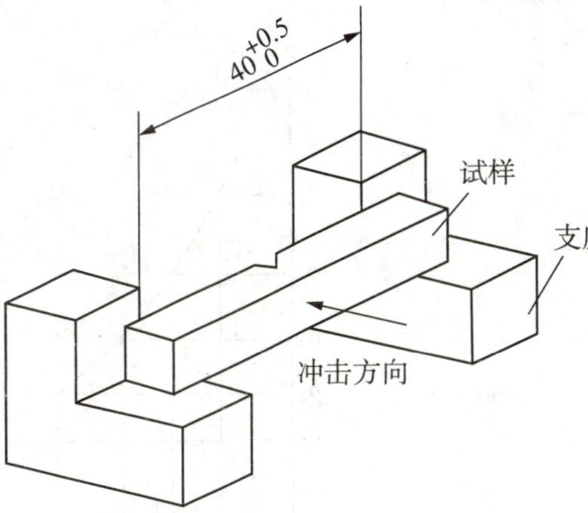

图 1–6　冲击试样示意图

利用冲击试验机冲断试样所消耗的冲击吸收能量，通过计算断口单位面积上的消耗功来表示冲击韧度 a_K。

冲击韧度计算式为

$$a_K=\frac{K}{A_d}$$

式中　K——冲击吸收能量（J）；

A_d——试样断口横截面面积（cm^2）。

由于标准试样缺口分为 V 型和 U 型两种，用相应缺口的标准试样进行试验时，其冲击吸收能量应分别标注为 KV 和 KU，其冲击韧度标注为 a_{KV} 和 a_{KU}，单位为 J/cm^2。在温度相同的情况下，由不同材料制成的冲击试样，所测冲击吸收能量 K 越大，材料的韧性越好。同时，试验表明冲击吸收能量 K 和冲击韧度 a_K 总的变化趋势是随温度降低而降低，当温度降至某一数值时，冲击韧度值急剧下降，钢材由韧性断裂变为脆性断裂，材料由韧性断裂状态向脆性断裂状态转变的温度称为韧脆转变温度。韧脆转变温度是衡量金属材料冷脆变化的指标，韧脆转变温度越低，材料的低温冲击韧性越好。例如，碳素结构钢的韧脆转变温度为 −20 ℃，因此，在使用碳素结构钢作为桥梁、输送管道等的钢架结构件的材料时，必须考虑其周围环境的最低温度是否低于材料的韧脆转变温度，以避免在寒冷季节发生金属脆断事故。

2. 疲劳强度

金属在循环的交变应力作用下，在一处或多处产生局部永久性累积损伤，经一定循环次数后，产生裂纹或突然发生断裂的过程。疲劳强度是指在指定寿命下使试样失效的应力水平。疲劳失效前无明显的塑性变形而发生断裂，具有危险性，大多数零件失效是由疲劳造成的。

（1）疲劳曲线

疲劳曲线是指交变应力 σ 与循环载荷 N 的关系曲线，如图 1-7 所示，金属材料承受的交变应力越大，则断裂前的应力循环次数越少，反之越多。当应力低于一定值时，试样可以经受无限次交变应力的作用而不被破坏。

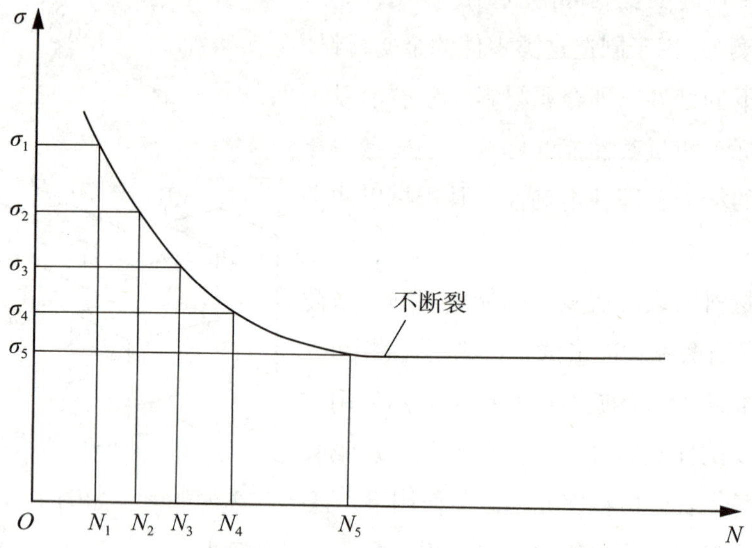

图 1-7　疲劳曲线示意图

（2）疲劳强度指标

疲劳极限即材料经过无限次应力循环不发生断裂的最大应力。当应力呈对称循环时，疲劳强度用符号 σ_{-1} 表示，单位为 MPa。疲劳曲线和疲劳强度是通过疲劳试验机模拟零部件在机构中实际工作的情况测试出来的，由疲劳曲线可以看出金属材料的疲劳强度。

由于实际上不可能进行无数次循环，并且有的金属材料不出现图 1-7 所示趋于水平的疲劳曲线，一般规定一个应力循环基数，测试时，循环次数超过这个基数就认为该金属材料不再发生疲劳破坏。疲劳断裂的产生可分为微观裂纹、宏观裂纹和瞬时断裂三个过程。

在金属材料的实际加工及成晶应用过程中，金属材料在交变应力的作用下，由于应力循环特性、材料的性质及其残余应力和表面质量等因素的影响，在其表面形成缺陷点（如大块状碳化物、机械加工刀痕、横截面面积突变处等），这些试样缺陷点的局部应力大于屈服强度，从而导致其产生局部塑性变形而形成裂纹，即“疲劳源”，这种“策源区”裂纹非常细小，长度为 10^{-9} ～ 10^{-4} m，故称为“微观裂纹”。由于裂纹处形成应力集中，在交变应力的作用下，细小裂纹不断扩展，相互融合，形成长度大于 10^{-4} m、肉眼可见的“扩展区”裂纹，称之为“宏观裂纹”。在后续的工作过程中，宏观裂纹继续扩展，而试样的有效承载面积减小，设计疲劳强度下降，结果在正常交变应力作用下，试样突然发生疲劳断裂。

知识拓展

材料的包辛格效应

包辛格在对钢进行研究时发现，钢在经过正向预变形后再对其进行逆向加载时出现了屈服强度减小的现象，即材料经过变形后的反向屈服强度降低，这种现象称为包辛格效应。包辛格的研究工作使人们认识到材料的力学性能取决于它的加载历史和路径，自 1886 年此效应发现以来，人们对不同材料的包辛格效应做了大量的研究。

包辛格效应是金属材料广泛存在的一种现象，它的存在使金属材料具有明显的各向异性，同时导致了金属材料塑性成形过程中力学性能分析的复杂化，尤其是硬化规律不同可导致应力分布状况明显不同，它能够引起金属材料在使用时的强度损失，并能影响机械零件疲劳服役和尺寸的稳定性。

造成包辛格效应的因素有很多，如预应变大小、材料微观组织、淬火水平和含碳量、晶粒密度与大小、应变时效等。例如，单晶体、多晶体或者纯金属等材料的包辛格效应程度和原理就不同。对包辛格效应进行研究，有助于理解材料在复杂加载路径下的硬化规律，便于更好地建立复杂应力应变条件下的本构关系，对于提高仿真精度具有重要的意义，并具有重大的工程应用价值。

回弹是汽车车身成形的三大主要缺陷之一，高强度钢和铝合金薄板在冲压成形后的回弹问题尤其突出。零件回弹尺寸的大小，直接影响零件的表面质量及车间后续的总装装配。对于比较大的回弹零件，需要额外反复进行校正或者精修模具来补偿回弹，增加了大量不必要的时间及模具的开发成本。回弹是冲压中不可避免的一种缺陷，是零件在整个变形过程中的累积效应，也是限制高强度钢和铝合金等材料广泛应用的因素之一。

回弹引起零件的形状与尺寸和模具的工作表面形状和尺寸不一致，导致二者之间存在一定的偏差，因此，为了使获得的零件的形状尺寸与设计标准尺寸一致，必须对模具的工作表面进行修磨，修磨后的模具尺寸与精确设计尺寸之间产生差值。如何确定这些差值取决于零件回弹的分布状况，对于一个具体的冲压件，精确地获取对应差值及其分布极其重要。而且为了提高板料的成形性能，减小回弹，零件成形时，拉延筋的设置非常普遍，复杂加载路径下的材料硬化现象值得进行深入研究，而金属的包辛格效应就描述了在复杂加载路径下合金的力学性能的变化。

任务二　金属材料的物理、化学、工艺性能

一、金属材料的物理性能

1. 密度

单位体积中材料的质量称为密度。一般将密度小于 5×10^3 kg/m^3 的金属称为轻金属，密度大于

5×10^3 kg/m^3 的金属称为重金属。生产中一些零件的选材必须考虑金属材料的密度，尤其是汽车轻量化是当前的研究重点，如汽车发动机中要求质量小、运动惯性小的活塞等，多选用密度小的铝合金材料进行制造，汽车发动机舱盖同样为了减轻重量而选择铝合金板。

2. 热膨胀性

通常用线膨胀系数表示热膨胀性。线膨胀系数是一个非常重要的性能参数。陶瓷材料的线膨胀系数最低，金属材料次之，高分子材料最高。活塞与缸套的材料匹配及多数金属材料的焊接等都需要考虑材料的热膨胀性，以减小零部件的变形与开裂。因此，对精密仪器零件或异种材料焊接来说，热膨胀性是非常重要的性能指标。

3. 熔点

材料的熔化温度称为熔点。金属材料都有固定的熔点，合金的熔点取决于它的化学成分，一般陶瓷材料的熔点高于金属材料的熔点，高分子材料没有固定的熔点。熔点低的金属材料及其合金可用来制造焊锡丝或熔丝，而熔点高的金属（如钨、钼等）及其合金可用来制造耐高温零件。熔点是金属材料及其合金在冶炼、铸造和焊接时的重要的工艺参数。

4. 导电性

材料的导电性一般用电阻率表示。通常金属材料的电阻率随温度升高而增大。纯金属材料的导电性比其合金好；高分子材料不导电，但部分高分子复合材料却具有良好的导电性；陶瓷材料不导电，但某些含有特殊成分的陶瓷却是具有一定导电性的半导体。

5. 磁性

金属材料能导磁的性能称为磁性。一些金属材料（如铁、镍、钴、钆等）具有较高的磁性，也有许多金属材料（铝、铜、铅等）是无磁性的；非金属材料一般无磁性。磁性只存在于一定的温度范围内，若高于一定温度，磁性就会消失，如铁在 770 ℃以上就会失去磁性，这一温度称为居里温度。

6. 导热性

导热性用热导率表示，热导率越大，说明导热性越好。导热性是金属材料的重要性能之一，金属材料及其合金的热导率远高于非金属材料。金属越纯，导热性越好，非金属的导热性差。导热性高的材料常用来制造热交换器等传热设备中的零件。同时，在不同材料的匹配过程中，也必须考虑不同材料导热性的不同。

二、金属材料的化学性能

化学性能是指金属材料在常温或高温时抵抗各种化学作用的能力。据相关资料介绍，全世界每年由于腐蚀而报废的设备约相当于全年设备产量的 1/3，此外，设备因腐蚀而需进行检修或停工减产的损失及采取各种防腐措施的费用等也很多。

1. 金属材料腐蚀的基本过程

金属材料腐蚀分为化学腐蚀和电化学腐蚀两种。金属材料与周围介质接触时，由于化学作用而引起的腐蚀称为化学腐蚀，如金属材料与空气中的水蒸气、氧气等形成氧化物，从而使金属零件因腐蚀而损坏；金属材料与电解质溶液（如酸、碱、盐等）构成原电池而引起的腐蚀称为电化学腐蚀，如金属材料在海水中或土壤中的腐蚀均属于电化学腐蚀。

2. 金属材料的耐蚀性和高温抗氧化性

（1）耐蚀性

耐蚀性是抵抗化学腐蚀或电化学腐蚀的能力。腐蚀是机械、化工等行业中造成一些隐蔽性和突发性事故的重要原因。化工设备、医疗器械、食品器械、制药器械等应采用耐酸碱腐蚀及耐空气、水溶液等腐蚀的材料，如不锈钢等。

（2）高温抗氧化性

高温抗氧化性又称为热稳定性，是指材料在迅速氧化后，能在表面形成一层连续、致密并与基体结合牢固的膜，从而阻止材料进一步氧化的能力。工业高温加热炉管、汽轮机、烟气轮机等高温设备应采用具有高温抗氧化性的材料制造。

三、金属材料的工艺性能

工艺性能是指使用材料制造机械零件和工具的过程中，采用某种加工方法制成成品的难易程度，包括可铸性、焊接性、可锻性、可加工性和热处理工艺性。

材料的工艺性能对于保证汽车产品质量、降低成本、提高生产效率起着十分重要的作用，是汽车设计、制造、修理及选择汽车零件材料必须认真考虑的一个因素。

1. 可铸性

可铸性是指金属材料及其合金在铸造工艺中获得优良铸件的能力，包括流动性、收缩性、热裂倾向、偏析和吸气性等。不同的金属材料，其可铸性差距很大，灰铸铁的可铸性较好。

2. 焊接性

焊接性是指金属材料对焊接加工的适应能力，与金属材料的化学成分有关，低碳钢的焊接性好，高碳钢、铸铁、铜合金和铝合金的焊接性差。

3. 可锻性

可锻性是指用锻压成形方法获得优良锻件的难易程度，包括冷镦性和锻后冷却性等。低碳钢、铝合金和铜合金的可锻性较好，高碳钢、合金钢的可锻性差，铸铁则不能锻造。

4. 可加工性

可加工性是指切削加工金属材料的难易程度，当硬度为 160 ～ 230 HBW，并具有足够的脆性时，金属材料较易切削加工。马氏体、奥氏体的可加工性差，铸铁比钢容易切削加工，一般碳素钢比高合金钢容易切削加工。

5. 热处理工艺性

热处理工艺性是金属材料工艺性能中一个非常重要的性能，热处理是指金属或合金在固态范围内，通过一定的加热、保温和冷却方法，改变金属或合金的内部组织，而得到所需性能的一种操作工艺。热处理工艺性就是指金属经过热处理后其组织和性能改变的能力，包括淬硬性，淬透性、回火脆性等。

（1）淬硬性

淬硬性是指以钢在理想条件下淬火所能达到的最高硬度来表征的材料特征。

（2）淬透性

淬透性是指以在规定条件下钢试样淬硬深度和硬度分布表征的材料特征。

（3）回火脆性

回火脆性是指淬火钢回火后出现韧性下降的现象。

任务三　金属的晶体结构与结晶

金属材料的性能以力学性能为主，其本质是晶体结构决定力学性能，而晶体结构是以原子的排列方式和空间分布共同来体现的。绝大多数金属材料是在固态下被应用的，其中固态物质是以晶体和非晶体两种结构形式存在的。当同一金属材料由液态转变为固态时，由于结晶条件的不同，同一金属材料所表现的力学性能也不同。所以，掌握金属材料的晶体结构及其对金属材料性能的影响，对于生产、加工和使用金属材料具有重要的意义。

一、晶体

晶体

1. 晶格

为了便于理解和描述晶体中原子排列的情况，可以近似地把晶体中的原子看成是固定不动的刚性小球，并用一些假想的几何线条将晶体中各原子的中心连接起来，构成一个空间格架，称为晶格，各原子的中心就处在格架的各个结点上，如图 1-8（a）所示。

2. 晶胞

图 1-8（b）为晶格中具有代表性的最小重复单位，称为单元晶胞（简称为晶胞）。晶胞在三维空间无限重复就产生晶体。故晶体的性质是由晶胞的大小、形状和质点的种类及质点间的作用力所决定的。

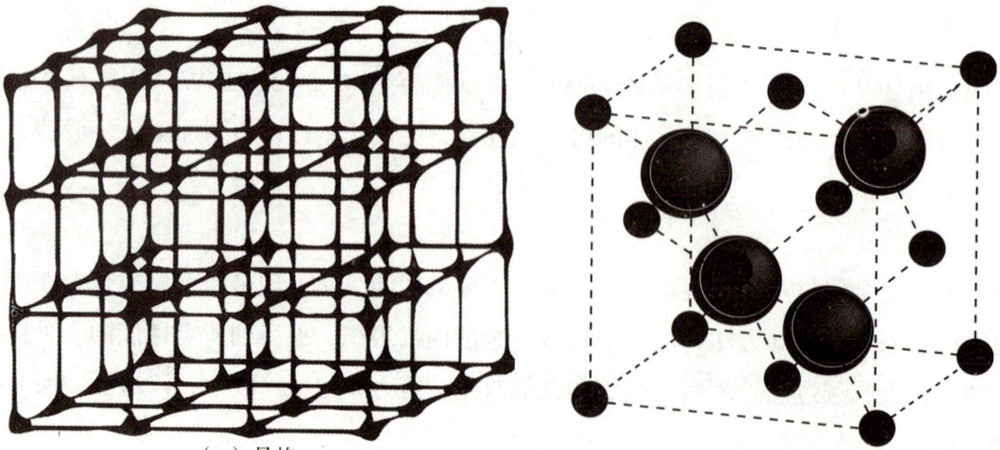

（a）晶格　　（b）晶胞

图 1-8　晶格与晶胞

3. 晶格常数

晶胞中各棱边的长度，以埃（Å）为单位，一般金属为 1 ～ 7 Å。金属晶体的结构和晶格常数不同，其物化性能及力学性能也不同。

4. 晶面

晶面是指晶格中各个方位的原子面。

5. 晶向

晶格中由原子所组成的任一直线都能代表晶体空间的一个方向。

二、晶体的分类

固态物质按其原子（或分子）的聚集状态可分为晶体和非晶体两大类。晶体是原子（或分子）按一定的几何规律呈周期性排列，如钢、铝和镁等固态金属一般都是晶体。而非晶体则是原子（或分子）无规则地堆积在一起，如普通玻璃、松香和石蜡等。

晶体与非晶体在性能上也有区别，晶体具有固定的熔点，且在不同方向上具有不同的性能，即各向异性。

晶体按照晶格上质点的种类和质点间作用力实质（化学键的键型）的不同，可分为四种基本类型，即离子晶体、分子晶体、金属晶体和原子晶体。

1. 离子晶体

离子晶体是指离子化合物结晶成的晶体，晶格上的结点是正、负离子，如图 1–9 所示。离子晶体属于离子化合物中的一种特殊形式，由正、负离子或正、负离子集团按一定比例通过离子键结合形成的晶体。强碱（NaOH、KOH）、活泼金属氧化物（Na_2O、MgO）和大多数盐类均为离子晶体。

2. 分子晶体

分子晶体是分子间通过分子间作用力（又称为范德华力）构成的晶体，晶格结点是极性分子或非极性分子，如图 1–10 所示。

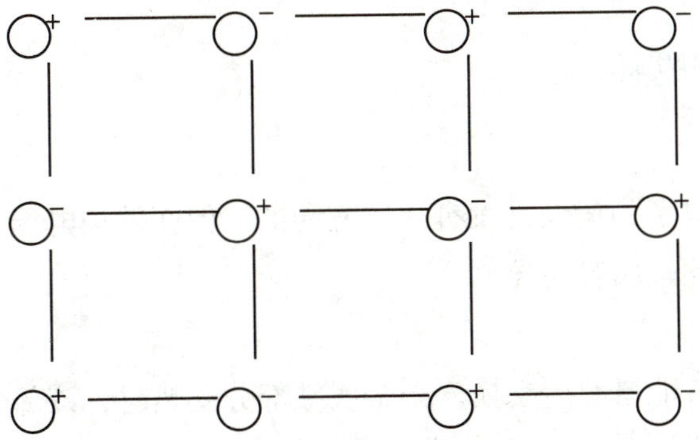

图 1–9　离子晶体

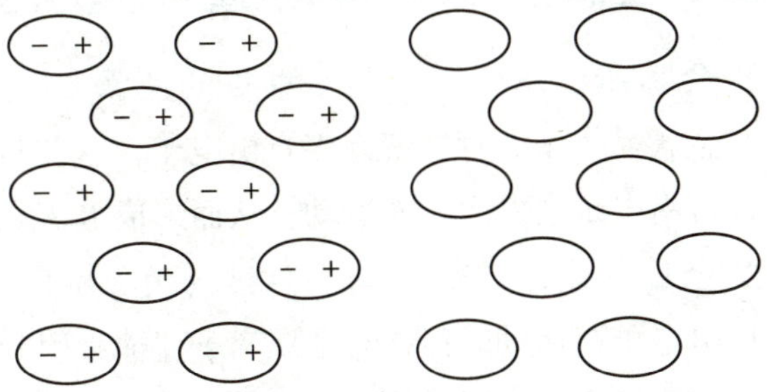

图 1–10　分子晶体

3. 金属晶体

金属晶体都是金属单质，构成金属晶体的微粒是金属阳离子和自由电子，如图 1–11 所示。

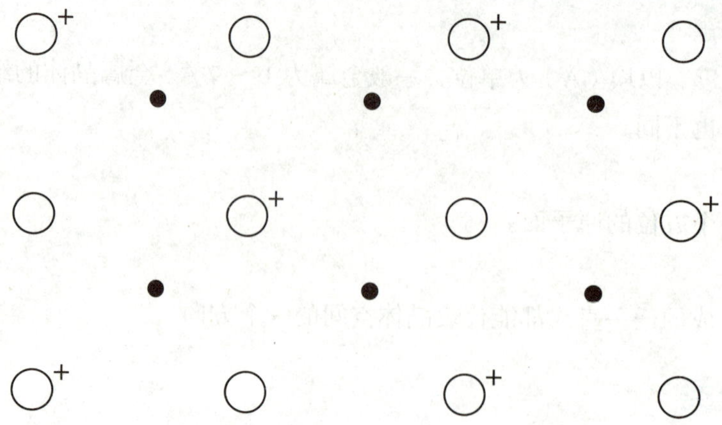

图 1–11　金属晶体

4. 原子晶体

原子晶体是相邻原子之间只通过强烈的共价键结合而成的空间网状结构，晶格上的结点是原子，如 SiO_2 等，如图 1–12 所示。

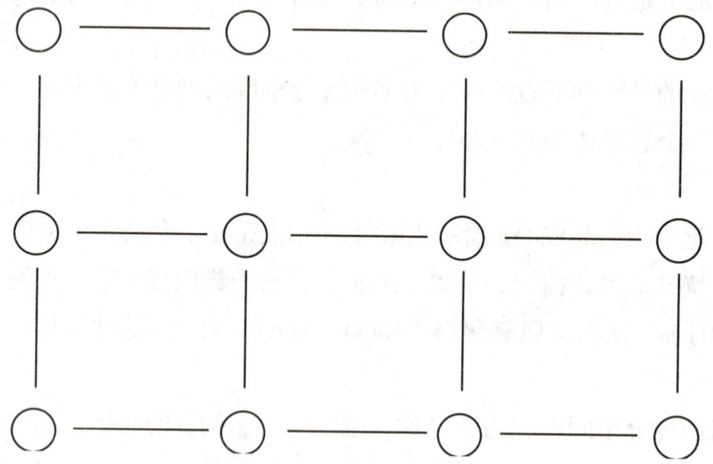

图 1–12　原子晶体

三、金属晶体结构与金属性质的内在联系

1. 金属晶体结构与金属导电性的关系

在金属晶体中，存在着许多自由电子，这些自由电子的运动是没有一定方向的，但在外加电场的作用下，自由电子会发生定向运动，从而形成电流，因此金属容易导电。

2. 金属晶体结构与金属导热性的关系

自由电子在运动时经常与金属离子碰撞，引起二者能量发生交换。当金属某部分受热时，该部分自由电子的能量增加，运动速度加快，通过碰撞把能量传给金属离子。

金属容易导热，是由于自由电子运动时与金属离子碰撞把能量从温度高的部分传到温度低的部分，从而使整块金属达到相同的温度。

3. 晶体的特征

晶体的导热、导电、光的透射、折射、偏振、压电性、硬度等性质常因晶体取向不同而异。如石墨在与层平行的方向上具有导电性，而在与层垂直的方向上就不具有导电性。若在水晶的柱面上涂一层蜡，用红热的针接触蜡面中央，蜡熔化呈椭圆形而不呈圆形，这是由于水晶柱面长轴方向与短轴方向的传热速度不同。再如，从不同方向观察红宝石或蓝宝石，会发现宝石颜色不同，这是由于方向不同，晶体对光的吸收性质不同。

四、金属的三种典型晶格结构

金属有体心立方晶格、面心立方晶格、密排六方晶格三种典型晶格结构，如图 1–13 所示。

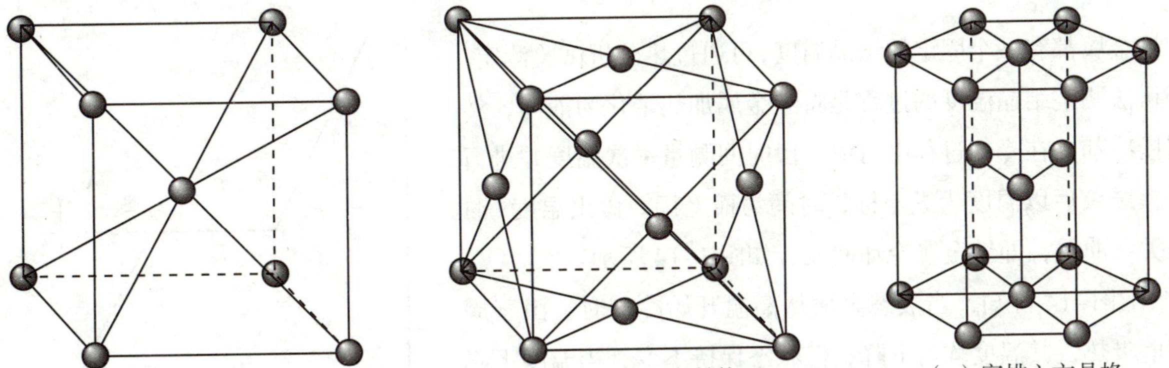

（a）体心立方晶格　（b）面心立方晶格　（c）密排六方晶格

图 1–13　金属的三种典型晶格结构

1. 体心立方晶格

体心立方晶格的晶胞是一个晶格常数相等的立方体，8 个顶角各有 1 个原子，中心有 1 个原子，如图 1–13（a）所示。属于这种晶格的常见金属有铬（Cr）、钨（W）、钼（Mo）、钒（V）、铁（α–Fe）等。

晶胞中所包含的原子占有的体积与该晶胞体积之比称为致密度（也称为密排系数）。致密度越大，原子排列的紧密程度越大。体心立方晶胞的致密度为

$$\frac{\frac{4}{3}\pi r^3\times 2}{a^3}\times 100\%=\frac{\frac{4}{3}\pi\left(\frac{\sqrt{3}}{4}a\right)^3\times 2}{a^3}\times 100\%\approx 0.68\times 100\%=68\%$$

式中　r——原子半径；

a——晶胞边长。

即晶胞（或晶格）中有 68% 的体积被原子所占据，其余为空隙。

2. 面心立方晶格

面心立方晶格在立方晶胞的 8 个顶角和 6 个面的中心各有 1 个原子，如图 1–13（b）所示。属于这种晶格的常见金属有铝（Al）、铜（Cu）、镍（Ni）、铁（γ–Fe）等，致密度为 74%。

3. 密排六方晶格

正六棱柱体，除每个顶角和上下底面中心各有 1 个原子外，在两底面之间还有 3 个原子，如图 1–13（c）所示，属于这种晶格的常见金属有镁（Mg）、锌（Zn）等，致密度为 74%。

不同类型的晶格，其原子排列的致密程度不同。三种晶格中，面心立方晶格和密排六方晶格的原子排列最紧密（晶胞体积的 74% 为原子占据，26% 为空隙）；体心立方晶格的原子排列致密度较小（晶胞体积的 68% 为原子占据，32% 为空隙）。

五、金属的结晶

金属由液态转变为晶体的过程，即金属原子由无序到有序的排列过程。结晶过程是一个晶核的形成（成核）和成长的过程。金属从液态过渡为固态的结晶过程，称为一次结晶；而金属从一种固态到另一种固态的转变，称为二次结晶。

1. 结晶温度

纯金属都有一个固定的结晶温度，可通过热分析试验测定。热分析法测定结晶温度的过程是将纯金属加热熔化为液体，然后缓慢冷却，在冷却过程中每隔一段时间测量一次温度并进行记录，结束后以温度为纵坐标，时间为横坐标，做出温度–时间的关系曲线，即纯金属冷却曲线，如图 1–14 所示。

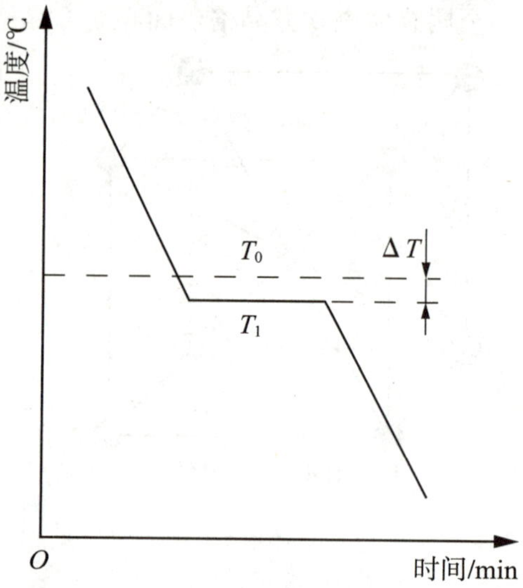

图 1–14　纯金属冷却曲线

由图 1–14 可知，当液态金属从高温开始冷却时，由于周围环境吸热，其温度均匀下降，但状态保持不变，当温度下降到 T_1 后，金属开始结晶，释放结晶潜热，当释放的结晶潜热补偿了周围空气从金属吸收的热量时，温度停止下降并保持恒定，在冷却曲线上出现一个平台，即恒温过程，结晶完成后，金属继续向外散热，温度继续下降，直至室温。水平线段为结晶阶段，对应的温度 T_1 为实际结晶温度。

2. 过冷现象

纯金属液体在无限缓慢的冷却条件下结晶，所得到的结晶温度为理论结晶温度，用 T_0 表示。当温度高于 T_0 时，金属处于液态；当温度低于 T_0 时，金属处于固态；当温度为 T_0 时，金属处于液固平衡状态。但在实际生产中，金属自液态向固态结晶时，都有较快的冷却速度，液态金属只有冷却到低于温度 T_0，直至温度 T_1 时才开始结晶。金属的实际结晶温度低于理论结晶温度的现象，称为过冷现象。

金属材料的理论结晶温度 T_0 与其实际结晶温度 T_1 之差（$\Delta T=T_1-T_0$）称为过冷度。金属结晶时其过冷度与冷却速度成正比，冷却速度越快，金属的实际结晶温度越低，过冷度也就越大。生产中利用改变冷却速度的方法来控制金属的结晶。

3. 结晶过程

（1）结晶的基本过程

结晶的基本过程是形成晶核及晶核长大的过程。晶核是指在理论晶温度以下，液态中某些原子小集团自发聚集形成的结晶核心。晶核长大是指沿着有利于散热的方向按树枝状方式生长。

（2）结晶条件

由于结晶条件不同，晶体主要以两种方式生长，即平面式生长和树枝状式生长。在过冷度较小的情况下，纯金属晶体主要以其结晶表面向前平移的方式长大，即平面式长大；当过冷度较大，特别是液态金属内部存在非自发晶核时，在晶核长大的早期，其内部原子排列规则，但随着晶核的长大，晶体棱角的形成，棱角处的散热条件优于其他部位，因而得到优先生长，如长出树枝状枝干，在枝干上再长出分枝，由此形成树枝状的骨架，故称为枝晶，当相邻枝晶的骨架相遇时，就停止了扩展。金属的结晶多为枝晶，在结晶过程中，如果液态金属供应不充分，最后凝固的枝晶之间的间隙则不能被填满，晶体的树枝状结构就容易显露出来。在实际生产中，很容易在金属的铸锭表面观察到树枝状的“浮雕”。

4. 影响金属结晶后晶粒大小的因素

影响形核率 N 和长大速度 G 的最主要因素是结晶时的过冷度和液体中的不熔杂质。

（1）过冷度的影响

试验证明，金属结晶时的冷却速度越大，其过冷度也越大，结晶后金属的晶粒便越细小。晶粒大小对金属力学性能的影响：晶粒越细小，金属的强度越高，塑性和韧性越好。

（2）液体中不熔杂质的影响

研究证明，液体金属中含有一些杂质，呈固体质点悬浮于金属液中，可显著加速晶核的形成，使金属的晶粒细化，其作用有时甚至远大于增大过冷度的影响。孕育处理：在生产中，向液体金属中加入一些金属或合金，起到“人工晶核”的作用，使晶核显著增加，从而使结晶后金属的晶粒细化。

5. 晶粒大小对金属力学性能的影响

金属晶粒大小常用晶粒度（即单位体积或面积内晶粒的数量）表示。晶粒越细，在单位体积金属中的晶粒越多，在总变形量一定的条件下，变形被分散到更多的晶粒内进行，这样每个晶粒的变形减小，不至于产生太大的应力集中现象而导致晶粒破坏，同时由于晶粒多，不规则的晶界也多，不利于裂纹的传播，从而使晶体在断裂前能产生较大的塑性变形，所以细晶粒的金属不仅强度高，塑性和韧性也好。在实际生产中，通常采用适当的方法来获得细小的晶粒，这种强化金属材料的方法称为细晶强化。

知识拓展

晶核的类型

实验表明，在液态金属中存在两种晶核：自发晶核和非自发晶核。

1. 自发晶核

在液态金属从高温冷却到结晶温度的过程中，液体内部存在一些晶体，其结构中的原子由不规则排列向规则排列逐渐过渡，不断产生许多类似晶体结构中原子规则排列的小集团（其特点是极不稳定，时聚时散），当液体温度降低到实际结晶温度后，一些尺寸较大的原子小集团逐渐稳定，并能够自发地成长，形成结晶的晶核，称为自发晶核。

2. 非自发晶核

液态金属依附在一些未熔微粒表面所形成的晶核称为非自发晶核。这些未熔颗粒可以是液态金属中本来就存在的杂质，也可以是人为加入的物质。当未熔微粒的晶体结构和晶格与金属的晶体结构和晶格参数相似或相当时，才能成为非自发晶核的基底，生长出晶核。在实际金属的结晶过程中，自发晶核与非自发晶核同时并存，但非自发晶核往往起优先和主导作用。

六、合金的基本结构

1. 合金

合金是由两种以上金属或金属与非金属组成的具有金属特性的物质，如铁碳合金、铜锌合金等。由于纯金属材料的力学性能较差，而且价格较高，所以使用的金属材料中绝大多数材料是合金。

（1）组元

组元是组成合金最基本的、独立的物质，可以是金属元素、非金属元素或稳定的化合物。根据组元数目的多少，合金分为二元合金、三元合金和多元合金。例如，普通黄铜是由铜和锌两个组元组成的二元合金；硬铝是由铝、铜、镁或铝、铜、锰组成的三元合金。确定组元后根据不同的比例配制出一系列成分不同的合金，称为合金系，合金系可分为二元系、三元系和多元系。

（2）相

相是合金中成分和性能均一、结构相同并以界面相互分开的组成部分。合金中相与相之间有明显的界面，合金在固态下，由一个固相组成时称为单相合金，由两个或两个以上固相组成时则称为多相合金。

（3）相变

相变是金属或其合金的一种相，在一定条件下可以变为另一种相。如纯铜在熔点温度以上和以下，分别为液相和固相，而在熔点温度时则为液、固两相共存。

2. 合金的相结构

根据合金中各组元之间结合方式的不同，合金的基本结构可分为固溶体和金属化合物两大类。

（1）固溶体

溶质原子溶入溶剂晶格中而仍保持溶剂晶格类型的合金相称为固溶体。溶入的原子称为溶质原子，而基体原子称为溶剂原子，根据溶质原子在溶剂晶格中占据位置的不同，固溶体分为置换固溶体和间隙固溶体。

① 置换固溶体

溶质原子置换了溶剂晶格结点上某些原子而形成的固溶体，称为置换固溶体，如图 1–15 所示。在生产中加入铬（Cr）、锰（Mn）、硅（Si）、镍（Ni）和钼（Mo）等金属元素都能与铁形成置换固溶体，即合金钢。

在置换固溶体中，溶质在溶剂中的溶解度取决于二者的原子半径、晶格类型及在化学元素周期表中的位置，若二者晶格类型相同、电子结构相似、原子半径差别小，在元素周期表中的位置接近，则溶解度就大，甚至可以形成无限固溶体。

② 间隙固溶体

溶质原子嵌入溶剂晶格各结点之间的空隙内形成的固溶体称为间隙固溶体，如图 1–16 所示。能够作为间隙固溶体的溶质原子多为原子半径小于 0.1 nm 的非金属元素，如氮、硼、碳等。由于溶剂晶格的空隙有限，所以间隙固溶体能溶解的溶质原子数量也是有限的。间隙固溶体有很多，如碳素钢中的碳原子溶入 α–Fe 晶格空隙中形成的间隙固溶体，称为铁素体；碳素钢中的碳原子溶入 γ–Fe 晶格空隙中形成的间隙固溶体，称为奥氏体。

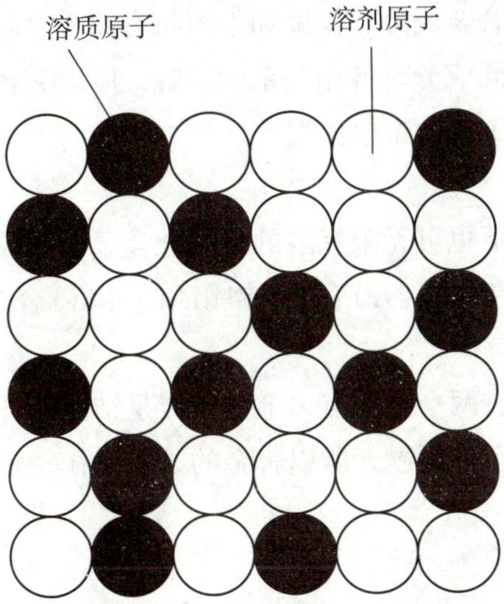

图 1–15　置换固溶体结构示意图

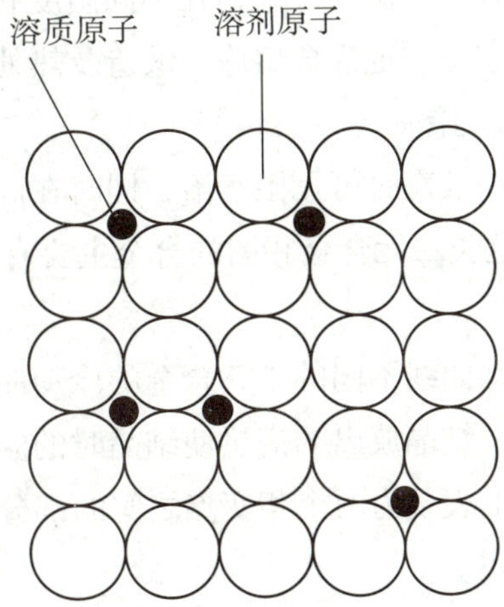

图 1–16　间隙固溶体结构示意图

固溶体的溶解度与温度有关，一般来说，温度越高，溶解度越大。如图 1–17 所示，由于固溶体中溶质原子的溶入，导致溶剂晶格的畸变，使金属材料的强度、硬度得到提高，生产中称之为固溶强化。例如，铜中加入 19%（质量分数）的镍，可使铜合金的强度极限 R_m 由 220 MPa 提高到 380 ～ 400 MPa，硬度由 44 HBW 提高到 70 HBW，而断后伸长率仍然保持在 50% 左右。所以，通过不同溶质原子溶入溶剂晶格的方法，使固溶体的强度、塑性和韧性之间达到较好的配合。在生产中，对于力学性能要求较高的结构材料，多以固溶体为基本相，再辅以其他强化方法来满足结构材料的要求。

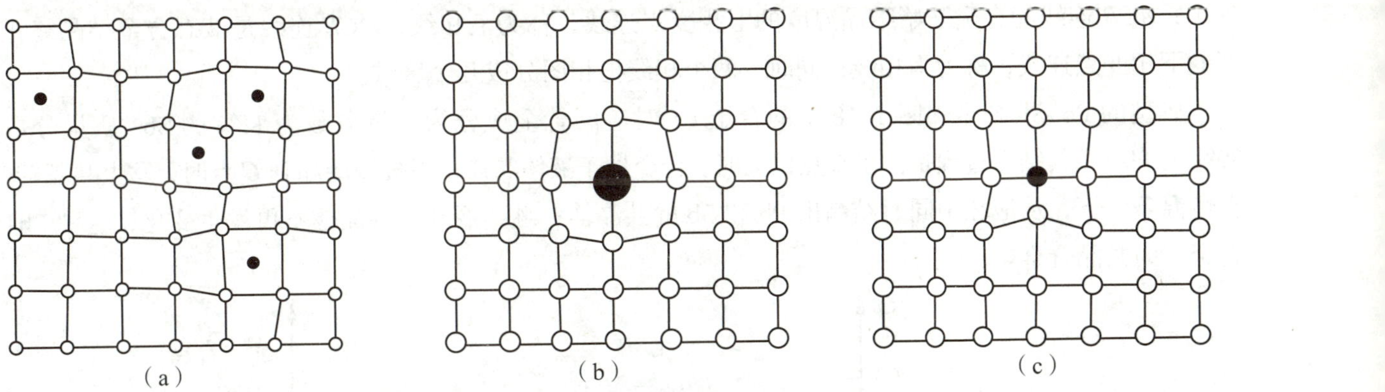

图 1–17　固溶体的品格畸变

（2）金属化合物

合金中溶质含量超过溶剂的溶解度时，合金元素间发生相互作用而生成具有金属性质的一种新相，称为金属化合物，其晶体结构及性能均不同于组成化合物的任一组元。金属化合物一般具有较复杂的晶体结构，其特点是熔点高、硬而脆。因此，当合金中出现金属化合物时，通常能提高合金的强度、硬度和耐磨性，但也会降低其塑性和韧性。以金属化合物作为强化相来强化金属材料的方法，称为第二相强化。多数合金都是由固溶体和少量金属化合物组成的混合物，通过调整固溶体的溶解度和分布在合金中的化合物的形状、数量及大小来调整合金的性能，满足不同材料对性能的要求。

七、合金的结晶

由于纯金属的力学性能不能满足机械工程材料的性能需要，因此在工业生产中应用的金属材料绝大多数都是以合金形式存在的金属材料。合金相图是合金成分、温度和组织状态三者之间关系的一个简明图表，是表示合金在平衡条件下，在不同温度和不同成分时各相关系的图解，所以又曾称为合金状态图或合金平衡图；它是制定合金熔炼、锻造及热处理工艺的主要依据。

1. 二元匀晶相图的建立

两组元不但在液态时可无限互溶，同时在固态下也可无限互溶的二元合金系所形成的相图称为二元匀晶相图，具备这类二元合金相图的合金主要有铜镍（Cu–Ni）合金、铬钼（Cr–Mo）合金、铁镍（Fe–Ni）合金等。

与纯金属冷却曲线不同的是，合金的冷却曲线有两个相变点，上相变点是结晶的开始点，下相变点是结晶的终了点，结晶放出的潜热使结晶时的温度下降缓慢，所以合金的结晶是在一定温度范围内进行的，在冷却曲线上表现为两个相变点之间的部分。

2. 二元共晶相图

在二元合金中，两组元在液态下完全互溶，而在固态下只能有限互溶，并在凝固过程中发生共晶转变，形成两种成分与晶体结构完全不同的固相的相图称为二元共晶相图。其中，在一定温度下，由一定成分的液相同时结晶出成分一定的两个固相的过程称为共晶转变。共晶转变的产物称为共晶体，所构成的相图为共晶相图，具有这类相图的合金有铅锡（Pb–Sn）合金、铅锑（Pb–Sb）合金、银铜（Ag–Cu）合金、铝硅（Al–Si）合金、锌锡（Zn–Sn）合金等。

图 1–18 为 Pb–Sb 合金共晶相图。图中 *A* 点是 Pb 的熔点（327 ℃），*B* 点是 Sb 的熔点（631 ℃），*C* 点是共晶点（对应的温度为 252 ℃，对应的合金成分为质量分数为 11% 的 Sb+ 质量分数为 89% 的 Pb）；*ACB* 连线为合金开始结晶温度的上相变点连线，称为液相线；*DCE* 连线是液态合金结晶终止温度的下相变点连线，称为固相线；同时，两个相线把相图分成几个区域。

典型的 Pb–Sb 合金，图 1–18 中的合金 I（对应的合金成分为质量分数为 11% 的 Sb+ 质量分数为 89% 的 Pb）。其结晶过程是：在 *C* 点以上时，合金处于液体状态；当缓慢冷却到 *C* 点时，发生共晶转变，在恒温条件下，从液相中同时结晶出 Pb 和 Sb 的共晶体；继续冷却，共晶体不再发生变化，这种 Pb–Sb 合金称为共晶合金。

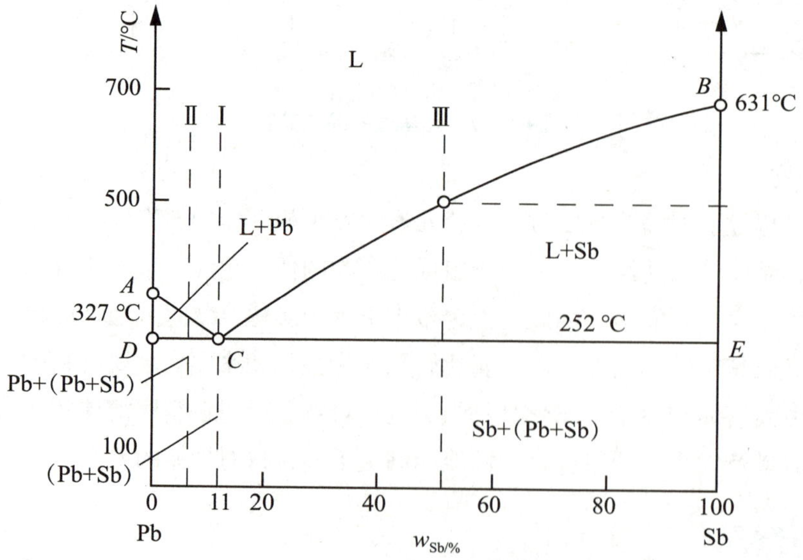

图 1–18　Pb–Sb 合金共晶相图

Pb–Sb 合金 I 的结晶过程示意图如图 1–19 所示。

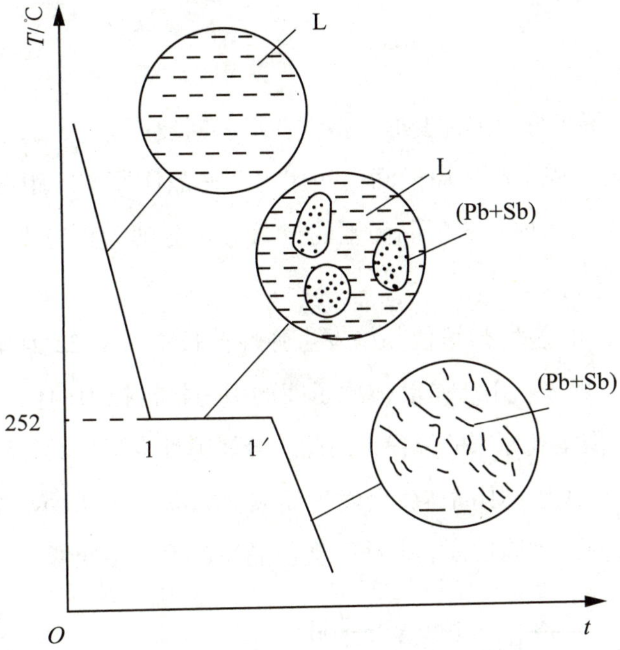

图 1–19　Pb–Sb 合金 I 的结晶过程示意图

Pb–Sb 合金 I 的结晶过程，公式表示为

$$L_c \xrightleftharpoons{252\ ^\circ C} (Pb+Sb)$$

凡是合金成分在 *C* 点以左（$w_{Sb} < 11\%$）的合金称为亚共晶合金；凡是合金成分在 *C* 点以右（$w_{Sb} > 11\%$）的合金称为过共晶合金。亚共晶合金和过共晶合金的结晶过程与共晶合金结晶过程不同的是，从液相线到共晶转变温度之间，亚共晶合金要先结晶出 Pb 晶体，过共晶合金要先结晶出 Sb 晶体，因而亚共晶合金和过共晶合金的室温组织分别为 Pb+（Pb+Sb）和 Sb+（Pb +Sb）。

任务四　金属的塑性变形与再结晶

一、金属的塑性变形

各种金属材料的板材、棒材、线材和型材都是经过轧制、挤压、冷拔、锻造、冲压等压力加工方法制成的。这些加工方法的特点是金属材料在外力的作用下，按一定设计要求发生永久性变形，同时在外力的作用下，金属的内部组织和性能也得到一定的改善。在汽车行业中，50% ～ 60% 的汽车金属零部件是通过塑性变形完成的，如汽车保险杠、横梁、纵梁、边梁、支架、车身钢板、制动盘等。因此，金属材料的塑性变形原理，对于选择金属材料的加工工艺，提高产品强度、硬度要求，合理使用材料都有重大意义。

1. 单晶体的塑性变形

金属在外力作用下的变形可分为弹性变形、塑性变形和断裂三个连续过程。

弹性变形的本质是外力克服了晶体原子间的作用力，使晶体原子间距发生改变的过程。当单晶体试样受拉力作用时，作用在晶体内一定的晶面上的拉力 F 可分解为正应力 σ_N 和切应力 τ_N，如图 1–20 所示。

图 1–21 为晶体变形前，正应力 σ_N 可使晶格发生弹性伸长；图 1–22 为弹性变形，故而晶体在正应力 σ_N 作用下，其原子间距 c 增大。由于是晶体原子间的引力抵抗拉力的作用，所以，当撤除拉力后，原子在引力的作用下，就会恢复到原来的位置，因此，金属弹性变形后其组织和性能不发生变化。如果正应力 σ_N 超过晶体原子间的引力，则晶体就会发生断裂，如图 1–23 所示。故正应力 σ_N 的作用只能使晶体产生弹性变形，并直接过渡到脆性断裂，而不能使晶体产生塑性变形。

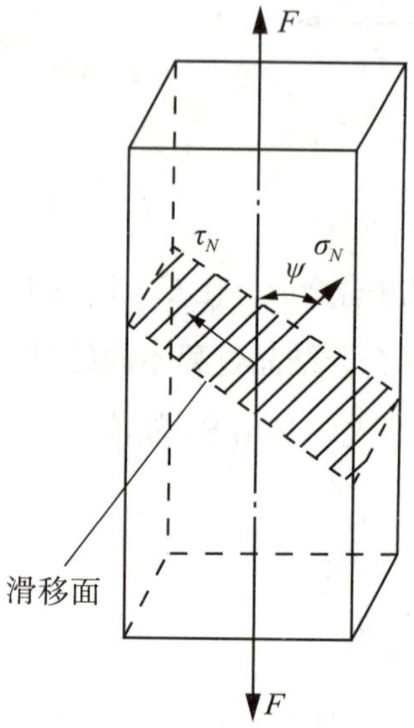

图 1–20　应力的分解

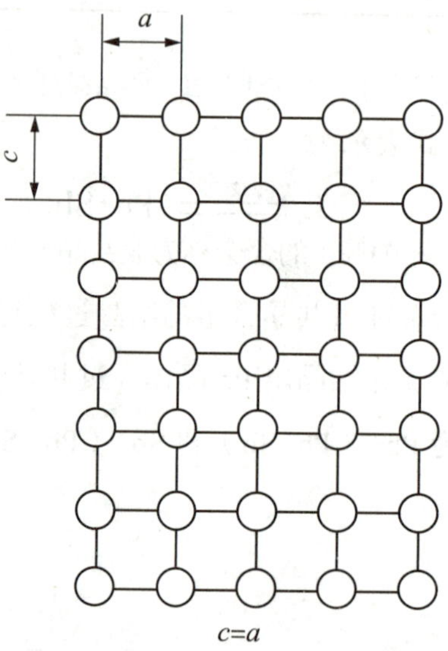

图 1–21　晶体变形前

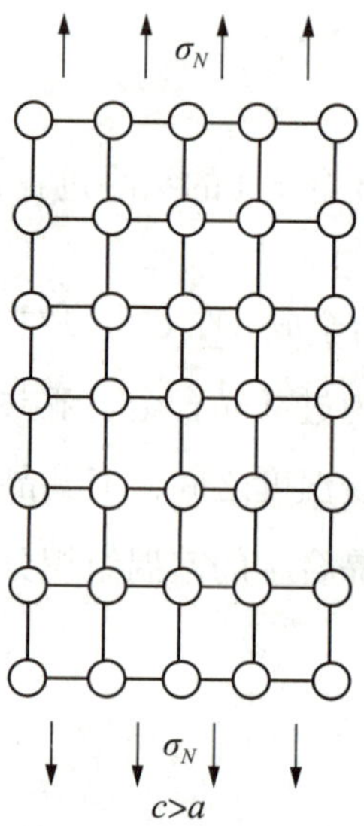

图 1–22　弹性变形

单晶体在切应力 τ_N 的作用下，晶体中的一部分沿一定的晶面上的晶向，相对其另一部分发生滑动，如图 1–24 所示。晶体中，产生滑动的现象称为滑移，能够产生滑移的晶面称为滑移面；能够产生滑移的晶向称为滑移方向，一个滑移面和这个滑移面上的一个滑移方向构成一个滑移系。滑移面总是原子排列最密的晶面，而滑移方向总是原子排列最密的晶向。这是因为晶体中原子排列密度最大的晶面上，其原子的结合力最强，而晶面与晶面之间的距离却最大，所以，晶面与晶面之间的结合力最弱，最容易滑动；同理，沿原子排列密度最大的晶向滑动时，阻力也最小。

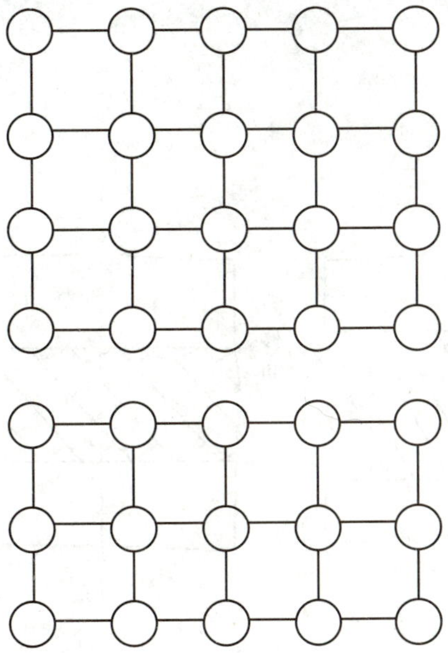

图 1–23　断裂

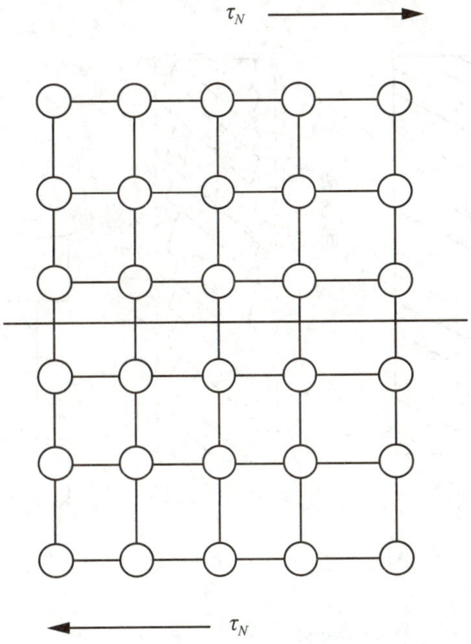

图 1–24　切应力作用下的晶体示意图

要使某一晶面滑动，作用在该晶面上的力必须是相互平行、方向相反的切应力。晶体滑移，并不是整个滑移面上的全部原子一起移动，其实质是位错在滑移面上运动的结果。在切应力的作用下，晶体中就会出现位错；位错的原子面受到前后两边原子的排斥，处于不稳定状态，此时只需施加很小的外力就可以打破力的平衡状态，使位错的原子面移动很小的距离；在切应力的作用下，位错继续移动直到晶体表面时，就形成了一个原子间距的滑移量。

当大量位错移出晶体表面时，就产生了宏观塑性变形。所以滑移的距离必然是原子间距的整数倍，同时由于滑移过程中晶体的转动，使原来有利于滑移系滑移的位向转变成不利于滑移系滑移的位向而停止滑移，而原来不利于滑移系滑移的位向由于滑移过程中晶体的变化，逐渐转变成有利于滑移系滑移的位向而参与滑移，正是不同位向滑移系交替滑移，使晶体均匀发生塑性变形，图 1–25 和图 1–26 为锌的单晶体拉伸与压缩滑移变形示意图。由此可见，滑移是金属塑性变形的主要方式。

不同晶格类型的金属，其滑移面和滑移方向的数目是不同的。一般来说，滑移面和滑移方向越多，即滑移系越多，滑移越容易进行，金属的塑性就越好。

由材料力学得知，滑移面法线与外力 F 的夹角 ψ 呈 45° 时，作用在滑移面上的切应力最大，滑移最容易产生，这种位向称为软位向；当滑移面与外力平行（ψ=90°）或垂直（ψ=0°）时，晶体不可能滑移，这种位向称为硬位向。使晶体开始滑移的最小切应力，也就是滑移面内一定数量的位错移动时所需的切应力，称为临界切应力。临界切应力的大小取决于位错滑动时所要克服的阻力，是由晶体内位错的密度及分布特征来决定的。

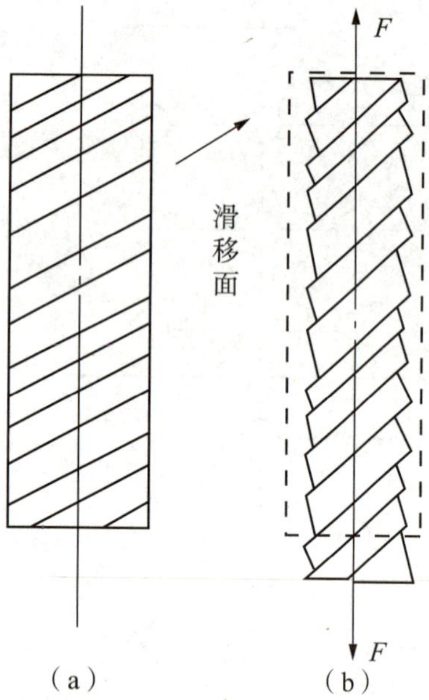

图 1–25　锌的单晶体拉伸示意图

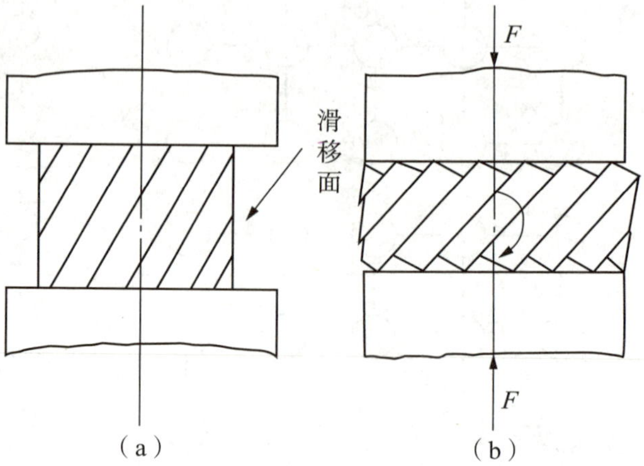

图 1–26　锌的单晶体压缩滑移变形示意图

如果晶体内存在少量适当的位错，那么晶体的强度、硬度就较低，滑移也就易于进行；但是，当位错数量超过一定范围后，由于位错密度的增大，位错与位错之间及位错与其他缺陷之间构成的相互牵制作用力反而增大，造成位错运动受阻，结果就会导致晶体的强度和硬度反而增大。金属材料的冷加工硬化现象就是在加工过程中，金属的晶体内位错密度增大而导致金属材料硬化。此外，影响晶体临界切应力的因素还有金属的类型、成分、温度及变形速度等。

2. 多晶体的塑性变形

（1）晶粒位向对变形的影响

由于多晶体中各晶粒的位向不同，其滑移系与外力的取向也各不相同，不同位向的晶粒和同一晶粒内不同的滑移系获得的应力状态和应力大小也各不相同，所以变形的先后顺序和变形量也是不同的。由于相邻晶粒之间存在位向差，当一个晶粒发生变形时，周围的晶粒如果不发生塑性变形，则必须产生弹性变形与之协调，使得多晶体的塑性变形呈逐步扩展和不均匀形式发展，其结果之一就是产生内应力。

（2）晶界对变形的影响

多晶体是通过晶界结合成一个整体的，其晶界的原子排列比较紊乱，阻碍了位错的移动，因而阻碍了滑移。图 1–27 为双晶粒拉伸变形示意图。从图中可以看出，两个晶粒试样进行拉伸变形时，变形后的试样呈竹节状，而晶界处未发生任何改变，这说明晶界附近变形阻力大。所以，晶界越多，晶体的塑性变形抗力越大。

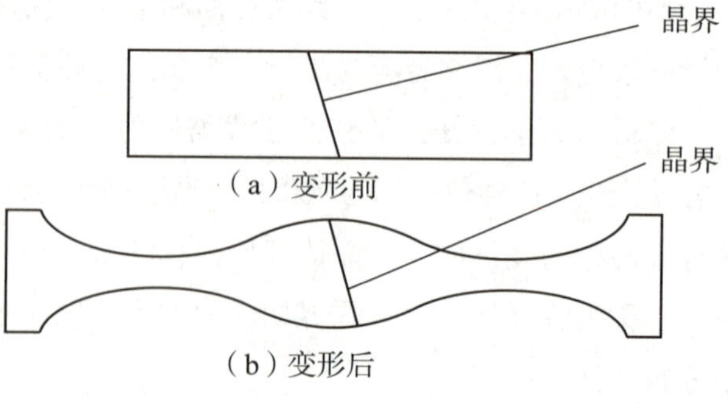

图 1–27　双晶粒拉伸变形示意图

（3）晶粒大小对变形的影响

在单位体积的晶体内，晶粒的数目越多，晶粒就越细小，不同位向的晶粒也越多，晶界就越多，因而晶体的塑性变形抗力也就越大。在同等变形条件下，变形量分散在越多的晶粒内进行，那么就会使各晶粒的变形越均匀；同时，晶粒越细，其内晶界越多、越曲折，则有利于阻碍裂纹的传播，从而使得晶体在断裂前能够承受较大的塑性变形。所以，细晶粒金属具有较好的强度、塑性和韧性。

综上所述，多晶体的塑性变形是在各晶粒相互影响、相互制约的条件下，从少量晶粒开始，分批进行，逐步扩大到其他晶粒，以不均匀变形逐步发展到均匀变形的过程。

二、冷变形金属在加热时其组织与性能的变化

金属冷塑性变形后，产生了加工硬化现象，残余内应力使金属处于不稳定状态，为了恢复和改善金属的物理、化学和力学性能，对金属进行加热，随着加热温度的提高，金属原子活动能力的增强就会发生一系列组织与性能的变化，使金属恢复到变形前的稳定状态，这种变化可分为回复、再结晶及晶粒长大三个阶段，如图 1–28 所示。

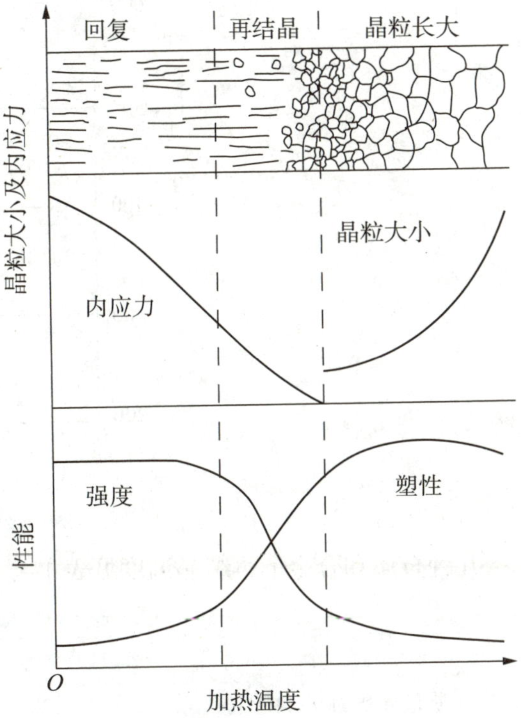

图 1–28　加热温度对冷塑性变形金属组织和性能的影响

1. 回复

对金属材料进行加热，加热温度不太高时，由于原子扩散能力不大，只能作短距离扩散，使晶格畸变程度大为减轻，这个阶段称为回复。当冷塑性变形后的金属经加热到一定温度后，通过空位与间隙原子化合、异号刃型位错的结合等过程使晶格缺陷的数目减少，同时这些缺陷也可能扩散到位错、晶界或表面等处而消失。

随着温度的升高回复出现了多边化，冷塑性变形后，由于同号刃型位错在滑移面上塞积而导致点阵弯曲的晶体在加热过程中，通过位错的攀移和滑移，使同号刃型位错沿垂直于滑移面的方向排列成小角度的亚晶界的过程称为多边化。

经过回复处理的冷塑性变形后的金属的晶粒大小和形状不会发生明显变化，位错密度无明显减小，所以与回复前的情况相比，金属的强度、硬度及塑性等力学性能基本不变，而其残余应力则显著下降，电阻也随之显著下降，应力腐蚀现象基本消失。

如经深冲工艺制成的黄铜（锌质量分数为 30%）弹壳，放置一段时间后会自动发生晶间开裂（称“季裂”），经研究发现是冷加工后残余应力的作用，而解决的办法就是在冷加工后再加热到 260 ℃进行去应力退火即可避免季裂的发生。冷拔钢丝弹簧加热到 250 ～ 300 ℃，青铜丝弹簧加热到 120 ～ 150 ℃，进行回复处理，这种处理方式可使弹簧的弹性增强，同时还可以消除冷加工带来的残余内应力。

2. 再结晶

当冷塑性变形后的金属加热到比回复阶段更高的温度后，由于原子活动能力的增强，使被拉长成纤维状或破碎的晶粒全部转变成均匀而细小的等轴晶粒，这个过程称为“再结晶”。当再结晶的晶粒全部变成均匀而细小的等轴晶粒后，再结晶过程即结束。再结晶过程首先发生在晶粒碎化最严重的地方（这些地方是产生新晶粒的核心部位），是通过形核和晶核长大方式进行的。再结晶生成的新晶粒的晶格类型与冷塑性变形前金属的晶格类型完全一样。

再结晶温度为冷塑性变形金属开始产生再结晶现象的最低温度。生产上常规定金属经过大于 70%

的冷塑性变形后，再在 1 小时的保温时间内能完成再结晶过程所需的最低温度称为再结晶温度 $T_{再}$。

变形度越大，金属畸变能越高，再结晶的驱动力就越大，所以，再结晶温度也就越低，如图 1–29 所示。当变形量达到一定值后，再结晶温度就趋于某一恒定值，称为最低再结晶温度。

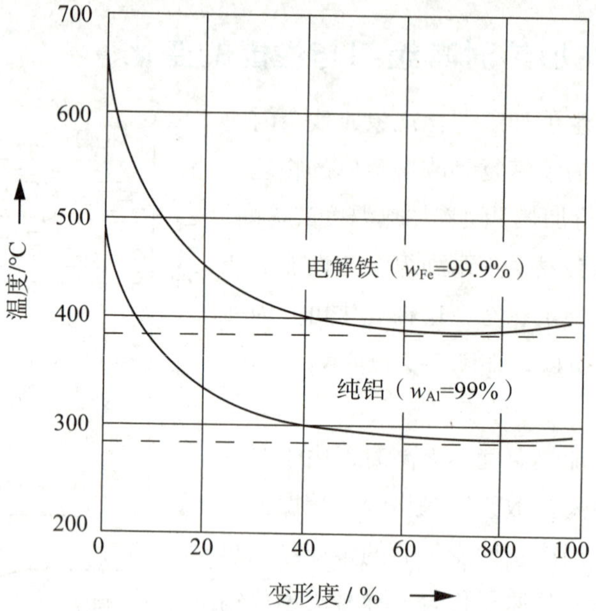

图 1–29　金属再结晶温度与变形量的关系

几种金属和合金的再结晶温度见表 1–9。

表 1–9　几种金属和合金的再结晶温度

材料	再结晶温度 / ℃	材料	再结晶温度 / ℃
铜（质量分数为 99.999%）	120	铜（无氧铜）	200
铜 – 锌（质量分数为 5%）	320	铜 – 铝（质量分数为 5%）	290
铝（质量分数为 99.999%）	80	铝（质量分数为 99.0%）	290
镍（质量分数为 99.99%）	370	镍（质量分数为 99.4%）	600

大量实验结果表明，各种纯金属再结晶温度 $T_{再}$与该金属熔点之间存在关系：$T_{再}=(0.35\sim0.40)\,T_{熔}$，当金属中含有少量合金元素或微量杂质时，会阻碍原子的扩散和晶界的迁移，显著提高其再结晶温度，如高纯度铝（质量分数为 99.999%）的 $T_{再}$是 80 ℃，而工业纯铝（质量分数为 99.0%）的 $T_{再}$提高到了 290 ℃。

由于再结晶后晶粒内部晶格畸变消失，位错密度下降，残留应力与加工硬化现象也完全消失，金属性能恢复到冷塑性变形前的状态。在实际生产中，为了消除加工硬化，必须进行中间退火。中间退火就是利用再结晶的原理消除冷塑性变形带来的加工硬化和残留应力，恢复金属的塑性。

3. 晶粒长大

再结晶过程完成后，得到的是无畸变、细小的等轴晶粒，如果再继续升高温度或延长保温时间，晶粒之间就会相互吞并而长大。晶粒长大是一个自发进行的过程，这种不均匀长大的过程被称为第二次再结晶，其过程就是一个大晶粒的边界向另一个小晶粒中迁移，把小晶粒中晶格的位向逐步改变成与大晶粒晶格相同的位向，其结果是一些晶粒逐渐长大粗化，一些晶粒减小或消失，减小了晶界的面积，降低了晶界表面能量，导致金属的力学性能下降，所以要尽量避免晶粒长大。

知识拓展

影响再结晶退火后晶粒大小的因素

晶粒大小直接影响金属材料的力学性能，晶粒越小，金属材料的强度、塑性和韧性越好。因此生产上要严格控制金属再结晶后的晶粒度。

影响再结晶退火后晶粒度的主要因素有以下两个方面。

（1）加热温度的影响

加热温度越高，保温时间越长，原子扩散能力越强，则晶界越易迁移，晶粒长大也越快，尤其是加热温度，其影响更为明显，如图 1–30 所示。

（2）变形程度的影响

晶粒大小与金属的冷塑性变形程度的关系如图 1–31 所示，当变形度很小时，晶格畸变很少，不足以引发再结晶，所以晶粒形状、数量不变；当变形度在 20% ～ 10% 时，少数晶粒变形，而且分布极不均匀，所以再结晶生成的晶核少，晶粒大小相差大，晶粒容易发生吞并长大，最后得到异常粗大的晶粒，使晶粒异常长大的变形度称为临界变形度；当变形度超过临界变形度后，随着变形度的增大，晶格畸变更加严重，再结晶晶核数量逐渐增多，因此再结晶后的晶粒细而均匀。

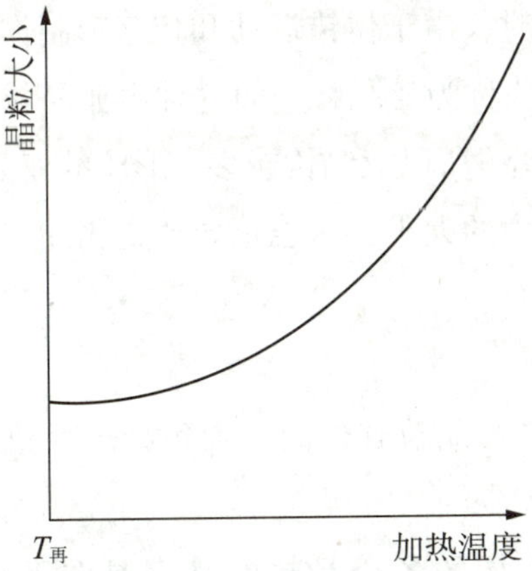

图 1–30　再结晶退火加热温度对晶粒度的影响

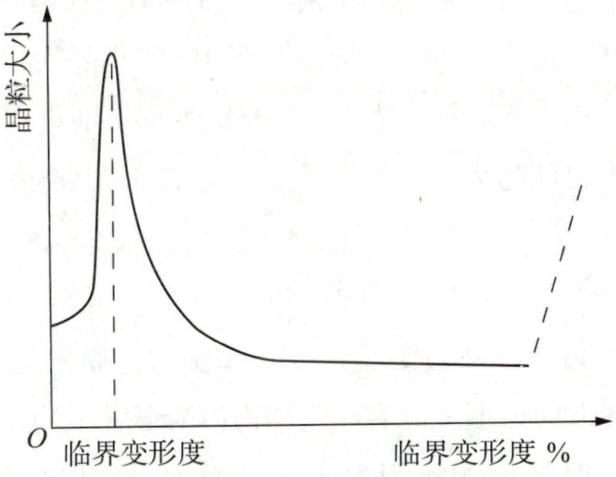

图 1–31　金属冷变形对再结晶后晶粒大小的影响

生产中一般尽量避免在临界变形度附近进行加工，一般采用 30% ～ 60% 的变形量用于生产，当变形量≥ 90% 时，某些金属（如铁）中又会出现第二次再结晶，使晶粒又重新出现粗化现象。晶粒粗化将使金属材料性能恶化，所以，冷塑性变形金属的再结晶退火温度应严格控制在再结晶温度的范围内，且保温时间不宜过长。加热温度越高，再结晶速度越快，晶粒长大也越快，所以，生产上所用的退火温度一般比最低再结晶温度高 100 ～ 200 ℃，既保证了晶粒再结晶质量又缩短了退火时间。

三、冷塑性变形对金属组织与性能的影响

冷塑性变形可致金属组织和结构的变化如下。

1. 晶粒变形

金属在外力作用下产生塑性变形的同时，其内部晶粒的形状也发生变化，通常是晶粒沿变形方向被拉长或压扁，图 1–32 为变形前后晶粒的形状变化示意图。

金属变形量与晶粒变形量成正比，当金属变形到一定程度时，晶粒则沿着变形方向被拉成长条形组织，称为“纤维组织”。同时，由于晶粒的变形，金属的性能产生各向异性，沿纤维方向的力学性能明显大于沿垂直纤维方向的力学性能。

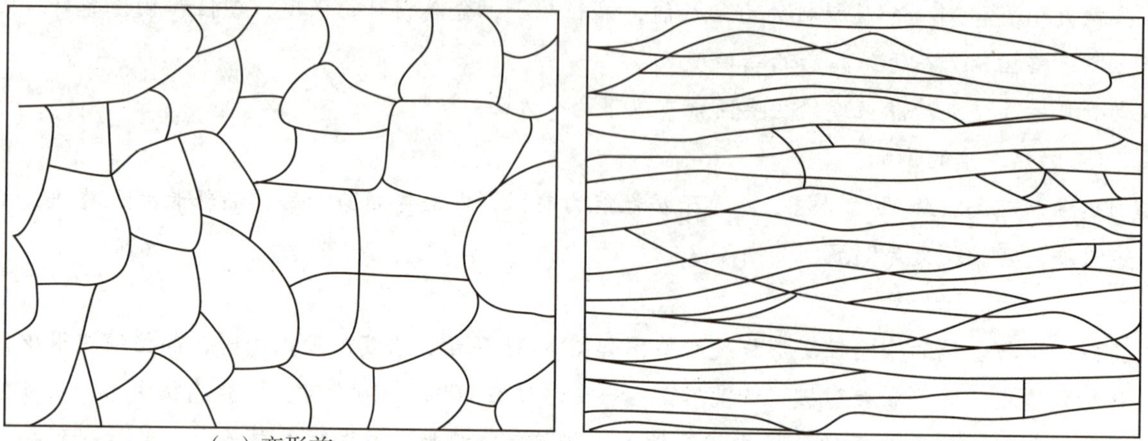

（a）变形前　　（b）变形后

图 1-32　变形前后晶粒的形状变化示意图

2. 亚结构的形成

在金属少量变形时，位错的分布尚均匀；当变形量增大时，由于位错运动和相互牵制作用，有的晶粒内部便会破碎成许多位向差小于 1° 的小晶块，这些小品块称为亚晶粒，而这种由亚晶粒组成的结构称为亚结构。亚晶粒的边界是晶格畸变区，堆集有大量的位错，所以亚结构越多，形成的亚晶界也越多，位错密度也就越大。亚结构的多少决定着晶体的塑性变形抗力的大小，这也是导致金属加工硬化的主要原因。

3. 产生形变织构

在多晶体金属的变形量大于 70% 时，原来位向不同的各个晶粒其位向会大致趋于一致，这种现象称为择优取向，形成的有序化结构称为形变织构。

拔丝时形成的丝织构（图 1-33），其特征是组成丝织构的各个晶粒的某一晶向平行于拉拔方向；而轧制时形成的板织构（图 1-34），其特征不仅是组成板织构的各个晶粒的某一晶面平行于轧制平面，而且某一晶向也平行于轧制方向。

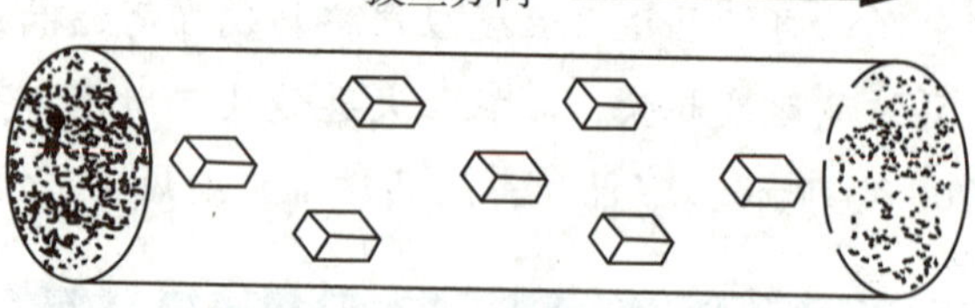

图 1-33　丝织构

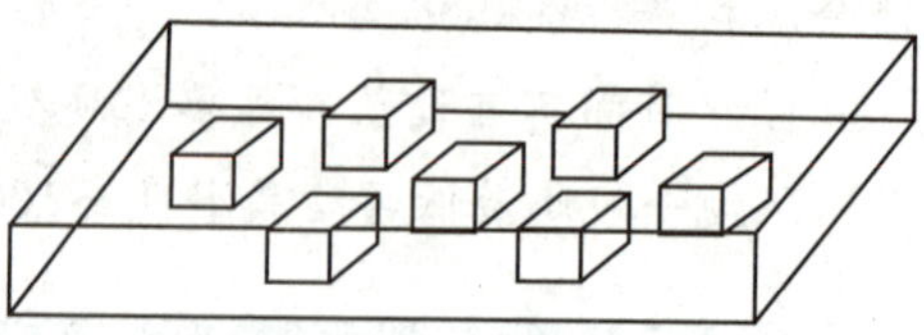

图 1-34　板织构

金属形变织构的形成，使金属性能呈现出明显的各向异性，如使用有形变织构的板材冲制桶形零件时，由于板材各个方向上的塑性差别很大而导致变形不均匀，深冲后桶形零件的边缘参差不齐，出现制耳现象，如图 1-35 所示。

4. 加工硬化

加工硬化也称形变强化或冷作硬化，主要是指金属在塑性变形过程中，亚晶粒增多，位错密度增大，位错间的交互作用增强，晶格畸变加剧，因而增大了滑移阻力，使金属强度提高而塑性、韧性下降的过程。例如，18—8 型奥氏体不锈钢，变形前强度 $R_{p0.2}$=196 MPa；经 40% 轧制变形后 $R_{p0.2}$=784 ～ 980 MPa，抗拉强度也提高了一倍。此外，加工硬化还能使金属各部分相继发生塑性变形，使变形更加均匀。

在冲压过程中，由于金属在 r 处的变形最大，所以当金属在 r 处变形到一定程度时，首先产生形变强化，随后其变形才会转移到其他部位，这样就可得到壁厚均匀的冲压件，如图 1-36 所示。

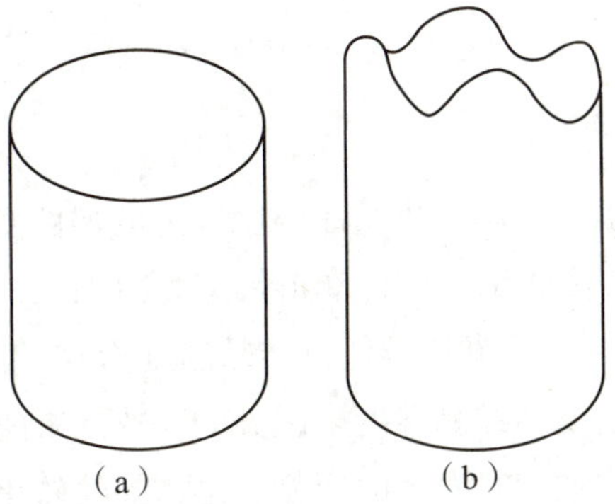

图 1-35　无织构与有织构冲压件的制耳

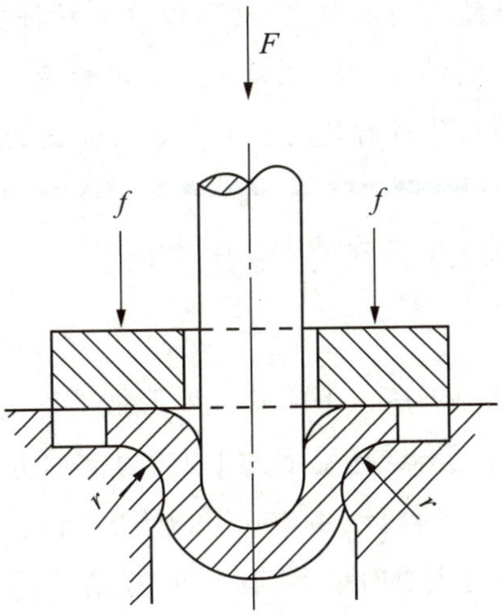

图 1-36　冲压示意图

在工业生产中，加工硬化现象是提高金属材料强度、硬度及耐磨性的重要措施，特别是对于一些不能用热处理强化的金属材料来说更为重要；同时，加工硬化现象还会使金属的某些物理、化学性能发生变化，如电阻增大、化学活性增大、耐蚀性降低及加工件继续变形困难等，因此，在冷加工过程中，需进行中间退火来消除加工硬化现象。

知识拓展

冷塑性变形引起的残余内应力

当除去外力后，大约有 10% 的能量转化为内应力残留在金属内部，这些残留于金属内部且平衡于金属内部的应力称为残余应力或内应力，共分三种类型。

1. 第一类内应力——宏观内应力

金属在塑性变形时，由于各部分变形不均匀，使整个工件或在较大的宏观范围内（如表层或芯部）产生的应力称为宏观内应力。当宏观内应力与工作应力方向一致时，其应力只占残余内应力的 1%，该类应力比例虽然不大，但当放置一段时间后，因其松弛或应力重新分布而引起自动变形，严重时引起工件开裂。

2. 第二类内应力——微观内应力

金属在塑性变形后，由于晶粒间或晶粒内各亚晶粒之间因变形不均匀而形成的微观内应力，占残余应力的 10% 以内。这类内应力可使金属产生晶间腐蚀，甚至会使工件在不大的外力下产生微裂纹或断裂，所以塑性变形后用退火处理来消除或降低这部分内应力。

3. 第三类内应力——晶格畸变应力

冷塑性变形后，晶体内产生大量的位错和空位等晶体缺陷，使晶体中一部分原子偏离其平衡位置而产生晶格畸变，由晶格畸变产生的内应力称为晶格畸变应力，占残余内应力的90%左右。品格畸变应力会使金属的强度、硬度升高，塑性和耐蚀性下降。

内应力对热处理质量有很大影响，如钢经过塑性变形后所产生的各种内应力是导致淬火钢件产生变形及开裂的主要原因之一，所以这类材料在淬火前应先进行退火处理。有时生产中也利用内应力，如齿轮进行表面淬火和喷丸处理后，其表面变形层中产生的残余压应力可以大大提高材料的疲劳极限，抵消齿面工作时所受的应力，延长齿轮的使用寿命。

四、金属的热塑性变形加工

1. 热加工

金属在再结晶温度以下的塑性变形加工称为冷加工，金属在再结晶温度以上的塑性变形加工称为热加工，如钨的最低再结晶温度为 1 200 ℃，所以钨在 1 100 ℃的塑性变形加工为冷加工；铁的最低再结晶温度为 450 ℃，所以铁在 400 ℃以下的加工属于冷加工；锡的最低再结晶温度为 –7 ℃，因此锡在室温进行的加工属于热加工。因此，冷、热加工是依据金属再结晶温度来区分的。热加工的优点在于材料容易变形，加工时耗能少，塑性变形时引起的加工硬化被随时发生的回复、再结晶的软化作用所消除，使金属始终保持稳定的塑性状态。

在生产中，热加工一般用于制造一些截面比较大、加工变形量大或材料在室温下脆性较高的金属半成品，其缺点是在热加工过程中表面发生氧化，使得工件表面比较粗糙，尺寸精度较低，冷加工能保证工件有较高的尺寸精度和较小的表面粗糙度。

2. 热加工对金属组织与性能的影响

（1）消除铸态金属的组织缺陷

冶炼后的钢铁要浇注成铸锭，通过热锻或热轧加工成型材供生产使用，在热轧或热锻等热加工的过程中，可使金属毛坯中的大部分气孔、缩松和微裂纹焊合，提高了金属的致密度，在压力作用下，将粗大的柱状晶粒与枝晶变成细小均匀的等轴晶粒，消除了成分偏析及粗大碳化物，使金属的力学性能得到提高。碳素钢（w_C=0.3%）锻态和铸态时力学性能的比较见表 1–10。

表 1–10　碳素钢（w_C=0.3%）锻态和铸态时力学性能的比较

加工状态	R_m/MPa	R_{eL}/MPa	A/%	Z/%	a_K/（J/cm^2）
锻态	530	310	20	45	7
铸态	500	280	15	27	3.5

（2）细化晶粒

热加工的金属经过塑性变形和再结晶的反复交替作用，使晶核数量不断增加，导致晶粒细化。但热加工后金属的晶粒大小与变形程度和终止加热的温度有关，变形程度小，终止加工温度高，则再结晶晶核少而长大快，加工后所得晶粒粗大。若终止加工温度过低，则造成形变强化及残留应力，因此，制定正确的热加工工艺规范对改善金属的性能有重要意义。

（3）形成纤维组织

金属内部的粗大枝晶和铸态组织中的各种夹杂物，在高温下具有一定的塑性，在热变形过程中，粗大枝晶和各种夹杂物均沿变形方向伸长，变成条带状、线状或片层状，形成纤维组织。在宏观试样上，沿着变形方向呈现为一条条细线，检验时称为锻造流线，锻造流线使金属的性能产生明显的各向异性，沿流线方向的强度、塑性和韧性高，其抗剪强度低；而垂直流线方向上情况则相反，见表 1–11。

表 1–11　碳素钢（w_C=0.45%）力学性能与流线方向的关系

热加工方向	R_m/MPa	R_{eL}/MPa	A/%	Z/%	a_k/（J/cm^2）
纵向	715	470	17.5	62.8	62
横向	675	440	10.0	31.0	30

因此在热加工时，可以将零部件承受最大拉应力；方向尽量与流线平行，而承受冲击力或外加切应力的方向与流线垂直。正确的热加工工艺可以使流线合理分布，使金属材料的力学性能得到更好的利用。图 1–37 为锻造曲轴与切削加工曲轴的流线分布。锻造曲轴在工作中承受的最大拉应力与流线平行，而承受的冲击力与流线垂直，所以不易断裂。切削加工曲轴容易沿轴肩发生断裂。热处理方法不能消除或改变工件中的流线分布，只能依靠适当的塑性变形来改善其流线的分布，当不希望金属材料中出现各向异性时，则采用不同方向的塑性变形，如在锻造工件时，采用墩粗与拔长反复交替的方式以打乱流线的方向性。

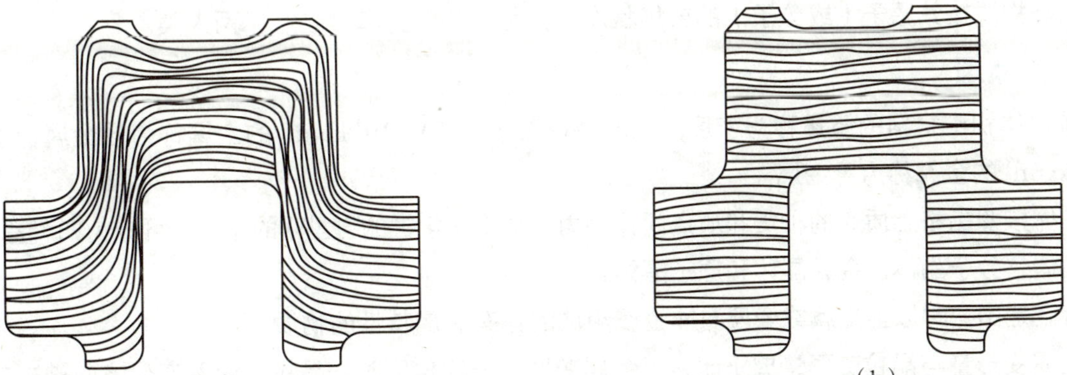

（a）　　（b）

图 1–37　锻造曲轴与切削加工曲轴的流线分布

（4）形成带状组织

当低碳钢在铸态下存在严重的夹杂物偏析或热变形加工的温度过低时，钢内则出现与热变形加工方向大致平行的条带所组成的偏析组织，这种组织称为带状组织。带状组织使金属材料产生各向异性，特别是横向塑性和冲击韧性明显下降。生产中常采取在热加工过程中交替改变变形方向或高温加热、长时间保温以及提高热加工后的冷却速度等措施，使碳原子的长距离扩散来不及充分进行，从而减轻或消除带状组织。

思政链接

钱学森——金属材料的创新者与奠基人

钱学森，这位在我国科学界享有崇高声誉的科学家，被誉为航天科技领域的重要奠基人。他的卓越贡献不仅在航天领域产生了深远的影响，而且在金属材料科学的发展上也起到了显著的推动作用。钱学森在美国求学和工作期间，积极参与了大量关于金属材料性能的研究工作。这些研究为火箭发动机的材料选择和应用提供了坚实的理论基础，极大地推动了航天技术的进步。

回国后，钱学森依然保持着对金属材料研究的深厚兴趣，并致力于推动我国金属材料科学的发展。他深知金属材料基础知识的重要性，并始终倡导创新精神在材料科学中的价值。

钱学森的事迹不仅激励了一代又一代的科学家，也让我们深刻认识到，扎实的理论基础和勇于创新的精神是科学研究不可或缺的两大支柱。他的贡献和精神将继续引领我国在航天和材料科学领域不断取得新的突破。

（本案例参考多种资料整理而成）

课后习题

一、填空题

1. 金属在外力作用下的变形可分为________、________和断裂三个连续过程。

2. 工艺性能是指金属材料在被加工过程中所表现出来的性能，包括铸造性能、锻造性能、焊接性能、________、________、________和切削加工性能等。

3. 服役性能是指金属材料在使用条件下所表现出来的性能，包括________、________和化学性能。

4. 固态物质按其原子（或分子）的聚集状态可分为________和________两大类。

二、判断题

1. 单位体积中材料的质量称为密度。一般将密度小于 10×10^3 kg/m^3 的金属称为轻金属，密度大于 10×10^3 kg/m^3 的金属称为重金属。（　）

2. 晶体按照晶格上质点的种类和质点间作用力实质（化学键的键型）的不同，可分为四种基本类型，即离子晶体、分子晶体、金属晶体和原子晶体。（　）

3. 合金是由三种以上金属或金属与非金属组成的具有金属特性的物质。（　）

4. 金属变形量与晶粒变形量成正比，当金属变形到一定程度时，晶粒则沿着变形方向被拉成长条形组织，称为“纤维组织”。（　）

项目二

汽车常用黑色金属材料

项目导读

黑色金属材料一般指钢铁材料，其主要组成元素是铁和碳，故黑色金属材料又称为铁碳合金。黑色金属材料具有良好的性能，且加工方便，因此，是汽车制造工业中应用最广泛的材料。尽管近年来为节省能源，实现汽车轻量化，不少黑色金属零件被有色金属和其他材料所替代，但黑色金属材料仍是汽车用材的主体，其用量超过汽车用材总量的 2/3。

通常人们把铁、锰、铬及以铁碳为主的合金（钢铁）称为黑色金属，而把其他金属及其合金称为有色金属。含碳量大于 0.021 8% 而不大于 2.11% 的铁碳合金称为钢，含碳量大于 2.11% 的铁碳合金称为铸铁。广义的黑色金属还包括铬、锰及其合金。一般要求的汽车结构零件大多采用非合金钢或铸铁制造，性能要求高的汽车结构零件则采用合金钢制造。

学习目标

◆ 知识目标

1. 了解铁碳合金的成分、组织及性能之间的关系。
2. 掌握钢的热处理原理。
3. 掌握铸铁的石墨化及影响因素。
4. 了解钢铁材料在汽车上的应用。

◆ 能力目标

1. 能根据汽车零件的使用要求，正确选择合适的钢铁材料。
2. 能根据牌号辨别材料的性能特点及其应用范围。
3. 能分析铁碳合金相图，并掌握其应用。

◆ 素质目标

1. 培养学生在使用黑色金属材料时的环保意识。
2. 培养学生重视不可再生资源的合理使用与保护。

◆ 思政目标

1. 培养学生在汽车行业工作的过程中遵循国家标准，遵守法规，做遵纪守法的高素质人才。
2. 培养学生一丝不苟、严谨细致、耐心及认真负责的工作作风。

任务工单

一、任务名称

熟识碳成分对铁碳合金力学性能的影响

二、任务描述

全班同学分组讨论，在含碳量小于1%时，随着含碳量的增加，钢的强度、硬度、塑性、韧性的变化，并分析其原理。在任务准备的过程中完成表2-1的填写。

表2-1 实训表

姓名		班级		学号	
学时		日期		实训地点	
实训工具	含碳量变化对铁碳合金力学性能影响参考图、关于铁碳合金的相关资料				

三、任务目的

通过分析、讨论、举例的形式，掌握碳成分对铁碳合金的影响，了解铁碳合金组织及性能之间的关系。

四、分组讨论

全班学生以3～6人为一组进行分组，选出各组的组长，组长对组员进行任务分工并将分工情况记入表2-2中。

表2-2 分工情况表

本组成员	姓名	学号	任务分工
组长			
组员			

五、任务思考

1. 碳素钢与合金钢的区别是什么？
2. 工业用铁碳合金的碳的质量分数一般在什么范围内？
3. 铁碳相图一般运用于哪些方面？

六、任务实施

在任务实施过程中，将遇到的问题和解决办法记录在表2-3中。

表2-3 问题及解决办法

序号	遇到的问题	解决办法
1		
2		
3		

七、任务评价

请各小组选出一名代表展示任务实施的成果，并配合指导教师完成表 2-4 的任务评价。

表 2-4　任务评价

评价项目	评价内容	分值	评价分值		
			自评	互评	师评
职业素养考核项目	考勤、纪律意识	10 分			
	团队交流与合作意识	10 分			
	参与主动性	10 分			
专业能力考核项目	积极参与教学活动并正确理解任务要求	10 分			
	认真查找与任务相关的资料	10 分			
	任务实施过程记录表的完成度	10 分			
	对铁碳合金的掌握程度	20 分			
	独立完成相应任务的程度	20 分			
合计：综合分数___自评（20%）+ 互评（20%）+ 师评（60%）		100 分			
综合评价			教师签名：		

任务一　铁碳合金

钢铁材料是目前及今后很长一段时间内人类社会生活生产中最为重要的金属材料。为了熟悉并合理利用钢铁材料，应该了解铁与碳的相互作用，认识铁碳合金的本质及其成分、组织结构与性能之间的关系。

大多数金属在结晶后，其晶格类型不再发生变化，但少数金属，如铁、钛、钴等，在冷却或加热过程中，随着温度的变化，其晶格类型也发生变化。

固态的纯铁随着温度的改变，由一种晶格转变为另一种晶格的现象，称为同素异构转变。该特性是钢铁材料通过热处理获得多种组织结构与性能的理论依据。具有体心立方晶格的 δ-Fe，当温度降低到 1 394 ℃时，其转变为具有面心立方晶格的 γ-Fe；当继续降温到 912 ℃时，又出现一个平台，其转变为具有体心立方晶格的 α-Fe；再继续冷却到室温，固态纯铁晶格类型不再发生变化，但在 770 ℃时又出现一个平台，该温度下纯铁的改变不是其晶格类型的改变，此时的转变为磁性转变。同素异构转变是在固态下原子重新排列的过程，也是结晶过程，遵循结晶规律，会发生过冷现象而产生结晶热效应。该转变因原子排列结构的变化而导致排列密度一金属体积的变化。

同素异构转变是纯铁的一个重要特性，是钢铁材料能够进行热处理的重要依据。金属的同素异构转变实质上就是一个重结晶的过程，转变时需要过冷，同时伴有潜热产生，其转变过程也是在恒温下通过晶核的形成和长大来完成的。由于同素异构转变前后晶格类型不同，原子排列发生变化，晶体体积也随之发生变化，因晶粒体积发生变化使金属内部产生的内应力称为组织应力。

一、铁碳相图

相图用来表示合金成分、温度和组织状态三者之间的关系，是合金在平衡条件下，在不同温度和不同成分时各相关系的图解，因此又称为合金状态图或合金平衡图。相图是制定合金熔炼、锻造及热处理工艺的主要依据。

铁碳相图是研究钢和铸铁的基础，对于钢铁材料的应用及热加工和热处理工艺的制订也具有重要的指导意义。铁和碳可以形成一系列化合物，如 Fe_3C、Fe_2C、FeC 等，有实用意义并被深入研究的只是 Fe–Fe_3C 部分，通常称其为 Fe–Fe_3C 相图。铁碳合金的组元包括 Fe 和 Fe_3C，Fe 是过渡族元素，熔点为 1 538 ℃，密度为 7.874 g/cm^3。Fe_3C 是一种具有复杂结构的间隙化合物，通常称为渗碳体，含碳量（质量分数，后同）为 6.69%，硬度很高，强度低，塑性、韧性很差，是价稳定化合物，条件适当时，会分解成单质状态的石墨 C，在 Fe–C 中游离，代号为 G，具有简单六方晶格结构，其强度、塑性、硬度都很低，通常在钢中不允许它存在。

1. 基本相

基本相中包括铁素体、高温铁素体、奥氏体和渗碳体。

（1）铁素体

铁素体是碳溶于 α–Fe 中的间隙固溶体，具有体心立方晶格结构，虽其总空隙度较大（32%），但每个具体空隙的直径都不大，仅为 0. 072 nm，远小于碳原子的直径（0. 154 nm），其原子间空隙很小，溶碳能力极差，因此，室温性能与纯铁相似，强度、硬度不高，但塑性和韧性较好，适于塑性成形，代号为 F 或 α。

（2）高温铁素体

高温铁素体是碳溶于 δ–Fe 中的间隙固溶体。

（3）奥氏体

奥氏体是碳溶于 γ–Fe 中的间隙固溶体，具有面心立方晶格，虽其总间隙为 26%，小于 α–Fe，但具体间隙直径较大，最大直径为 0.104 nm，近于碳原子直径，所以碳原子在 γ–Fe 晶格间隙中的可能位置更多，奥氏体是一种强度不高、塑性很好的高温相，代号为 A 或 γ。

（4）渗碳体

渗碳体具有固定的成分（w_C=6.69%），熔点为 1 227 ℃，具有高硬度、高脆性、低强度和低塑性，也是钢铁材料在室温下的重要相，常作为钢的第二相，弥散强化的强化相。

2. 铁碳相图的恒温转变

铁碳相图中有三个恒温转变过程，即包晶转变、共晶转变和共析转变。

（1）包晶转变

包晶转变是指已结晶的固相与剩余液相反应，形成另一固相的恒温转变。在铁碳相图中，当温度下降到 1 495 ℃，含碳量为 0.17% 时，将发生包晶转变，剩余的液相与已结晶的高温铁素体 δ 相发生反应，完全形成单相奥氏体 γ 相。同时，当含碳量在 0.09% ～ 0.53% 范围内，温度下降到 1 495 ℃时，也会发生包晶反应，其中，含碳量在 0.09% ～ 0.17% 范围内，在包晶反应终了时，除了形成奥氏体 γ 相之外，生成物中还存在部分 δ 相，其随后通过同素异构转变为奥氏体。含碳量在 0.17% ～ 0.53% 范围内，在包晶反应终了时，除了形成奥氏体 γ 相之外，生成物中还存在部分液相，随后的冷却过程中通过匀晶过程成为奥氏体。

（2）共晶转变

共晶转变是指在一定温度下，一定成分的液相同时转变成两种成分和晶体结构完全不同的新固相的过程。在铁碳相图中，当温度下降到 1 148 ℃，含碳量为 4.3% 时，将发生共晶转变，具有一定成分的液相同时完全转变成奥氏体 γ 相和渗碳体 Fe_3C 相，其生成物统称为莱氏体，用 Ld 表示；继续降温到 727 ℃以下，莱氏体变成低温莱氏体（或称为变态莱氏体），由珠光体、二次渗碳体和共晶渗碳体组成，用 L′d 表示；当含碳量在 2.11% ～ 6.69% 范围内，温度下降到 1 148 ℃时，也会发生共晶反应，其中，含碳量在 2.11% ～ 4.3% 范围内，共晶反应终了时，除了形成莱氏体之外，生成物中还存在部分 γ 相；含碳量在 4.3% ～ 6.69% 范围内，共晶反应终了时，除了形成莱氏体之外，生成物中还存在部分渗碳体。

由于低温莱氏体中含有大量的渗碳体，所以低温莱氏体的力学性能和渗碳体相似，其硬度很高，塑性、韧性很低。

（3）共析转变

共析转变是指在一定温度下，一定成分的固相同时转变成两种成分和晶体结构完全不同的新固相的过程。在铁碳相图中，当温度下降到 727 ℃，含碳量为 0.77% 时，将发生共析转变，具有一定成分的 γ 相同时完全转变成铁素体 α 相和渗碳体 Fe_3C 相，其生成物统称为珠光体，用 P 表示。珠光体是一种双相组织，通常情况下，两相呈片层状分布，强度较高，硬度适中，有一定塑性。同时，当含碳量在 0.021 8% ～ 6.69% 范围内，温度下降到 727 ℃时，也会发生共析反应。其中，含碳量在 0.021 8% ～ 0.77% 范围内，共析反应终了时，除了形成珠光体之外，生成物中还存在部分铁素体。

铁碳合金基本组织的力学性能见表 2–5。

表 2–5　铁碳合金基本组织的力学性能

组织名称	符号	力学性能		
		抗拉强度 /（R_m/MPa）	伸长率 A/%	布氏硬度 /HBW
铁素体	F	180 ～ 280	30 ～ 50	50 ～ 80
奥氏体	A	–	40 ～ 60	120 ～ 220
渗碳体	Fe_3C	30	0	800
珠光体	P	800	20 ～ 35	180
莱氏体	Ld	–	0	＞ 700

另外，除了三个恒温转变过程，铁碳相图中还具有变温转变，匀晶转变是一个典型的变温过程，是指从液相结晶出单相固溶体的结晶过程。铁碳相图中，从具有一定成分的液相中结晶出奥氏体 γ 相的结晶过程，就是匀晶反应。

3. 铁碳相图及其特征点和特征线

铁碳相图是表示在缓慢冷却或缓慢加热的条件下，不同成分的铁碳合金的相或组织随温度变化的图形，是研究铁碳合金的重要工具。

在铁碳合金中，铁和碳可以形成 Fe_3C、Fe_2C、FeC 等一系列化合物，每一个稳定的化合物都可以成为一个独立的组元，所以整个铁碳合金相图可以分解为 Fe–Fe_3C、Fe_3C–Fe_2C、Fe_2C–FeC 等一系列铁碳二元合金的合金相图。但是，工业用铁碳合金的碳的质量分数一般不超过 5%，因为碳的质量分数过高的铁碳合金，其脆性很大，难以加工，在生产中无实用意义。因此，对铁碳合金的研究集中在对 Fe–Fe_3C（w_C = 6.69%）相图上。铁碳相图如图 2–1 所示，图中 L 表示液相，$Fe_3C_Ⅰ$、$Fe_3C_Ⅱ$和 $Fe_3C_Ⅲ$分别为一次渗碳体、二次渗碳体和三次渗碳体。

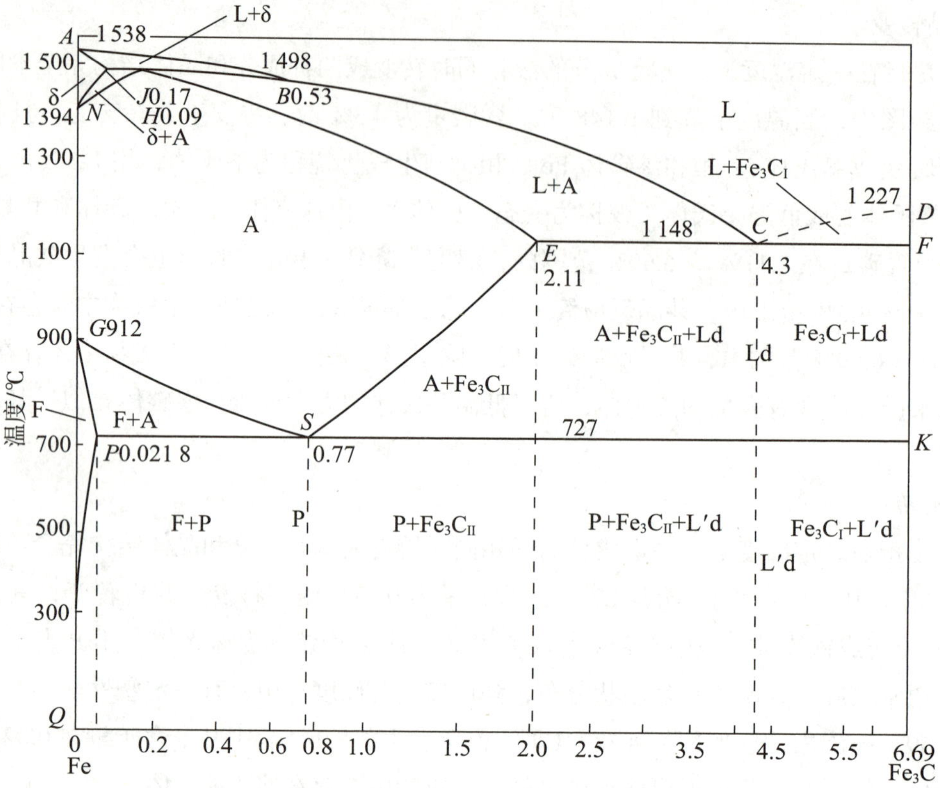

图 2–1　铁碳相图

图 2–1 中的 *ES* 线是碳在奥氏体中的溶解度线。含碳量大于 0.77% 的合金，从 1 148 ℃冷却到 727 ℃的过程中，将从奥氏体中析出渗碳体，这种渗碳体称为二次渗碳体（$Fe_3C_Ⅱ$）。*PQ* 线是碳在铁素体中的溶解度线，铁碳合金由 727 ℃冷却到室温的过程中，铁素体中会有渗碳体析出，这种渗碳体称为三次渗碳体（$Fe_3C_Ⅲ$）。*GS* 线是冷却过程中奥氏体向铁素体转变的开始线，或者说是加热过程中，铁素体向奥氏体转变的终了线（具有同素异构转变的纯金属，其固溶体也具有同素异构转变，但其转变温度有变化）。

铁碳相图中的特征点和特征线分别见表 2–6 和表 2–7。

表 2–6　铁碳相图中的特征点

符号	温度 /℃	含碳量 /%	含义
A	1 538	0	纯铁的熔点
B	1 495	0.53	包晶转变时液态合金的成分
C	1 148	4.3	共晶点
D	1 227	6.69	Fe_3C 的熔点
E	1 148	2.11	碳在 γ–Fe 中的最大溶解度
F	1 148	6.69	Fe_3C 的成分
G	912	0	α 与 γ 同素异构转变点
H	1 495	0.09	碳在 δ–Fe 中的最大溶解度

续表

符号	温度 /℃	含碳量 /%	含义
J	1 495	0.17	包晶点
K	727	6.69	Fe_3C 的成分
N	1 394	0	γ-Fe 与 δ-Fe 同素异构转变点
P	727	0.021 8	碳在 α-Fe 中的最大溶解度
S	727	0.77	共析点
Q	室温	0.000 8	室温下碳在 α-Fe 中的溶解度

表 2-7　铁碳相图中的特征线

特征线	含义
ABCD	铁碳合金的液相线
AHJECF	铁碳合金的固相线
HJB	$L+\delta \rightarrow \gamma$
ECF	$L \rightarrow \gamma+Fe_3C$ 共晶转变线
GS	奥氏体转变为铁素体的开始线
ES	碳在奥氏体中的溶解度线
PSK	$\gamma \rightarrow \alpha+Fe_3C$ 共析转变线
PQ	碳在铁素体中的溶解度线

知识拓展

铁碳相图的应用

1. 在选材方面的应用

铁碳相图总结了铁碳合金的组织和性能随成分的变化规律，对生产具有重要的指导意义。例如，由铁碳相图可知，低碳钢是塑性和韧性都较好的钢铁材料，中碳钢是强度和硬度高、塑性较好的钢铁材料，而高碳钢是硬度高、耐磨性好的钢铁材料。在实际生产中，可以根据零部件的工作要求和性能要求选择适当的材料。

2. 在铸造方面的应用

由铁碳相图可确定铁碳合金的浇注温度，其中，具有共晶成分的铁碳合金，其熔点最低，结晶温度范围最小，故具有良好的铸造性能。在实际生产中，根据铁碳相图中液相线的位置，可确定各种铸钢和铸铁的浇注温度。

3. 在锻造方面的应用

铁碳合金的可锻性是指铁碳合金材料在进行压力加工时，能改变其形状而不产生裂纹的能力。由于奥氏体具有良好的塑性，而由铁碳相图可知，亚共析钢加热到高温时可获得单相奥氏体组织，因此，亚共析钢的可锻性好，适合进行锻造加工。

4. 在焊接方面的应用

由铁碳相图可知，各区域的加热温度不同，铁碳合金的组织就不同，在随后的冷却过程中就会出现不同的组织并具有不同的性能。因此，铁碳合金材料在焊接后还需要用热处理的方法改善性能。

二、成分对铁碳合金的影响

1. 碳的影响

在钢含碳量 < 1% 时，随着含碳量的增加，钢的强度、硬度增加，但塑性、韧性降低；当含碳量 > 1% 后，随着含碳量的增加，钢的硬度增加，但强度、塑性、韧性降低，这是因为 Fe_3C_{II} 呈连续网状分布，进一步破坏了铁素体基体之间的连接作用。图 2–2 为含碳量对铁碳合金力学性能的影响。

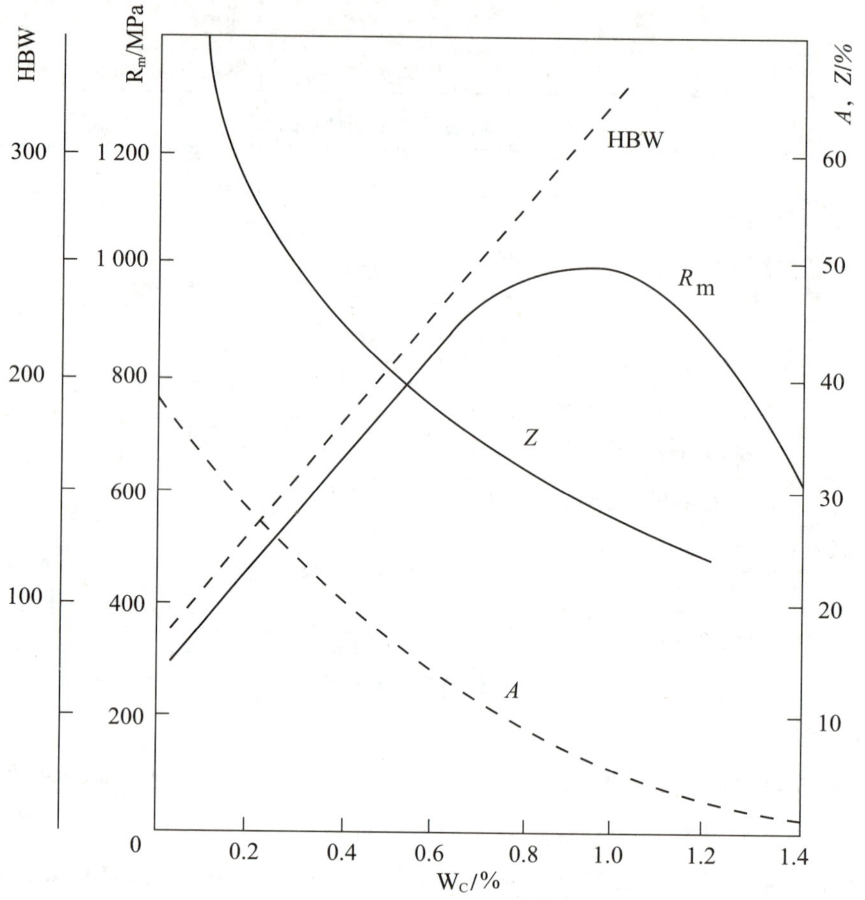

图 2–2　含碳量对铁碳合金力学性能的影响

2. 锰的影响

锰对钢来说属于有益元素，它与氧有较强的亲和力，具有较好的脱氧能力，在炼钢时作为脱氧剂加入。另外，锰与硫的亲和力很强，在钢液中与硫形成 MnS，起到去硫作用，大大降低了硫的有害影响。钢中的含锰量一般为 0.25% ～ 0.8%，可溶入铁素体起到固溶强化作用，提高铁素体的强度，锰还可溶入渗碳体形成合金渗碳体（Fe，Mn）$_3$C，使钢具有较高的强度。锰与硫形成 MnS，与氧形成 MnO，这些非金属夹杂物大部分进入炉渣。

3. 硅的影响

硅对钢来说也属于有益元素，由于它与氧有很强的亲和力，具有很好的脱氧能力，在炼钢时作为脱氧剂加入。硅与氧化铁反应生成二氧化硅（$Si+2FeO = 2Fe+SiO_2$），非金属夹杂物大部分进入炉渣，消除了 FeO 的有害作用。但如果非金属以夹杂物的形式存在于钢中，将影响钢的性能。碳钢中的含硅量一般≤ 0.4%，它大部分溶入铁素体，起固溶强化作用，提高铁素体的强度，而使钢具有较高的强度。

4. 硫的影响

硫在钢中是有害的杂质。液态时 Fe、S 能够互溶；固态时 Fe 几乎不溶解硫，而与硫形成熔点为 1 190 ℃的化合物 FeS。形成的共晶体（γ–Fe+FeS）分布在 γ–Fe 晶界处。若将含有硫化铁共晶体的钢加热到轧制、锻造温度，共晶体熔化，进行轧制或锻造时，钢将沿晶界开裂，这种现象称为钢的“热脆”或“红脆”。

5. 磷的影响

磷在钢中一般属于有害元素。在 1 049 ℃时，磷在 Fe 中的最大溶解度可达 2.55%，在室温时溶解度仍为 1% 左右。因此，磷具有较高的固溶强化作用，使钢的强度、硬度显著提高，但也使钢的塑性、韧性显著降低，特别是使钢的韧脆转变温度急剧升高，这种现象称为“冷脆”。

6. 氮的影响

氮在钢中一般属于有害元素。氮在 γ 相中的最大溶解度在 850 ℃时为 2.8%，在 α 相中的最大溶解度在 590 ℃时约为 0.1%，而在室温时的溶解度很小，低于 0.001%。因此，将钢由高温快速冷却后，可得到溶氮过饱和的铁素体。这种溶氮过饱和的铁素体是不稳定的，在室温条件下长时间放置时 N 将以 Fe_4N 的形式析出，使钢的强度、硬度升高，塑性、韧性降低，这种现象称为时效硬化。为了减轻氮的有害作用，必须减少钢中的含氮量，或加入 Al、V、Nb、Ti 等元素，使它们优先形成稳定的氮化物，以减小氮所造成的时效敏感性。

7. 氢的影响

氢在钢中也是有害元素，它是由潮湿的炼钢原料和炉气产生而进入钢中的。氢在钢中的溶解度甚微，但严重影响钢的性能，氢溶入钢中形成间隙固溶体，使钢的塑性大大降低，脆性大大升高，这种现象称为氢脆。钢中含有的氢，在加热热轧时溶入，冷却时溶解度降低，析出的氢结合成氢分子，使钢的塑性大大降低，脆性大大升高，加之热轧时产生内应力，当它们的综合作用力大于钢的强度时，钢中就会产生许多微细裂纹，如发丝一样，也称为发裂，这种组织缺陷称为白点。

8. 氧的影响

氧在钢中也是有害元素，由于炼钢是一个氧化过程，氧在钢液中起到去除杂质的积极作用，但在随后的脱氧过程中不能完全将它除净，氧在钢中的溶解度很小，在 700 ℃时为 0.008%，500 ℃时在铁素体中的溶解度＜ 0.001%。氧溶入铁素体一般降低钢的强度、塑性和韧性，氧在钢中主要以氧化物的形式存在，如 FeO、Fe_2O_3、Fe_3O_4、MnO、SiO_2、Al_2O_3 等，因此氧对钢的性能影响主要取决于氧化物的性能、数量、大小和分布等。

任务二　钢与钢的热处理

钢是经济建设中极为重要的金属材料，也是汽车工业的主体材料。钢按化学成分可分为碳素钢和合金钢两类。碳素钢是含碳量在 0.021 8% ～ 2.11%，除铁及碳和限量以内的硅、锰、磷、硫等杂质外，不含其他合金元素的铁碳合金。合金钢是在碳素钢的基础上加入某些合金元素而得到的钢种。

一、碳素钢

工业上实际使用的碳素钢，含碳量一般为 0.05% ～ 1.35%。碳素钢的成本低，具有较好的力学性能和工艺性能，是工业中应用最普通、用量最大的金属材料，可以满足一般工程机械、普通机械零件、工具的使用要求，因此在汽车工业生产中得到广泛应用。

1. 碳素钢的性质

在碳素钢中含碳量对钢的性质影响很大。图 2-3 为碳素钢含碳量与机械性质变化关系。如果含碳量增加，碳素钢的抗拉强度、屈服强度、硬度增加，而塑性、韧性和可焊性降低。

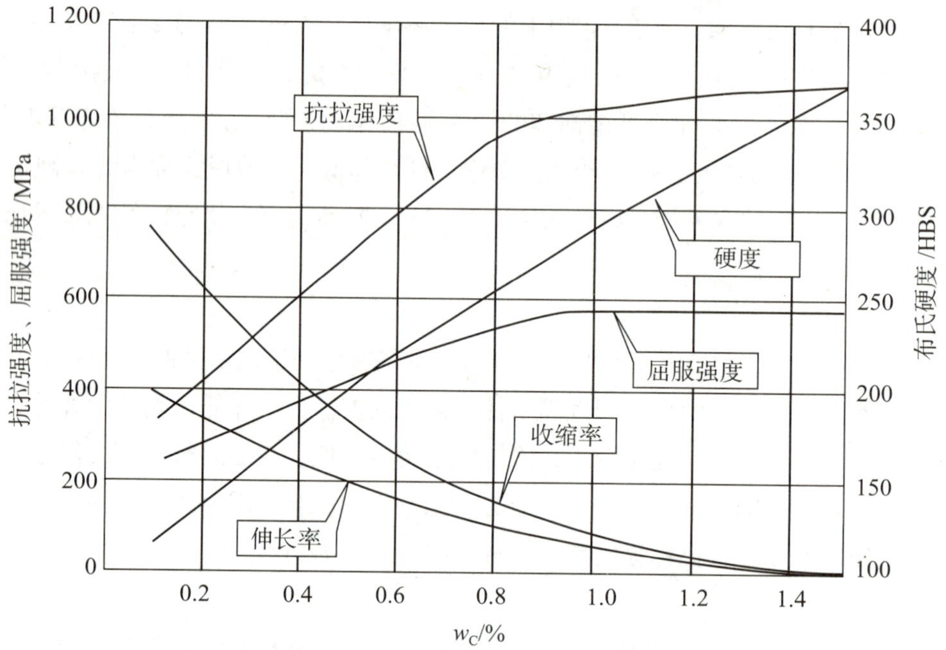

图 2-3　碳素钢的含碳量与机械性质变化关系

2. 碳素钢的分类

碳素钢主要的分类方法如下。

（1）按化学成分分类

碳素钢按化学成分（含碳量）可分为低碳钢、中碳钢和高碳钢。

① 低碳钢含碳量在 0.1% ～ 0.25%，又称软钢。低碳钢包括 08 钢、10 钢、15 钢、20 钢、25 钢等。低碳钢易于接受各种加工，如锻造、焊接和切削，常用于制造链条、铆钉、螺栓、轴等。

② 中碳钢含碳量在 0.25% ～ 0.6%，有镇静钢、半镇静钢、沸腾钢等多种产品。除碳外还可含有少量锰（0.7% ～ 1.2%）。中碳钢包括 30 钢、35 钢、40 钢、45 钢、50 钢、55 钢、60 钢等。

中碳钢热加工及切削性能良好，焊接性能较差，强度、硬度比低碳钢高，而塑性和韧性低于低碳钢。中碳钢可不经热处理，直接使用热轧材、冷拉材，亦可经热处理后使用。淬火、回火后的中碳钢具有良好的综合力学性能，能够达到的最高硬度约为 55 HRC（538 HB），σ_b 为 600 ～ 1 100 MPa。在中等强度水平的各种用途中，中碳钢得到最广泛的应用，除作为建筑材料外，还大量用于制造各种机械零件。

③ 高碳钢含碳量 0.6% ～ 1.7%，常称工具钢。高碳钢包括 65 钢、70 钢、75 钢、80 钢、85 钢、T7 钢、T8 钢、T10 钢、T12 钢等。高碳钢可以淬硬和回火。锤、撬棍等由含碳量 0.75% 的钢制造；切削工具，如钻头、丝锥、铰刀等由含碳量 0.9% ～ 1% 的钢制造。

（2）按钢的质量分类

按碳素钢的质量（有害杂质硫、磷含量）来分类，可分为以下几种。

① 普通碳素钢。钢中含有害杂质元素较多，一般含硫量≤ 0.055%，含磷量≤ 0.045%。

② 优质碳素钢。钢中含有害杂质元素较少，一般含硫、磷量均＜ 0.035%。

③ 高级优质碳素钢。钢中含有害杂质元素极少，一般含硫量≤ 0.02%，含磷量≤ 0.03%。

（3）按用途分类

碳素结构钢主要用于制造各种机器零件和工程结构件，常用于制造齿轮、轴、螺母、弹簧等机械零件，以及制造桥梁、船舶、建筑等工程结构件，其含碳量一般＜ 0.7%。

碳素工具钢含碳量在 0.7% ～ 1.35%，经热处理后可得到高硬度和高耐磨性能，主要用于制造各种工具、刃具、模具和量具。

二、合金钢

由于碳钢不能满足生产实际的需要，在碳钢的基础上有目的地加入一种或几种合金元素得到合金钢。在实际生产中，将其称为钢的合金化。常用的合金元素有：硅（Si）、锰（Mn）、铬（Gr）、钼（Mo）、镍（Ni）、铜（Cu）、锡（Sn）、钛（Ti）、铝（Al）及稀土元素（Re）等。与碳钢相比，合金钢的热处理性能更好，力学性能指标更高，还能满足某些特殊性能。随着现代汽车工业发展和汽车性能的不断提高，合金钢在汽车制造中的用量比率正在逐年增长。

1. 合金元素在合金钢中的存在形式及作用

合金元素在钢中主要以两种形式存在，合金铁素体和合金碳化物。

（1）合金铁素体

大多数合金元素（铅除外）均能溶于铁素体，并形成合金铁素体。由于合金元素与铁的晶格类型以及原子半径存在差异，导致铁素体晶格畸变，从而产生固溶强化作用，使得铁素体的强度、硬度提高，塑性和韧性下降，当合金元素的质量分数超过一定值以后，铁素体的塑性和韧性会显著下降。与铁素体具有相同晶格类型的合金元素，如铬、钼、钨、钒、铌等强化铁素体的作用较弱，而与铁素体具有不同晶格的合金元素，如硅、锰、镍等强化铁素体的作用较强。

合金元素对铁素体韧性的影响与其含量有关，例如，$w_{Si} < 1\%$、$w_{Mn} < 1.5\%$ 时铁素体的韧性并不下降，但含量超过该值时，韧性即有下降的趋势；当 $w_{Si} > 0.6\%$、$w_{Mn} > 1.5\%$ 时铁素体的韧性将严重降低；而铬、镍较为特殊，在适当含量范围内 $w_{Cr} \leq 2\%$、$w_{Ni} \leq 5\%$，不但能提高铁素体的硬度，还能提高其韧性。

（2）合金碳化物

锰、铬、铝、钒、钛等元素与碳可形成碳化物，因其与碳亲和力的不同，将其在钢中形成的碳化物分为以下两类。

① 合金渗碳体

锰、铬、钼、钨属于弱或中强碳化物形成元素，溶入渗碳体（置换铁原子）形成较渗碳体硬度高、略为稳定的合金渗碳体，如（Fe、Mn）$_3$C、（Fe、Cr）$_3$C、（Fe、W）$_3$C 等。

② 特殊碳化物

钒、钛、铌等属于中强或强碳化物形成元素，可与碳形成较合金渗碳体具有更高的熔点、硬度和耐磨性，且更稳定，不易分解，晶格与渗碳体完全不同的特殊碳化物，从而使钢的强度、硬度和耐磨性得以显著提高。

2. 合金元素对钢的热处理和力学性能的影响

合金元素的突出优点主要是通过热处理工艺显示出来的，因此大多数合金钢需要进行热处理，合金元素可细化奥氏体晶粒，提高钢材的淬透性和耐回火性。

（1）合金元素对钢加热转变的影响

在合金钢的奥氏体形成过程中，除铁、碳原子扩散外，还有合金元素原子的扩散。合金元素的扩散速度慢，且大多数合金元素（镍、钴除外）均减慢碳的扩散速度，而合金碳化物比较稳定，不易溶入奥氏体，因此，在不同程度上减缓了奥氏体的形成过程。为了获得均匀的奥氏体，大多数合金钢需要加热到更高的温度，并需要保温更长的时间。

大多数合金元素都具有抑制奥氏体晶粒长大的作用，从而达到细化晶粒的目的，使合金钢在热处理后获得更细的晶粒。在合金钢中，合金碳化物以弥散质点的形式分布在奥氏体晶界上，阻碍了奥氏体晶粒的长大。因此大多数合金钢在加热时不易过热，有利于合金钢淬火后获得细马氏体组织，也有利于通过适当提高加热温度，使奥氏体中溶入更多的合金元素，从而提高合金钢的淬透性和力学性能。

（2）合金元素对钢回火转变的影响

合金元素对钢回火时的组织与性能都有不同程度的影响，其主要影响是提高钢的耐回火性，一些合金元素还产生二次硬化现象和回火脆性。

① 提高钢的耐回火性

合金钢回火的各个转变过程都处于更高的温度。在相同的回火温度下，合金钢的硬度较高，使钢在较高的温度下回火时仍能保持高硬度。淬火钢在回火时抵抗软化的能力称为耐回火性。合金钢都有较好的耐回火性。若获得相同的硬度，合金钢的回火温度要高于非合金钢，并且通过较高温度的回火有利于消除内应力，提高钢的塑性和韧性，从而使合金钢获得更好的综合力学性能，如图 2–4 所示。

② 产生二次硬化

含有较多钨、钼、钒、铬、钛等元素的合金钢，在 500 ～ 600 ℃高温回火时，高硬度的合金碳化物（W_2C、Mo_2C、VC、Cr_7C_3、TiC 等）以弥散的小颗粒状态析出，使钢的硬度升高，这些铁碳合金在一次或多次回火后硬度提高的现象称为二次硬化，如图 2–5 所示。高速钢、工具钢和高铬钢在回火时都会产生二次硬化现象，对提高钢材的热硬性具有重要作用。

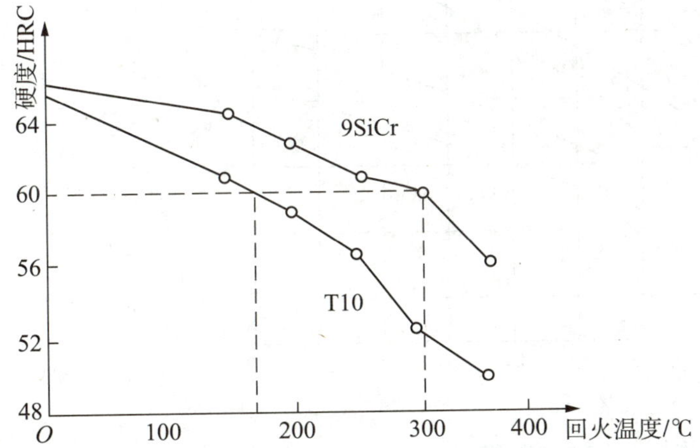

图 2–4　合金钢与非合金钢的硬度与回火温度的关系

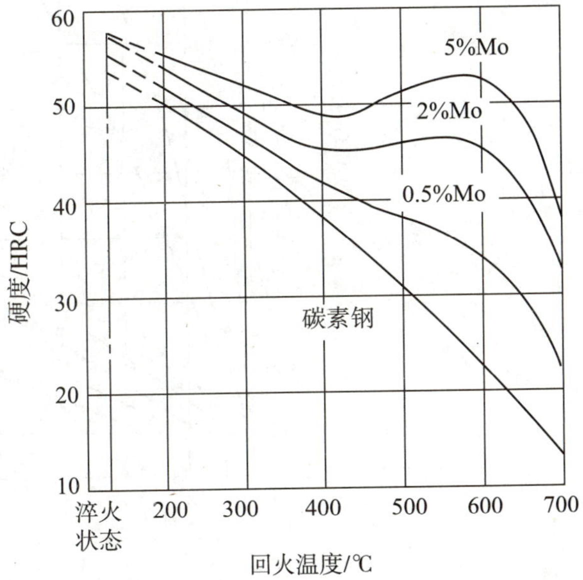

图 2–5　钼元素对钢回火硬度的影响

3. 合金钢的分类

合金钢的种类繁多，常用的分类方法有以下几种。

合金钢

（1）按所含主要元素分类，有铬钢、镍钢、钼钢、铬镍钢、铬镍钼钢等。

（2）按合金元素的总含量分类，分为以下几种。

① 低合金钢。合金元素总量小于 5% 的合金钢为低合金钢。

② 中合金钢。合金元素总量为 5% ～ 10% 的合金钢为中合金钢。

③ 高合金钢。合金元素总量大于 10% 的合金钢为高合金钢。

（3）按用途分类，可分为以下几种。

① 合金结构钢。用来制造各种零件和构件的合金钢称为合金结构钢。合金结构钢又可分为低合金结构钢、合金渗碳钢、合金调质钢、合金弹簧钢、滚动轴承钢等。

② 合金工具钢。用于制造各种工具的合金钢称为合金工具钢。根据工具的用途不同，又可分为刃具钢、模具钢和量具钢等。

③ 特殊性能钢。有某些特殊的物理、化学性能的合金钢称为特殊性能合金钢，包括不锈钢、耐热钢、耐磨钢等。

4. 合金元素的作用

不同合金元素对钢硬度与韧性的影响也不同，如图 2–6 和图 2–7 所示。

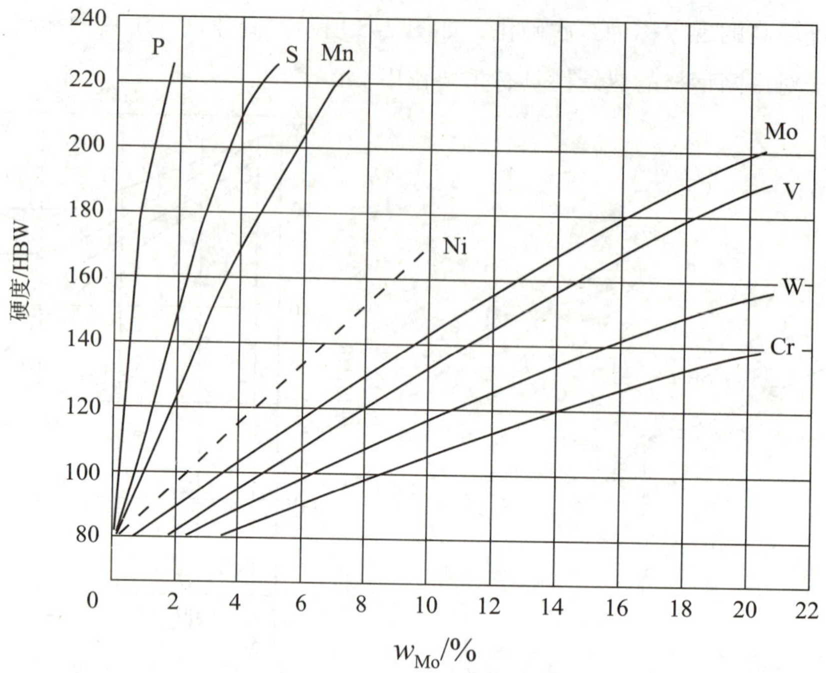

图 2-6　合金元素对钢硬度的影响

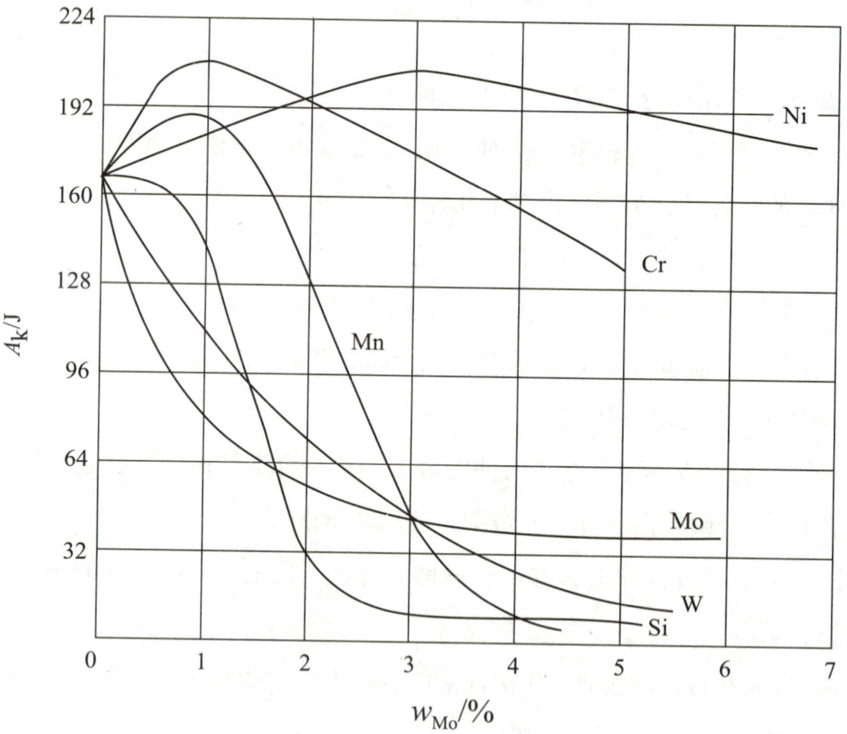

图 2-7　合金元素对钢韧性的影响

随着添加的元素种类及数量的不同，合金钢具有不同的性质。图 2-8 为铁素体中添加各种元素与抗拉强度的关系。由图 2-8 可知，硅、钛、锰、钼、铝等可有效地提高抗拉强度。

图 2-9 为添加元素与淬火性的关系。由图 2-9 可以看出，锰、钼、铬等合金元素显示出非常高的淬火性，而镍等比较低。

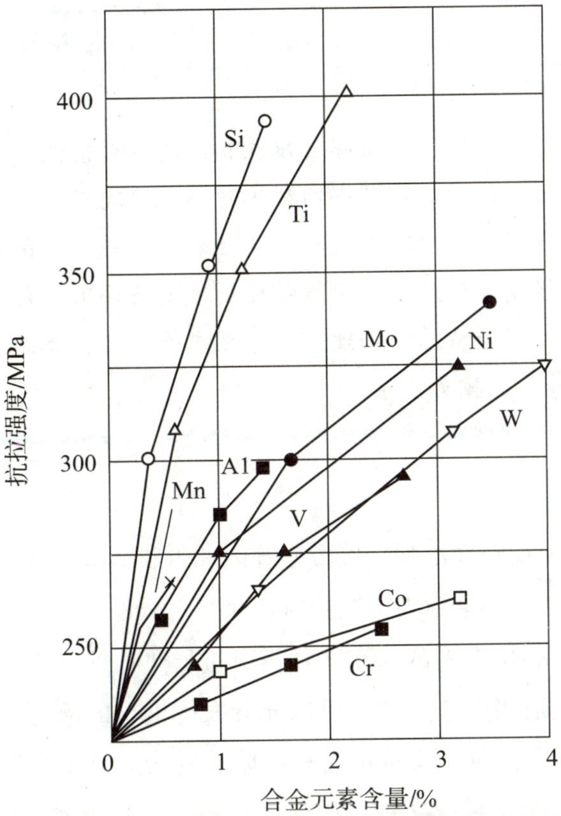

图 2-8　铁素体中合金元素含量与抗拉强度的关系

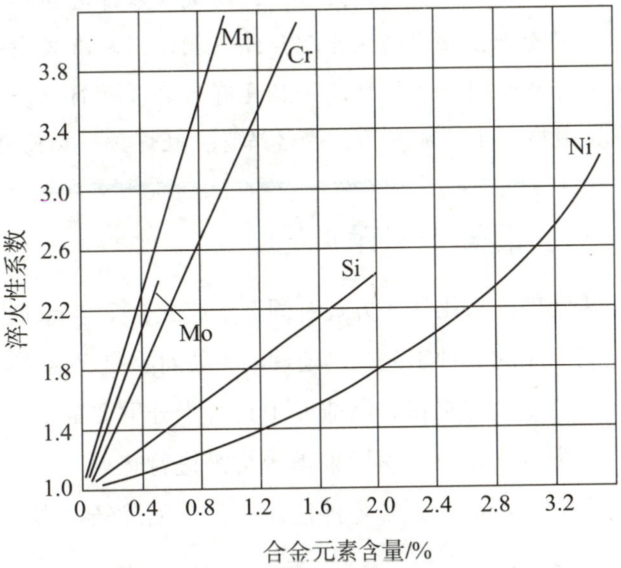

图 2-9　添加元素与淬火性的关系

添加到碳素钢里的元素有时要单独加入，有时要加入两种以上。特别是以适当的比例添加几种元素时各元素具有相辅相成的效果，可以使钢具有更加优良的性质。合金元素的作用如下。

铬——提高淬透性。直径为 30 mm 以下的零件可全部淬透，提高强度和硬度，使钢具有良好的抗氧化性和耐腐蚀性。铬是不锈钢和耐热钢的主要合金元素。铬与镍元素配合可获得更佳的性能。

镍——提高淬透性。含量在 6% 以下时，使钢具有高强度、高韧性；含量为 9% ～ 10% 时，与铬配制则为不锈钢；含量大于 20% 时，则为耐热钢。

锰——提高强度、硬度、淬透性和耐磨性。含量高达 11% ～ 14% 的为高锰耐磨钢。与铬、氮可配制无镍不锈钢，以节省贵重金属材料。

硅——提高强度、硬度、疲劳强度、耐蚀性及抗氧化性。

钨——提高强度及耐磨性，使钢具有良好的热强性和热硬性。

钼——提高淬透性和热强性。

钒——细化晶粒，改善强度和韧性，提高耐磨性与回火稳定性。

钛——细化晶粒，使组织细密，提高强度和韧性，可形成稳定碳化物，增加钢的强度、硬度及耐磨性。

硼——能显著提高低碳钢的淬透性。

铝——细化晶粒，提高钢的抗氧化性。

稀土元素——在冶炼和铸造过程中，稀土元素（微量元素）加入钢中，不仅能去除钢中的有害杂质，细化晶粒，还能提高钢的韧性、塑性，改善钢的耐热、耐腐蚀、抗氧化等多种特殊性能。

知识拓展

合金钢的优点

与碳素钢相比，合金钢的主要优点包括：具有良好的淬透性，与碳素钢在相同的淬火条件下，可获得更深的淬硬层，并使大截面的零件获得均匀一致的组织。在获得同样淬硬层的情况下，又可采用冷却能力较低的淬火介质，以减少零件的变形与开裂，并具有良好的力学性能。它与同等含碳量的碳素钢在相同的热处理条件下相比，具有较高的强度和硬度。在同等强度和硬度条件下，它又具有更好的塑性和韧性，并且具有耐磨、耐腐蚀、耐高温等特殊的物理、化学性能等。但合金钢冶炼较困难，生产成本高，价格昂贵，且焊接、热处理等工艺较为复杂。

三、钢的热处理原理

热处理是采用适当方式对固态金属或合金进行加热、保温和冷却，以改变其内部组织结构，从而获得预期性能的一种工艺。热处理的主要对象是钢制零件，所以常称为“钢的热处理”。

钢的热处理在机械制造业中具有十分重要的地位。80% 左右的汽车零件需要进行热处理，所有的刀具、模具、量具、滚动轴承等均需进行热处理。通过适当的热处理，可以充分发挥钢材的潜力，显著提高力学性能，延长零件使用寿命，消除铸、锻、焊等热加工造成的各种缺陷，并为后续工序做好组织准备。

根据热处理的目的及其加热和冷却方式的不同，热处理工艺可分为以下几类。

（1）普通热处理

普通热处理又称整体热处理，包括退火、正火、淬火和回火、调质、稳定化处理、固溶热处理和时效处理等。

（2）表面热处理

表面热处理主要是表面淬火和回火、物理气相沉积、化学气相沉积、等离子化学气相沉积等。

（3）化学热处理

化学热处理包括渗碳、渗氮、碳氮共渗、渗硼、渗硫、渗金属、多元共渗等。

（4）其他热处理

其他热处理包括真空热处理、形变热处理、激光淬火、电子束淬火等。

所有的金属都可以进行热处理。任何热处理过程都由加热、保温和冷却三个阶段组成，其主要工艺参数是加热温度、保温时间和冷却速度。处理工艺一般采用一定的速度将钢加热到一定温度，保温一段时间，再以适当的速度冷却到室温，这就构成了热处理工艺曲线，如图 2-10 所示。通过改变工艺规范，可以获得不同的组织，以满足不同零件的性能要求。

钢在固态下缓慢加热和冷却时发生组织转变的相变临界点分别以 Fe-Fe_3C 相图中的 A_1（PS 线）、A_3（GS 线）、A_{cm}（ES 线）表示。但在实际生产中，加热和冷却时发生组织转变的临界点均滞后于相图中的平衡临界点，即发生过热和过冷现象，而且加热和冷却速度越快，实际相变温度偏离程度越大。为了与相图上的平衡临界点加以区别，将实际加热时的临界点用 Ac_1、Ac_3、Ar_{cm} 表示，将实际冷却时转

变临界点用 Ar_1、Ar_3、Ar_{cm} 表示，如图 2–11 所示。

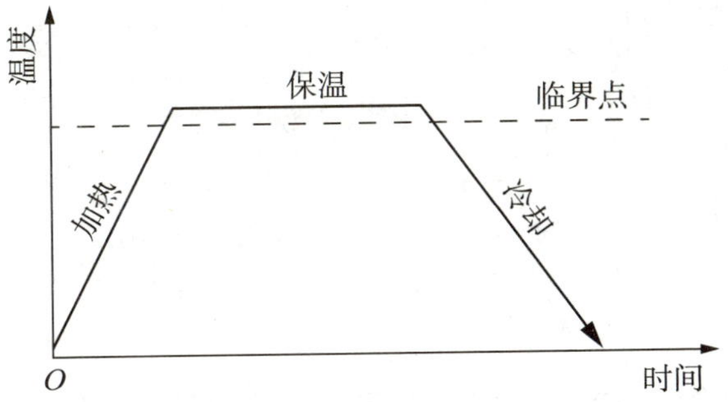

图 2–10　热处理工艺曲线

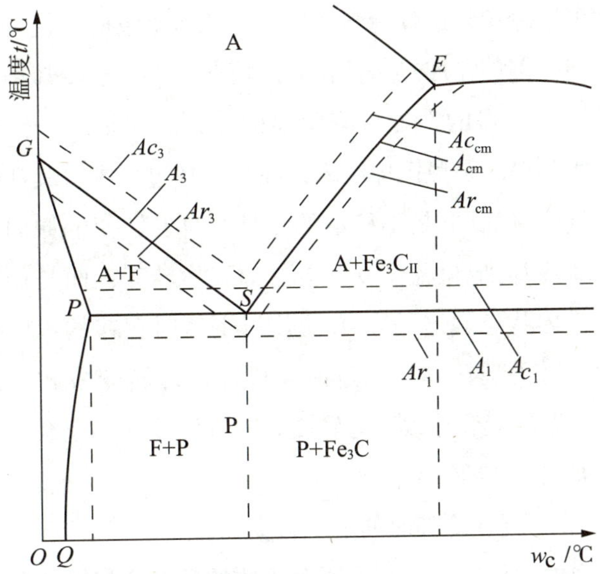

图 2–11　钢在加热和冷却时相变临界点的实际位置

1. 钢在加热时的组织变化

（1）奥氏体的形成

由铁碳相图可知，共析钢在加热至温度以上时，内部组织由珠光体（P）转变为细小的奥氏体（A）晶粒；亚共析钢加热到，铁素体完成向奥氏体的转变；过共析钢加热到以上时，二次渗碳体完成向奥氏体的溶解。形成奥氏体的过程称为奥氏体化，热处理加热就是为了获得均匀细小的奥氏体组织，为冷却时的组织转变做准备。

保温可使奥氏体内部成分趋向均匀一致，经过缓慢冷却即可获得细小的珠光体晶粒，从而获得较高的强度、塑性和冲击韧性，使其力学性能大大高于原来粗大晶粒的组织。

（2）加热速度、原始组织及成分对组织变化的影响

加热速度越快，奥氏体晶粒越细小；原始组织越细小，相的界面越多，奥氏体晶核数目也越多，有利于获得细小组织；奥氏体中碳的质量分数越大，则越有利于奥氏体晶粒长大，但当奥氏体晶界上存在未溶碳化物时，将阻碍晶粒的长大，奥氏体的实际晶粒仍然比较细小。除锰、磷少数元素外，大多数合金元素都阻碍奥氏体晶粒的长大，即合金钢在同样的加热条件下易获得细晶组织。

（3）加热温度、保温时间与组织变化的关系

加热温度过高，保温时间过长，将使奥氏体晶粒急剧长大形成粗大的晶粒，导致弹性和韧性较大幅度下降，其力学性能亦随之大大降低。若加热温度高至接近固相线时，将使晶粒边界发生氧化、烧熔、脱碳，导致零件报废。加热温度低于规定温度时，则不能充分奥氏体化，尚未转变为奥氏体的珠光体将保存在淬火后的组织中，降低了淬火硬度。所以，淬火时必须按照规定温度进行加热。

2. 钢在冷却时的组织变化

（1）冷却方式与冷却介质对钢的组织变化的影响

同一化学成分的钢材，加热到奥氏体状态后，若采用不同的冷却方式和冷却速度进行冷却，将得到形态不同的组织，从而获得不同的性能。

冷却是热处理的关键工序，冷却方式、冷却速度及冷却介质是决定钢的性能的关键因素。冷却方式包括等温冷却与连续冷却两种，冷却介质包括空气、水、油和盐碱溶液等。

同一钢件在加热条件相同的情况下，由于冷却条件不同，所获得的性能有着明显的差别。这是由于钢经加热所获得的是奥氏体组织，在热处理过程中，其在临界点温度 A_1 以下是不稳定的，具有自发转变的倾向。但并非冷却到 A_1 温度以下会立即发生转变，而是仍处于奥氏体状态，这种在 A_1 温度以下暂时存在的奥氏体称为“过冷奥氏体”。过冷奥氏体冷却转变方式有两种：等温转变和连续冷却转变，其等温冷却和连续冷却曲线如图 2-12 所示。

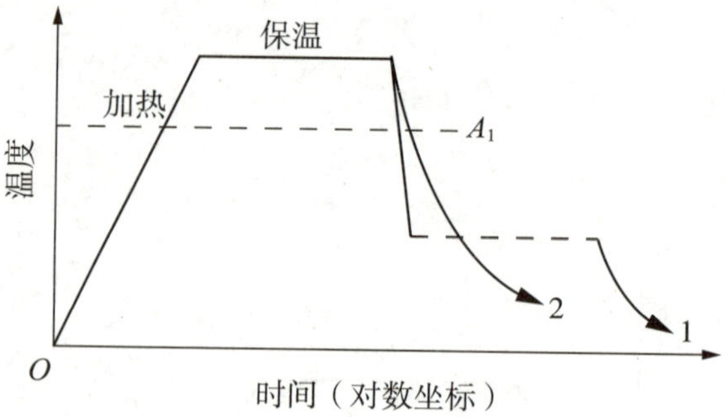

1- 等温冷却；2- 连续冷却。

图 2-12　等温冷却和连续冷却曲线

（2）钢在冷却时的组织转变

现以共析钢为例，说明奥氏体的等温冷却转变和连续冷却转变过程，以及不同温度区域内组织转变的产物及其特性，如图 2-13 所示。

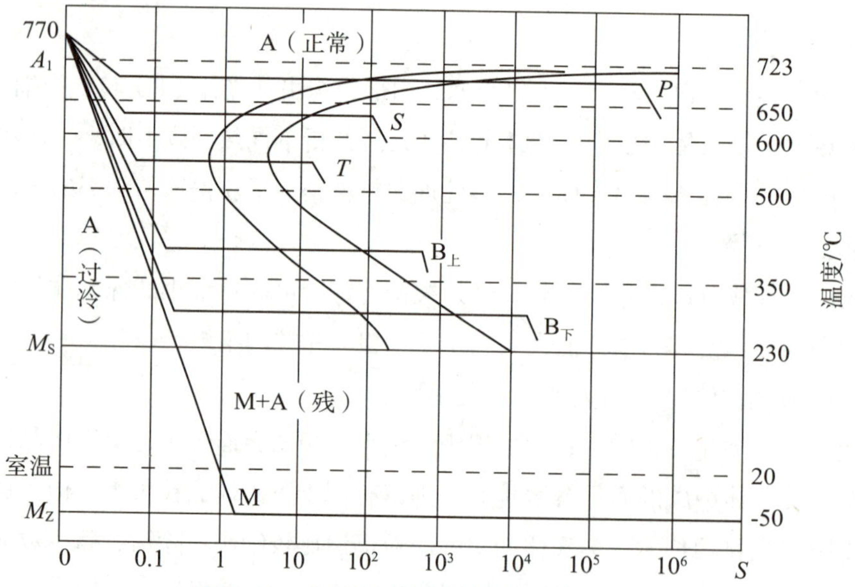

图 2-13　共析钢过冷奥氏体等温转变曲线

① 奥氏体的等温转变

高温转变区域。550 ～ 720 ℃为高温转变区，在此温度下，等温冷却所产生的组织结构是珠光体，粗、细珠光体均为铁素体与渗碳体的层片状组织，本质上无区别。但珠光体晶粒越小，钢的强度、硬度和韧性越高。

中温转变区域。其转变温度区域为 350 ～ 550 ℃时形成的贝氏体称为上贝氏体（$B_上$）；在（M_s）230 ～ 350 ℃温度范围内形成的贝氏体称为下贝氏体（$B_下$）。

② 过冷奥氏体的连续冷却转变

这一转变过程常用等温转变曲线进行分析，如图 2–14 所示。根据表示连续冷却时的“时间 – 温度”关系冷却曲线与奥氏体等温转变图相交的位置，即可大致判断出在连续冷却过程中的组织转变情况。

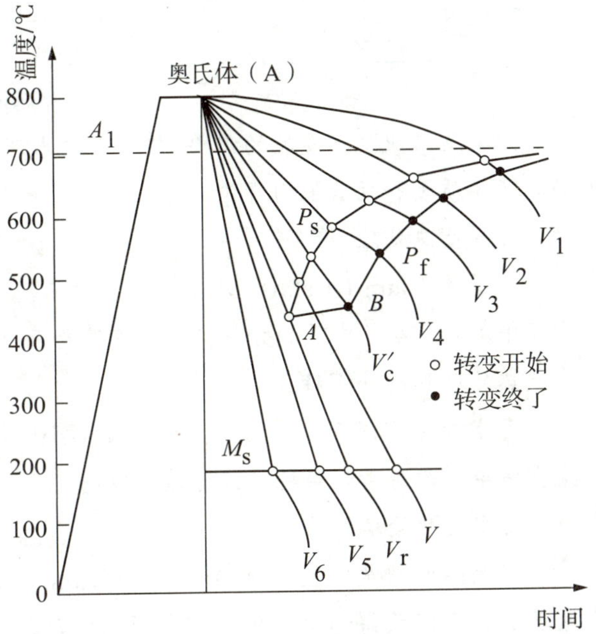

图 2–14　用等温转变曲线分析过冷奥氏体的连续冷却转变

图中曲线 V_1、V_2、V_3、V_4 表示热处理中四种常用的连续冷却方法。V_1 曲线对应的过程相当于随炉冷却。奥氏体将在 A_1 以下附近温度进行转变，得到的是较粗大的珠光体组织。V_2 曲线对应的过程相当于在空气中冷却，可估计出其转变的组织是索氏体组织。V_3 曲线对应的过程相当于在油中冷却，奥氏体将在“鼻尖”附近分解为一小部分托氏体，其余的奥氏体则转变为托氏体和马氏体混合组织。V_4 曲线对应的过程相当于在水中冷却，该曲线不与奥氏体等温转变图相交，奥氏体将继续冷却至 M_s 以下进行马氏体转变。

随炉冷却（退火）时，转变的产物是珠光体；在空气中冷却（正火）时，转变的产物是细珠光体；在水中冷却时，因冷却速度快，奥氏体来不及发生分解，被过冷至 230 ℃以下向马氏体转变；在油中冷却时，一部分过冷奥氏体转变为极细珠光体，另一部分来不及分解，被过冷至 230 ℃以下向马氏体转变，获得的是极细珠光体（托氏体）与马氏体的混合组织。马氏体为 α–Fe 中的过饱和固溶体，由于溶入过多的碳使其晶格严重歪曲，从而增加了抵抗塑性变形的能力而具有高的硬度。

③ 马氏体的转变

奥氏体在连续冷却过程中不发生分解，当全部冷却到 M_s（马氏体转变温度）以下则向马氏体转变，全部转变为马氏体的最小冷却速度称为临界冷却速度（v_k）。当冷却速度大于 v_k 时，奥氏体则很快地冷却至 M_s 以下，迫使 γ–Fe 晶格迅速向 α–Fe 晶格转变，由于温度很低，钢中的碳原子不能扩散，被迫全部保留在 α–Fe 晶格中，大大超过了碳在 α–Fe 中的正常溶解能力，形成了过饱和固溶体，将碳溶于 α–Fe 中的过饱和固溶体称为马氏体。由于溶入了过多的碳，导致其晶格畸变严重，从而增加了塑性变形的抗力，使马氏体具有高的硬度。含碳量越多，晶格畸变越严重，马氏体的硬度越高。含碳量较高的钢（$w_C > 1.096\%$）淬火后，获得的马氏体基本形态呈片状，亦称为高碳马氏体，其硬度高，脆性大，无实用价值；含碳量较低的钢（$w_C < 0.2\%$）淬火后，获得的马氏体基本形态呈板条状，称为低碳马氏体，具有良好的综合力学性能（硬度较高，强度有所提高，以及具有良好的塑性、韧性），因此获得了广泛的应用。碳质量分数在二者之间的钢淬火后，获得的是两种马氏体的混合组织，具有二者的综合性能。

知识拓展

热处理新技术

为满足工业生产发展的需要，热处理技术不断发展与更新。应用热处理新技术能够降低生产成本，提高产品质量和延长使用寿命。

1. 真空热处理

在低于 1 atm（1 atm=101 325 Pa）的环境中热处理工艺称为真空热处理。真空加热就是在稀薄空气中加热，空气中氧的分压很低，钢件表面氧化很轻，可以避免氧化和脱碳，达到光亮处理目的。真空热处理具有如下特点。

真空加热缓慢而且均匀，热处理变形小。提高工件表面力学性能，延长使用寿命。节省能源，减少污染，改善劳动条件。设备造价较高，目前多用于工模具、精密零件的热处理。

2. 形变热处理

形变热处理是将塑性变形和热处理结合，以提高工件力学性能的一种复合工艺。工件经形变热处理后，可以获得形变强化和相变强化综合效果，既可提高钢的强度，改善其塑性和韧性，还具有节能效果，因而在生产中得到了广泛的应用。目前形变热处理广泛用于结构钢、工具钢及工件锻后余热淬火、热轧淬火等工艺。

3. 激光热处理

激光热处理是以激光作为能源，以极快的速度加热工件的自冷淬火，其热处理质量高，表面光洁，变形极小，且无工业污染，易实现自动化。激光热处理适用于各种复杂工件的表面淬火，还可以进行工件局部表面的合金化处理等。但激光器价格昂贵、成本高，且易对人的眼睛造成伤害，其应用受到一定程度的限制。

4. 电子束淬火

电子束淬火是以电子束作为热源，以极快的速度加热工件的自冷淬火。电子束的能量远高于激光，而且其能量利用率也高于激光热处理。电子束淬火质量高，淬火过程中工件的基体性能几乎不受影响。

5. 热喷涂技术

热喷涂技术是表面强化处理技术的一种，是指以某种热源，将粉末或线状材料加热到熔化状态后，用高压高速气流将其雾化成细小的颗粒喷射到零件表面上，形成一层覆盖层的过程。若在喷涂之后进行第二次加热，使之达到熔融状态而与基体材料形成冶金结合则称为喷焊。

热喷涂技术可以喷金属材料，也可以喷非金属材料，如陶瓷。实际生产中多为喷金属材料，通常称为金属喷涂。根据热源不同，喷涂可分为电弧喷涂、氧－乙炔焰粉末喷涂、等离子喷涂等。汽车维修中应用较多的是氧－乙炔焰粉末喷涂、电弧喷涂。

金属喷涂主要用于修复磨损的零件，如汽车的曲轴、缸套、凸轮轴、半轴、活塞环等，还可用于填补铸件裂纹以及制造和修复减摩材料等。

6. 气相沉积技术

气相沉积技术是利用气相中发生的物理、化学过程，改变零件表面成分，在表面形成具有特殊性能的金属或化合物涂层。通常气相沉积技术分为化学气相沉积技术和物理气相沉积技术两大类。

四、钢的退火与正火

退火与正火是钢材常用的两种基本热处理工艺方法，主要用于钢制毛坯件（铸件、锻件和焊件）的预备热处理，目的在于消除热加工过程中产生的某些缺陷，改善组织及加工性能，为以后切削加工和最终热处理做组织准备。

1. 退火

将钢加热至适当温度，保温一段时间，然后缓慢冷却至室温的热处理工艺称为退火。根据钢材化学成分和退火目的不同，退火常分为完全退火、等温退火、球化退火、均匀化退火、去应力退火（低温退火）等。在机械零件的制造过程中，一般将退火安排在铸造或锻造等工序之后、粗切削加工之前，用来消除前一工序产生的某些缺陷，为后续工序做组织准备。常用退火与正火的热处理工艺曲线如图 2-15 和图 2-16 所示。

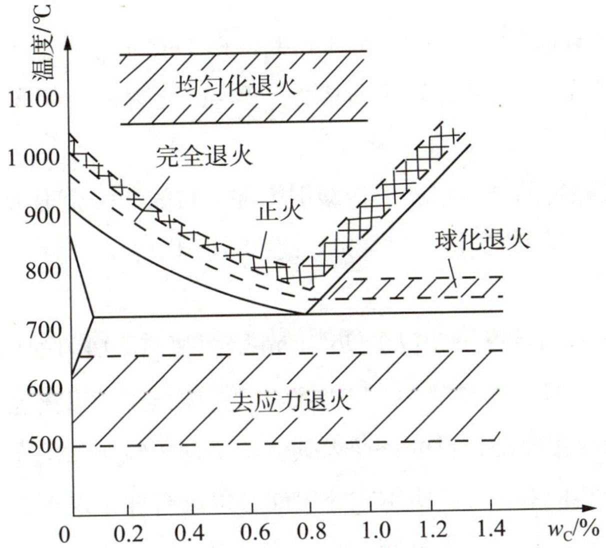

图 2-15　常用退火与正火的加热温度范围

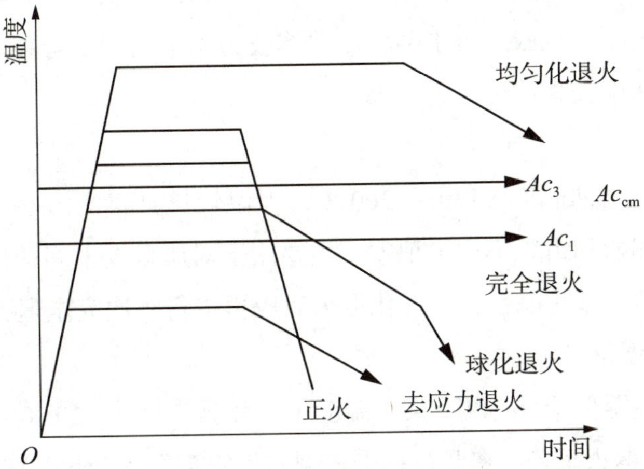

图 2-16　常用退火与正火的热处理工艺曲线

退火的目的是为了细化晶粒，均匀钢的成分与组织，改善钢的力学性能或为以后的热处理做准备。降低硬度，提高塑性，以利于切削加工及冷变形加工。消除前道工序（如铸造、锻造、轧制）中产生的内应力。

常用的退火方法如下。

（1）完全退火

完全退火是将钢加热至 Ac_3 以上 30 ～ 50 ℃，保温一段时间后，随炉缓慢冷却到 600 ℃以下，再出炉空冷的退火工艺。在此加热过程中，钢的组织全部转变为奥氏体，退火后获得的是接近平衡状态的组织（珠光体＋铁素体），从而降低钢的硬度，细化晶粒，并可充分消除内应力。完全退火时间长，工效低。

完全退火主要用于亚共析钢的中碳结构钢及低、中碳合金结构钢的铸件、锻件、热轧型材或焊接件，其退火温度不可高于规定温度，保温时间不得过长，否则将使钢的奥氏体晶粒粗大，致使性能变坏。

注意：完全退火工艺不适用于过共析钢，因其加热到 Ar_{cm} 以上缓冷时，渗碳体将以网状形式沿奥氏体晶界析出，导致韧性显著降低，致使再次淬火时产生裂纹。

（2）等温退火

等温退火是将钢加热至 Ac_3 以上 20 ～ 50 ℃（亚共析钢）或 Ar_{cm} 以上（亚共析钢、过共析钢），保温一定时间后，较快冷却至 Ac_1（或 Ar_{cm}）以下温度，等温一定时间，使奥氏体发生珠光体转变，再空冷至室温的退火工艺。

等温退火用于奥氏体较稳定的合金钢和大型碳钢工件，目的与完全退火相同，但大大缩短了退火时间，而且工件内外温度一致，易于控制转变产物，可获得均匀组织。

（3）球化退火

球化退火是将钢加热至 Ac_1（727 ℃）以上 20 ～ 30 ℃，保温一段时间后，以不大于 50 ℃ /h 的冷却速度缓慢冷却至 600 ℃以下，再出炉空冷，以获得球状珠光体组织的退火工艺。

在低温下短时间加热和缓慢冷却，目的是使渗碳体均呈球（粒）状均布于铁素体中，从而消除或改善片状渗碳体的不良影响。共析钢、过共析钢在淬火前必须进行球化退火。

球化退火适用于过共析钢中的碳素工具钢、合金刃具钢、轴承钢的退火。对于锻造、轧制件经空冷后所导致工件存在的硬度较高（因其渗碳体呈片状，珠光体为细片状）、切削加工困难、淬火易产生裂纹等现象，可采用球化退火予以克服。对于网状渗碳体较为严重的钢，可在球化退火前先进行一次正火处理，使网状组织破碎，从而提高球化退火效果。

（4）均匀化退火

均匀化退火是将钢加热至 Ac_3 以上 150 ～ 200 ℃，保温较长时间（10 ～ 15 h），继而缓慢冷却的退火工艺。其目的在于消除偏析和组织不均匀现象，主要用于对质量要求高的优质合金钢，特别是高合金钢的钢链、锻坯和铸件。为了细化晶粒，均匀化退火后应再进行一次完全退火。

（5）去应力退火（低温退火）

去应力退火是将钢加热至低于 Ac_1 以下某一温度（一般为 500 ～ 650 ℃），保温一段时间后缓冷至 200 ℃，再出炉空冷的一种退火工艺。在此过程中，钢的组织不发生变化，仅是消除内应力与稳定尺寸。对铸、锻、焊、热轧、冷拉及切削加工的工件采取去应力退火，可防止零件的变形与尺寸的变化，提高其使用性能。

2. 正火

将钢加热到 Ac_3 或 Ar_{cm} 以上 30 ～ 50 ℃，保温一段时间，随后取出置于静止空气中冷却的工艺过程称为正火。对于力学性能要求不高的普通结构件，正火可作为最终热处理或重要结构件的预备热处理。

退火与正火的目的基本相同，均是为了改善低碳钢、低碳合金钢的切削性能，并消除网状渗碳体，改善力学性能，为以后的热处理做好准备，生产中按照使用性能及切削性能的需要进行选择。退火与正火主要区别是冷却速度不同。正火的冷却速度稍快于退火，因其过冷度较大，所得组织较为细密，强度、硬度较高。

五、钢的淬火与回火

1. 钢的淬火

将钢加热到 30 ～ 50 ℃或以上，保温一段时间，随后用大于临界冷却速度的方式进行冷却，以获得马氏体（或贝氏体）组织的热处理方法称为淬火。

淬火实际上是为工件最终热处理（回火）所进行的组织准备。由于大多数工件淬火后的马氏体性能尚不能满足使用要求，故淬火后必须回火。

（1）淬火加热温度

依据铁碳相图即可确定钢的淬火加热温度，如图 2–17 所示。若加热温度低于规定温度，淬火后的组织中除了马氏体外，还有铁素体，致使淬火硬度不足；若加热温度过高，将使奥氏体晶粒粗大，淬火后获得的马氏体晶粒也必然粗大，因而导致钢的脆性增大，强度降低，甚至引起氧化、脱碳，或因内应力增大而出现变形、裂纹。

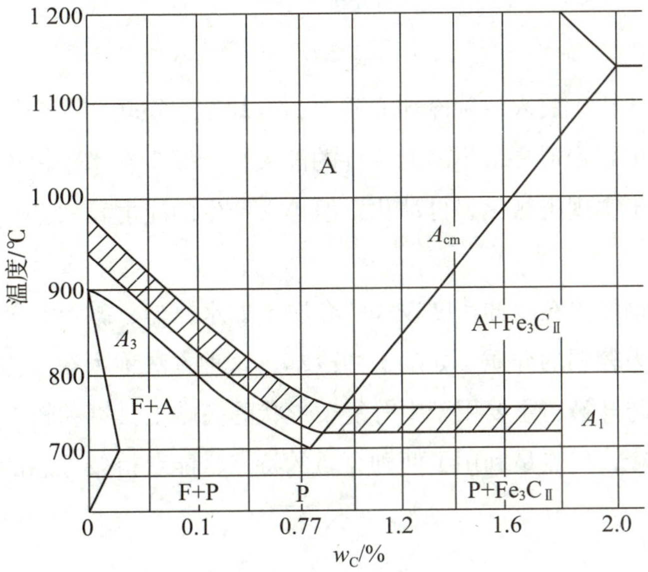

图 2–17 钢的淬火加热温度范围

（2）淬火冷却介质

常用的冷却介质有水和矿物油及盐、碱溶液。为了保证淬火后得到马氏体组织，并尽量减少淬火内应力，以确保淬火质量，必须正确选用冷却介质。

水在 550 ～ 650 ℃冷却速度快，在 200 ～ 300 ℃冷却速度也很快，但对工件会造成很大的应力，从而导致其变形或开裂。因此，水冷一般用于形状简单的碳钢件。

矿物油在 200 ～ 300 ℃冷却速度慢，可防止工件的变形与开裂，但在 550 ～ 650 ℃，因冷却速度太慢，只能得到硬度低的珠光体和铁素体，故不能用于钢的淬火，一般用于合金钢件的淬火。

盐、碱溶液可增大 550 ～ 650 ℃冷却速度，从而消除水在淬火时因温度升高导致该温度范围内冷却能力降低的缺点，可防止淬火后出现软点。

（3）常用的淬火冷却方法

常用的淬火方法有单液淬火、双液淬火、马氏体分级淬火和贝氏体等温淬火，如图 2-18 所示。在满足技术要求的前提下，应尽量选择简便、经济的淬火方法。

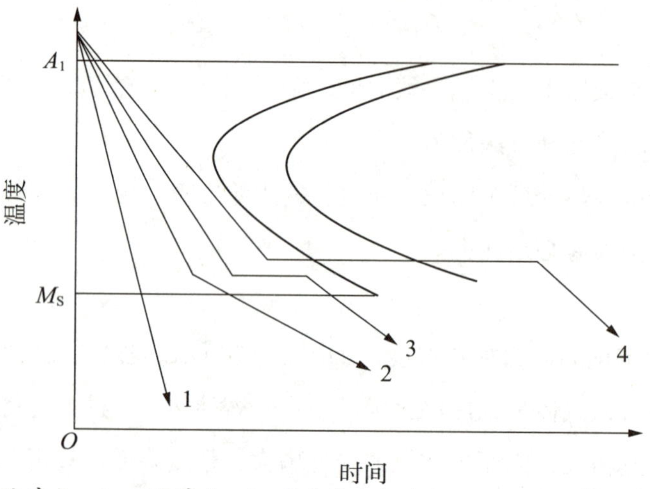

1- 单液淬火；2- 双液淬火；3- 马氏体分级淬火；4- 贝氏体等温淬火。

图 2-18　常用淬火方法工艺曲线

① 单液淬火

将高温钢件（已奥氏体化）放入一种冷却介质中，冷却至组织转变完全结束为止，这种方法称为单液淬火。一般用于形状简单、变形要求不高的工件的淬火，如碳钢在水中淬火，合金钢在油中淬火。这种淬火方法操作简便，易于实现机械化、自动化，但淬火产生的应力较大。

② 双液淬火

将加热至淬火温度的钢件先在冷却速度较大的介质（如水，盐、碱溶液）中连续冷却至 300 ℃左右取出，并迅速放入冷却能力较弱的介质（如油）中冷却，这种方法称为双液淬火。双液淬火能够减少淬火内应力，工件不易变形与开裂，主要用于中等复杂形状的高碳工具钢和较大尺寸的合金钢工件。

常用的方法是水淬油冷，优点是利用了两种介质的特点，能获得较理想的冷却条件。缺点是操作复杂，需要有实践经验。

③ 马氏体分级淬火

将加热至奥氏体化温度的工件直接放入 M_S 附近恒温液态介质（150 ～ 260 ℃的盐浴或碱浴）内淬火，停留 1 ～ 2 min，待工件表面和心部温度基本一致时取出空冷，从而获得马氏体组织的淬火方法称为马氏体分级淬火。马氏体分级淬火的工件内外温差小，组织的内应力小，不易变形或开裂。但由于此类介质冷却能力小，碳钢淬火后易出现硬度较低的珠光体组织，故分级淬火只适用于尺寸较小、形状复杂或截面不均匀的碳钢及合金钢工件。

④ 贝氏体等温淬火

将加热至奥氏体化温度的工件，放入已加温至贝氏体转变温度区域（260 ~ 350 ℃）的硝盐浴池中，停留较长时间，从而获得具有较高硬度和韧性的下贝氏体组织，这种淬火方法称为贝氏体等温淬火。贝氏体等温淬火工件的淬火内应力很小，不易变形，适用于形状复杂，要求强度、塑性、韧性及尺寸精度高的工件，如模具、成型刀具、小齿轮等。

⑤ 深冷处理

将工件淬火冷却至室温后，继续在 0 ℃以下的介质中进行冷却的热处理工艺称为深冷处理。其目的是稳定工件尺寸，消除或减少残余奥氏体，以获得更多的马氏体。通常，量具、精密轴承、精密丝杠、精密刀具等精密零件均需在淬火后进行深冷处理。

知识拓展

淬火后常见的缺陷

1. 硬度不足

硬度不足一般是加热温度低、保温时间不足或冷却速度慢造成的，但可通过重新热处理予以消除。若因材料内部组织不均匀，淬火后出现软点，造成局部硬度不足，可采用正火或退火使其组织均匀。

2. 过热与过烧

加热温度过高或在高温下保温时间过长，将使奥氏体晶粒显著增大，导致强度、塑性和韧性降低，这种现象称为“过热”。过热可采用正火或退火予以消除。

若加热温度接近熔化温度，奥氏体晶粒不仅更加粗大，而且在晶界处产生氧化或熔化，这种现象称为“过烧”。过烧的工件只能报废。

3. 变形与开裂

变形与开裂的主要原因是淬火内应力过大。若淬火内应力超过了材料的屈服点即产生变形，若淬火内应力超过了材料的强度极限则零件会开裂。因此，必须严格按照工艺要求进行淬火。

2. 钢的回火

将淬火后的工件加热至低于 A_1 的某一温度，保温一段时间，然后冷却至室温的工艺过程称为回火。淬火后的组织虽然具有高的硬度和高的强度，但淬火马氏体与残余奥氏体均属于不稳定组织，同时内部存在着很大的淬火内应力，故脆性很大，不能承受冲击载荷，无法满足使用要求。为此，必须经过回火处理才能使零件获得理想的力学性能。

（1）回火的目的

回火的目的如下。

① 减少或消除淬火内应力，防止工件在使用过程中产生变形与开裂。

② 提高韧性，调整强度与硬度，以满足工件的使用要求。

③ 稳定组织，使零件在使用过程中不发生组织或形状、尺寸的变化，从而保持零件的精度。

知识拓展

回火的分类与应用

回火是最终热处理，根据钢材在回火过程中的温度范围，可将回火分为低温回火、中温回火和高温回火三类。

1. 低温回火

低温回火（150 ～ 250 ℃）获得的是回火马氏体组织，硬度高（58 ～ 64 HRC），耐磨性好，内应力降低，塑性、韧性提高，主要用于要求高硬度、高耐磨性的零件及工具淬火后的处理，如活塞销、齿轮、凸轮、曲轴、锉刀、钻头、铰刀等。

2. 中温回火

中温回火（350 ～ 500 ℃）获得的是回火托氏体组织，具有较高的弹性极限和屈服点，韧性较好，硬度为 35 ～ 50 HRC。中温回火主要用于各种弹性零件（气门弹簧、减震弹簧、离合器弹簧、钢板弹簧等）以及要求具有中等强度和硬度的零件（如齿轮轴等）。

3. 高温回火

高温回火（500 ～ 650 ℃）获得的是回火索氏体组织，淬火应力完全消除，具有良好的综合力学性能：强度较高，塑性、韧性提高，硬度为 200 ～ 330 HBW。高温回火亦称“调质处理”，主要用于要求具有良好综合力学性能的零件，如气缸盖螺栓、曲轴、连杆螺栓、齿轮、水泵轴等。一般情况下，汽车的重要零件均需进行调质处理。

调质处理一般作为最终热处理，但由于调质处理后钢的硬度不高，便于切削加工，并能得到较好的表面质量，故也作为表面淬火和化学热处理的预备热处理。

（2）淬火钢回火时组织与性能的转变

淬火获得的马氏体和残余奥氏体为不稳定组织，并具有向稳定组织转变的趋势，回火可促使这一转变的完成。回火时的组织转变过程分为以下四个阶段。

① 80 ～ 200 ℃马氏体分解

淬火马氏体为碳在 α–Fe 中的过饱和固溶体，当加热至 80 ～ 200 ℃进行回火时，其内部原子活动能力有所增加，马氏体开始分解，其中的碳以碳化物的形式析出，使固溶体的过饱和程度有所降低，晶格畸变程度减弱，内应力亦随之变小，淬火组织则转变为回火马氏体，从而使钢的硬度稍有下降，内应力有所减小，韧性获得改善。

② 200 ～ 300 ℃残余奥氏体的转变

在马氏体继续分解的同时，残余奥氏体转变为回火马氏体。

③ 300 ～ 400 ℃渗碳体的形成

由于析出的碳化物转变为极细的粒状渗碳体颗粒，获得的组织是铁素体和微粒状渗碳体的混合组织，称为回火托氏体。

④ 400 ℃以上渗碳体聚集长大

随着回火温度的升高，渗碳体颗粒将合并长大，且温度越高颗粒越大。在 500 ～ 600 ℃时，形成的组织是细粒状渗碳体和铁素体的混合组织，称为回火索氏体。在回火过程中，由于组织发生了变化，材料的性能必然随之变化。随着回火温度的升高，强度、硬度降低，塑性、韧性增高，其变化规律如图 2–19 所示。

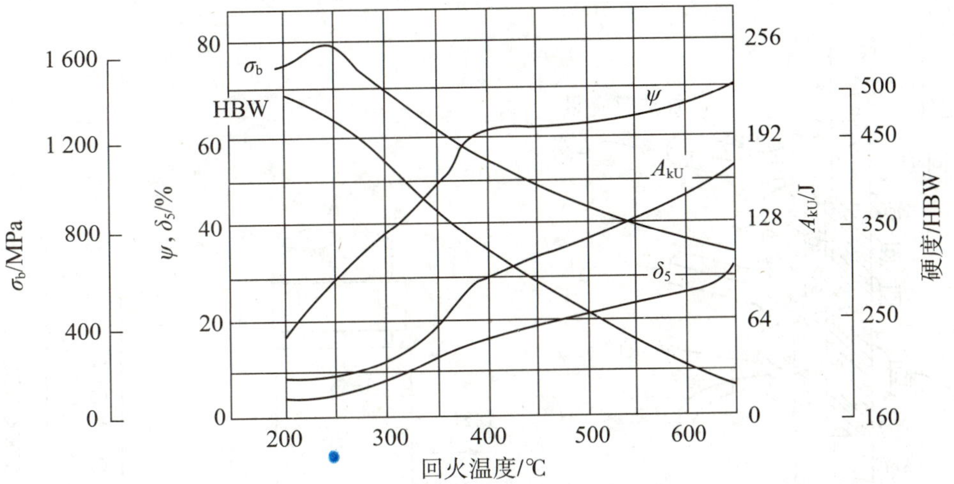

图 2–19　40 钢回火时力学性能与温度的关系

六、钢的表面热处理与化学热处理

对于要求高疲劳强度，心部具有足够高的强度、塑性、韧性，表面具有高硬度、高耐磨性（如活塞销、转向节主销等），以及在冲击载荷、交变载荷及表面摩擦条件下工作的零件，必须进行表面热处理或化学热处理才能满足使用性能的要求。

1. 表面热处理

表面热处理是为改变工件表面的组织和性能，仅对其表面进行热处理的工艺，其中表面淬火是最常用的表面热处理方法。表面淬火是指仅对工件表层进行淬火的工艺，其目的是使工件表面获得高硬度和高耐磨性，而心部保持较好的塑性和韧性，以延长其在扭转、弯曲等循环应力或在摩擦、冲击、接触应力等工作条件下的使用寿命。表面淬火不改变工件表面化学成分，而是采用快速加热方式，使工件表层迅速奥氏体化，使心部仍处于相变点以下，并随之淬火，从而使工件表面硬化。

按加热方式不同，表面淬火方法主要有：感应加热表面淬火、火焰加热表面淬火、接触电阻加热表面淬火及电解液表面淬火等，目前生产中应用最多的是感应加热表面淬火。

（1）感应加热表面淬火

如图 2–20 所示，将工件置于感应圈内，通以一定频率的交流电，在磁场作用下工件产生感应电流（涡流），由于涡流在工件截面上分布不均匀，主要集中在表层，致使表层被迅速加热至淬火温度，而心部温度依然很低，随后即快速冷却，从而达到表面淬火的目的，这种方法称为感应加热表面淬火。

感应加热表面淬火可采用改变交流电频率的方法控制淬火层深度，从而获得不同厚度且硬度均匀的淬硬层。其加热速度快，生产效率高，工件变形小，淬火质量高，不易出现过热、过烧等现象，适宜于大批量生产且对表面使用性能要求不高的轴套类等零件，但不适宜于不同尺寸或异形零件的小批量生产。

（2）火焰加热表面淬火

利用氧 – 乙炔焰或氧 – 煤气焰对零件表面进行加热，将表面迅速加热至淬火温度，并使心部依然保持很低的温度，随后立即喷射冷却介质，使零件表面迅速冷却，从而淬成高硬度马氏体组织，而心部组织仍保持不变，这种热处理方法称为火焰加热表面淬火。火焰加热表面淬火的方法如图 2–21 所示。火焰加热淬火的淬硬深度一般为 1 ～ 6 mm，淬火的深度可以利用火焰的强度、加热时间以及火焰的移动速度进行调节。

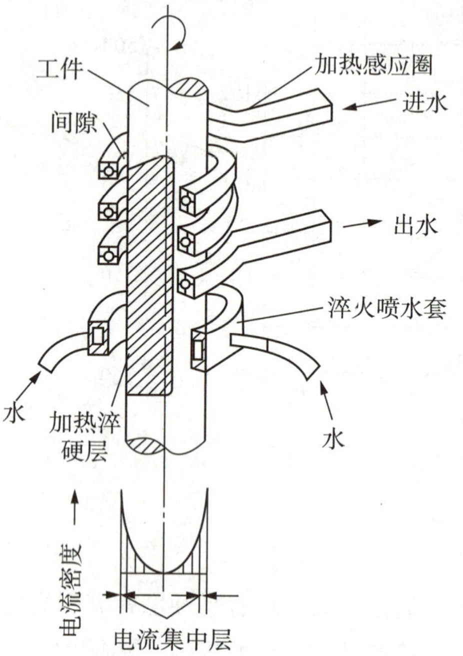

图 2–20　感应加热表面淬火示意图

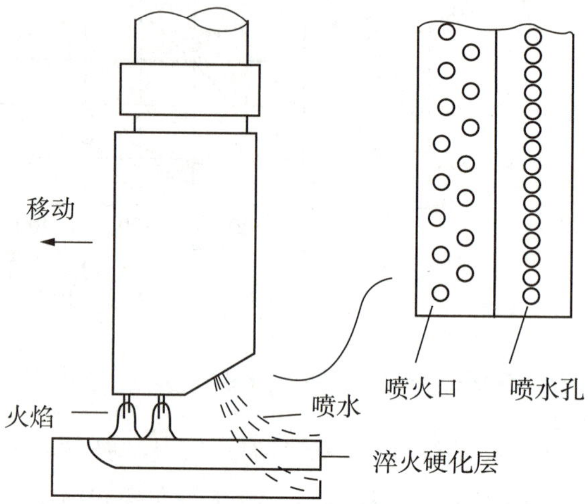

图 2–21　火焰加热表面淬火的方法

火焰加热表面淬火设备较简单，适于小型修理厂，一般用于中碳钢和中碳合金钢制造的大型齿轮、链轮等采用其他加热方法难以处理的零件。但该法淬火质量不稳定，零件表面容易过热，生产效率低。

2. 化学热处理

化学热处理是将工件置于某种化学介质中加热、保温与冷却，使介质中的某些元素渗入工件表层，改变表层的化学成分和组织，从而改变表层性能的热处理工艺，其目的是提高工件表层的硬度、耐磨性、耐腐蚀性及抗氧化性等。如：渗碳是使活性碳原子渗入钢的表层，以提高表层含碳量，再经淬火与低温回火，使工件表面获得高的硬度和高的耐磨性，而心部仍保持较高的韧性。

化学热处理包括分解、吸收、扩散三个基本过程。化学介质在一定温度下发生化学分解，产生渗入工件表面的活性原子；分解产生的活性原子被工件表面吸收，渗入表面的活性原子在一定温度和浓度梯度下，自表面向中心扩散，形成一定厚度的扩散层。

按照渗入元素的不同，有渗碳、渗氮、碳氮共渗、氮碳共渗、渗铬、渗铝等多种化学热处理方法。在生产中，可根据对工件不同的性能要求，采用不同的化学热处理方法。

（1）渗碳

渗碳是将工件置于渗碳介质内进行加热、保温，使碳原子渗入工件表面的化学热处理方法，其目的是提高表面层的含碳量。根据渗碳剂的不同，分为固体渗碳、气体渗碳和液体渗碳等，其中以气体渗碳应用最为广泛。

渗碳多用于低碳钢和低碳合金钢制成的齿轮、活塞销、轴类零件等重要零件。经过渗碳，其表面渗碳层碳质量分数可达 0.8% ～ 1.05%，由表及里逐渐减小，而心部仍为低碳钢组织。若是缓慢冷却，由表面至心部的组织依次为过共析层、共析层、亚共析层，其心部仍为原始组织。渗碳后经过淬火和回火，表面层可获得很高的硬度，而心部仍保持良好的塑性和韧性，使其兼备高碳钢和低碳钢的性能，不仅表面坚硬耐磨，还能承受弯曲应力及冲击载荷。

（2）渗氮

渗氮（氮化）是在一定介质中使活性氮原子渗入工件表层的一种化学热处理工艺。常用的渗氮方法有气体渗氮法和离子渗氮法，其中气体渗氮法应用最广泛。

气体渗氮法是把含有少量铬、钼、铝的钢工件置于炉内加热，将氨气（NH_3）直接输进 500 ~ 560 ℃的氮化炉内保持 20 ~ 100 h，使氨气（NH_3）分解为原子状态的氮与氢，分解出来的氮原子随后扩散进入钢的表面，与表面金属形成厚度约为 0.02 mm 的致密的氮化物薄膜，使钢表面具有很高的硬度、耐磨性和耐腐蚀性，且热稳定性好，能承受 560 ~ 600 ℃高温。其疲劳强度、抗咬合性均优于渗碳，因而在机械工业中获得了广泛应用，特别适用于精密零件，如内燃机曲轴、精密齿轮、磨床主轴、镗床镗杆和量具等的最终热处理。其缺点为氮化层薄，氮化处理时间长。

（3）碳氮共渗

在奥氏体状态下，同时将碳、氮渗入工件表层，并以渗碳为主的化学热处理称为碳氮共渗。碳氮共渗的目的是提高工件表层的硬度和耐磨性，其介质为具有剧毒的胺盐，因其液体对环境污染严重，故常采用中温气体碳氮共渗法：将工件放入密封炉内，加热至 820 ~ 860 ℃，保温 4 ~ 6 h，渗层深度为 0.5 ~ 0.8 mm，渗后可直接油淬和低温回火。

碳氮共渗不仅兼有渗碳和渗氮的优点，而且具有较渗碳件更高的表面硬度、耐腐蚀性、弯曲强度和接触疲劳强度，只是耐磨性和疲劳强度稍低于渗氮件。碳氮共渗一般用于结构件的最终热处理，如齿轮、轴等。

（4）氮碳共渗

氮碳共渗是一种以渗氮为主，在工件表面上同时渗入氮、碳的化学热处理工艺，亦称软氮化，共渗温度一般为（560 ± 10）℃，保温 3 ~ 4 h 后出炉空冷。渗层具有较好的韧性，较高的硬度、耐磨性，较高的抗疲劳强度，耐蚀性有明显提高。因其加热温度低，处理时间短，工件变形小，不受钢种限制，被用于各种工模具及一般轴类的表面处理。

任务三 铸铁

铸铁是含碳量为 2.11% ~ 6.69% 的铁碳合金，其主要成分是铁、碳和硅，工业中常见的铸铁，其含碳量一般为 2.5% ~ 4.0%。与碳钢相比，铸铁含有较多的锰、硫、磷等杂质，因碳、硅的质量分数较高，使碳大部分以游离的石墨状态存在，其形态和数量决定着铸铁的性能。为了改善铸铁的力学性能或获得某种特殊性能，需加入一种或几种合金元素，如铬、镍、铜、钼、铝、钒等，从而形成合金铸铁。

铸铁由于其强度、塑性、韧性较差，不能采用锻造、轧制、拉丝等方法加工成形。铸铁广泛应用于农业机械、汽车制造、冶金、矿山、石化、机床、重型机械制造及国防工业。据统计，全世界铸铁件的25%都应用于汽车工业，欧盟国家有40%～80%的铸铁用于汽车和机械工业。在不同类型的汽车生产中，铸件所占比例不尽相同，如国产中型载货车铸件占整车自身质量的21.5%，而轿车仅占10%左右。

一、铸铁的石墨化及影响因素

铸铁中的碳以石墨形式析出的过程称为石墨化。在铁碳合金中，碳以两种形式存在：一种是渗碳体，其碳的质量分数为6.69%；另一种是自由状态的石墨，其碳的质量分数为100%。碳在铸铁中以何种形式存在，与铁液的冷却速度有关。缓慢冷却时，从液体或奥氏体中直接析出石墨；快速冷却时，形成渗碳体。渗碳体在高温下进行长时间加热时可分解为铁和石墨。

石墨具有特殊的简单六方晶格，结晶形态容易发展为片状，其强度、塑性和韧性很低。石墨既可以从液相中析出，也可以从奥氏体中析出，还可以由渗碳体分解得到。灰铸铁、蠕墨铸铁中的石墨主要由液相中析出，可锻铸铁中的石墨则是白口铸铁经长时间的高温退火，由渗碳体分解得到。

影响铸铁石墨化的因素很多，其主要因素是化学成分和冷却速度。

1. 化学成分

（1）碳和硅的影响

碳和硅是强烈促进铸铁石墨化的元素，其质量分数越高就越有利于石墨的析出。但其质量分数过大会使石墨增多并粗化，导致铸铁力学性能下降。因此，在铸件壁厚一定的条件下，调整铸铁中碳和硅的质量分数是控制其组织和性能的基本措施之一。

（2）锰和硫的影响

锰和硫是阻碍铸铁石墨化的元素，必须严格控制其质量分数。但其能够形成MnS，可以减弱硫的有害作用而间接成为石墨化的促进元素，因而允许铸铁中保留适当含量的锰。

（3）磷的影响

磷是促进石墨化的元素，磷共晶能提高铸铁的硬度和耐磨性，但其质量分数过高会增加铸铁的脆性，所以应严格控制其质量分数。

2. 冷却速度

冷却速度是影响铸铁石墨化过程的工艺因素。冷却速度越慢，碳原子扩散时间越充分，越有利于石墨化的进行，越容易形成灰铸铁。反之，冷却速度越快，越容易形成白口铸铁。冷却速度主要取决于铸件壁厚、铸型材料和浇注温度等。因此，同一成分的铸件中，表层和薄壁部分常常出现白口铸铁组织，内部和厚壁部分容易形成灰铸铁组织；浇注温度高者比浇注温度低者容易形成灰铸铁组织；金属型铸件比砂型铸件容易形成白口铸铁组织；小件比大件容易形成白口铸铁组织。

知识拓展

铸铁的分类

铸铁是碳质量分数大于 2.11% 的铁碳合金，主要由铁、碳、硅、锰、硫、磷以及其他微量元素组成。铸铁的主要成分是铁、碳、硅，工业上常用铸铁的碳质量分数一般为 2.5% ～ 4%。因碳、硅的质量分数较高，使碳大部分以游离的石墨状态存在，其形态和数量决定着铸铁的性能。为了改善铸铁的力学性能或获得某些特殊性能，需加入一种或几种合金元素，如铬、镍、铜、钼、铝、钒等，从而形成合金铸铁。铸铁具有优良的铸造性能、可加工性、耐磨性、减震性和低的缺口敏感性，并且熔炼铸造工艺简单，价格低廉，所以铸铁材料是机械制造工业中最重要的材料之一。

1. 按碳的存在形式分类

根据碳存在形式的不同，可将铸铁分为以下三种。

（1）白口铸铁

白口铸铁中碳主要以渗碳体的形式存在，其断口呈银白色。

性能及应用：白口铸铁硬度高、脆性大，很难进行切削加工，很少直接用来制造机械零部件，只用于少数要求耐磨而且不受冲击的铸铁件，如拔丝模、球磨机铁球等。大多用作炼钢和可锻铸铁的坯料。

（2）灰铸铁

灰铸铁中碳大部分或全部以石墨的形式存在，其断口呈暗灰色。

性能及应用：灰铸铁具有良好的铸造性、切削加工性、减震性及耐磨性，加上其熔化配料简单，成本低，广泛用于制造结构复杂的铸铁件和耐磨件。灰铸铁是目前工业上应用最广泛的一种铸铁。

（3）麻口铸铁

麻口铸铁中碳大部分以渗碳体的形式存在，少部分以石墨的形式存在，其断口呈灰白色。

性能及应用：麻口铸铁脆性较大，工业上很少使用。

2. 按石墨形状分类

由于石墨的形状不同，铸铁可分为以下几种。

（1）灰铸铁

石墨以片状的形式存在于铸铁中。

（2）可锻铸铁（马铁）

石墨以不规则的团絮状形式存在于铸铁中。

（3）球墨铸铁

石墨以球状的形式存在于铸铁中。

（4）蠕墨铸铁

石墨以短小的蠕虫状形式存在于铸铁中。

二、常用铸铁

1. 灰铸铁

（1）灰铸铁的组织和性能

灰铸铁中，碳的质量分数为 2.5% ～ 4%，硅的质量分数为 1% ～ 2.5%，锰的质量分数为 0.5% ～ 1.4%，硫的质量分数不大于 0.15%，磷的质量分数不大于 0.3%。

由于受化学成分和冷却条件的综合影响，灰铸铁的组织有铁素体 + 片状石墨、铁素体 + 珠光体 + 片状石墨和珠光体 + 片状石墨等类型。由于石墨的力学性能几乎为零，所以灰铸铁的力学性能主要取决于基体的性能和石墨的形态、数量、大小和分布。灰铸铁的基体是亚共析钢和共析钢，石墨的存在就相当于基体上布满了孔洞和裂纹，其破坏了基体组织的连续性，减少了承载的有效面积，且在石墨的尖角处容易产生应力集中，造成铸件局部损坏，使灰铸铁容易脆断。因此，灰铸铁的抗拉强度、塑性和韧性比同样基体组织的钢低得多，且石墨数量越多、尺寸越大、分布越不均匀，对基体的破坏越严重，铸铁的力学性能就越差。

灰铸铁在承受压应力时，由于石墨不会缩小有效承载面积及不产生缺口应力集中现象，故灰铸铁的抗压强度与钢接近。当石墨存在的状态一定时，铁素体灰铸铁具有较高的塑性，但强度、硬度和耐磨性较低；珠光体灰铸铁的强度和耐磨性较高，但塑性较差；铁素体 – 珠光体灰铸铁的力学性能则介于上述二者之间。

灰铸铁具有良好的铸造性能，可铸造形状复杂的薄壁零件。片状石墨强度低、脆性大，切削时容易切断，又有润滑作用，对刀具磨损小，因此灰铸铁具有良好的耐磨性和切削加工性能。同时，由于石墨能有效吸收振动能量，又具有良好的减震性，如机床床身、床头箱及各类机器的底座均采用灰铸铁制造。另外，由于灰铸铁中存在石墨，就相当于其内部存在大量的缺口，因而其对表面的小缺陷或小缺口不敏感，即灰铸铁具有较低的缺口敏感性。

（2）灰铸铁的孕育处理

为了进一步提高灰铸铁的力学性能，生产中常常对其进行孕育处理，即在铁液浇注之前，往铁液中加入少量（一般为铁液质量的 0.4%）的硅铁或硅钙合金孕育剂，搅拌后再进行浇注，使铁液内同时生成大量的、均匀分布的非自发石墨晶核，获得细晶粒珠光体和细石墨片组织的铸铁，此过程称为灰铸铁的孕育处理，也称为变质处理。经过孕育处理的灰铸铁称为孕育铸铁。

与普通灰铸铁相比，孕育铸铁的强度有较大提高，其塑性和韧性也有所提高。因此，对于力学性能要求较高且截面尺寸变化较大的大型铸件常采用孕育处理。

（3）灰铸铁的热处理

影响灰铸铁力学性能的主要因素是片状石墨对基体的破坏程度，而热处理只能改变基体组织，不能改变石墨的形态、大小和分布，所以热处理对提高灰铸铁的力学性能效果不大，其主要目的是消除铸造内应力和白口组织，稳定铸件尺寸，提高铸件工作表面的硬度和耐磨性。常用的灰铸铁热处理方法有去应力退火、石墨化退火、正火、表面淬火等。

① 去应力退火

去应力退火是指将铸铁缓慢加热到 500 ～ 650 ℃，保温 2 ～ 6 h，利用塑性变形降低铸件内应力，然后随炉缓冷至 150 ～ 200 ℃出炉空冷，也称为时效处理。铸件经过去应力退火，可消除铸件内部 90% 以上的内应力。对大型铸件可采用自然时效，即将铸件在露天条件下放置半年以上，使铸造内应力缓慢松弛，以保证铸件尺寸的稳定。

铸件在成形后一般都需要进行去应力退火（时效处理），特别是一些大型、复杂或加工精度较高的铸件，如床身、机架等，必须进行时效处理。

② 石墨化退火

将铸件加热到 850 ～ 950 ℃，保持一定时间（一般为 2 ～ 4 h），然后随炉缓冷至 400 ～ 500 ℃后出炉空冷为石墨化退火。石墨化退火又称软化退火，目的是消除白口铸铁组织，获得铁素体或铁素体 - 珠光体灰铸铁，以降低硬度，改善切削加工性能。

③ 正火

正火是将铸件加热到 850 ～ 920 ℃，保持一定时间（一般为 1 ～ 3 h）后出炉空冷，得到以珠光体为基体的灰铸铁。

④ 表面淬火

为提高铸件（如内燃机气缸套内壁、机床床身导轨部分）的表面硬度和耐磨性，采用接触电阻加热等表面淬火方法，使铸件表面的耐磨性显著提高，且变形较小。

知识拓展

灰铸铁的牌号及应用

灰铸铁的牌号用“灰铁”二字的汉语拼音字首“HT”及表示灰铸铁最低抗拉强度（MPa）的数字表示，如 HT150 表示最低抗拉强度为 150 MPa 的灰铸铁。

灰铸铁广泛应用于承受压应力及有减震要求的零件，如床身、机架、立柱等，也适用于制造形状复杂而力学性能要求不高的箱体、壳体类零件，如缸体、缸盖、变速器壳、主减速壳等。常用的灰铸铁牌号有 HT100、HT150、HT200、HT250、HT300、HT350，其主要用途如下。

HT100：用于制造端盖、油盘、支架、手轮、重锤、外罩、小手柄等。

HT150：用于制造机座、床身、曲轴、带轮、轴承座、飞轮、进排气管、缸盖、变速器壳、制动盘、法兰盘等。

HT200、HT250：用于制造缸体、缸盖、液压缸、齿轮、间体、联轴器、飞轮、齿轮箱、床身、机座等。

HT300、HT350：用于制造大型发动机曲轴、缸体、缸盖、缸套、阀体、凸轮轴、齿轮、高压液压缸、机座、机架等。

2. 可锻铸铁

可锻铸铁俗称马铁，其基体为铁素体或珠光体，具有较高的塑性和韧性，但实际上并不能用于锻造。

（1）可锻铸铁的组织与性能

为了保证铸件在冷却时获得白口铸铁组织，在退火时使渗碳体容易分解，并析出团絮状石墨，必须严格控制铁液的化学成分。与灰铸铁相比，可锻铸铁中碳和硅的质量分数较低，一般碳的质量分数为 2.2% ～ 2.8%，硅的质量分数为 1.2% ～ 1.8%。

将白口铸铁加热到 900 ～ 980 ℃，经长时间保温，组织中的渗碳体分解为奥氏体和团絮状石墨，随后缓慢降温，奥氏体将在已形成的团絮状石墨上不断析出石墨。当冷却至共析转变温度范围（720 ～ 770 ℃）时，如果缓慢冷却，将得到以铁素体为基体的黑心可锻铸铁，也称铁素体可锻铸铁。

与灰铸铁相比，团絮状石墨对基体的破坏作用大大减弱，因而可锻铸铁的力学性能有所提高，但可锻铸铁并不可锻。并且，可锻铸铁的基体组织不同，其性能也有差别：黑心可锻铸铁具有较高的塑性和韧性，而珠光体可锻铸铁则具有较高的强度、硬度和耐磨性。

（2）可锻铸铁的牌号及用途

可锻铸铁的牌号用“KTH+ 数字 – 数字”或“KTZ + 数字 – 数字”表示，其中的“KT”是“可铁”二字汉语拼音的首字母，第三个字母代表可锻铸铁的类别：“H”表示“黑心”，即铁素体基体，“Z”表示珠光体基体。后面的两组数字分别表示可锻铸铁的最低抗拉强度和最低伸长率。例如，KTH330–08 表示最低抗拉强度为 330 MPa，最低伸长率为 8% 的黑心可锻铸铁；KTZ550–04 表示最低抗拉强度为 550 MPa，最低伸长率为 4% 的珠光体可锻铸铁。

可锻铸铁既有较好的铸造性，又有较高的强度和一定的塑性与韧性，因此主要用于制造形状复杂、强度和韧性要求较高的零件。当铸件壁较厚、尺寸较大时，其心部的冷却速度不够快，铁液浇注时难以获得整个截面的白口组织。因此，可锻铸铁仅适用于薄壁和小型零件，如汽车上的轮毂、差速器壳等。

可锻铸铁广泛应用于汽车、拖拉机等机械制造行业，适用于制造形状复杂，承受冲击载荷的薄壁件及中小型零件，常用于制造汽车后桥壳、轮毂、变速器拨叉、制动踏板及管接头、低压阀门、扳手等零件。虽然可锻铸铁的力学性能比灰铸铁好，但它所用的原料是白口铸铁，生产周期较长（退火需要几十小时），生产率低，成本高，所以其使用受到一定限制。随着球墨铸铁的发展，原来使用可锻铸铁制造的零件逐渐被球墨铸铁替代。

3. 球墨铸铁

球墨铸铁简称球铁，是通过灰铸铁在浇注前向铁液中加入一定量的球化剂和孕育剂，促使石墨以球状析出而获得的。目前应用最多的球化剂是稀土镁合金，孕育剂是硅铁。

（1）球墨铸铁的组织和性能

球墨铸铁的化学成分与灰铸铁相比，其碳含量较高，锰含量较低，对硫和磷的含量限制严格，并含有一定量的稀土镁。球墨铸铁中各种元素的质量分数大致为：w_C=3.6% ～ 3.9%；w_{Si}=2.0% ～ 2.8%；w_{Mn}=0.6% ～ 0.8%；$w_S < 0.04\%$；$w_P < 0.1\%$；w_{Mg}=0.03% ～ 0.05%。

根据化学成分（碳、硅）与冷却速度不同，可得到三种不同基体组织的球墨铸铁，分别为铁素体球墨铸铁、铁素体 – 珠光体球墨铸铁、珠光体球墨铸铁。

球墨铸铁的力学性能与其基体组织的类型及球状石墨的大小、形状及分布状况有关，由于球状石墨对基体组织的割裂破坏最小，所以球墨铸铁的力学性能优于灰铸铁，具有较高的强度和良好的塑性与韧性，如其屈服点比碳素结构钢高，疲劳强度接近中碳钢。同时，还具有与灰铸铁类似的优良性能。此外，通过各种热处理可以明显地提高球墨铸铁的力学性能。但球墨铸铁的铸造性能不如灰铸铁好，对原材料及处理工艺要求较高。

（2）球墨铸铁的热处理

球墨铸铁的热处理工艺性能较好，凡是钢可以进行的热处理工艺，一般都适用于球墨铸铁，且改善性能的效果比较明显。常用的热处理工艺有以下几种。

① 退火

退火是将铸件加热至低温退火温度（720 ～ 760 ℃），保温后随炉缓冷至 600 ℃，出炉空冷。其目的是获得铁素体球墨铸铁，以提高铸铁的塑性和韧性，改善切削加工性能，消除内应力。

② 正火

正火是将铸件加热到 860 ～ 920 ℃，保温一段时间（不超过 1 h）后空冷。其目的是获得珠光体球墨铸铁，提高铸铁的强度和耐磨性。

③ 调质

调质是调质的淬火温度为 860 ～ 900 ℃，回火温度为 550 ～ 600 ℃。其目的是得到回火索氏体组织，使铸件获得良好的综合力学性能，如曲轴、连杆的处理等。

④ 等温淬火

等温淬火是将铸件加热到 860 ～ 900 ℃，保温后放入 250 ～ 350 ℃的盐溶液中等温保持 60 ～ 90 min，然后取出空冷。其目的是得到下贝氏体组织，使铸件获得较高强度、硬度及韧性等综合力学性能。等温淬火适用于形状复杂、易变形或开裂的铸件，如齿轮、凸轮轴的处理等。

知识拓展

球墨铸铁的牌号及应用

球墨铸铁的牌号用“QT+ 数字 – 数字”表示，“QT”为“球铁”二字汉语拼音的首字母，两组数字分别代表球墨铸铁的最低抗拉强度和最低断后伸长率。如 QT400–15 表示最低抗拉强度为 400 MPa、最低断后伸长率为 15% 的球墨铸铁。

由于球墨铸铁具有良好的力学性能和加工工艺性能，并能通过热处理强化，因此，它可代替铸造碳钢、可锻铸铁、合金铸铁以及合金钢等，制造一些受力复杂，强度、韧性和耐磨性要求高的零件，如主减速器齿轮、柴油机曲轴、凸轮轴、连杆等。

4. 蠕墨铸铁

蠕墨铸铁是向高碳、低硫、低磷的铁液中加入蠕化剂（镁钛合金、镁钙合金等），经蠕化处理后获得的高强度铸铁。

（1）蠕墨铸铁的组织和性能

蠕墨铸铁的成分特点是高碳、高硅、低硫、低磷，其碳的质量分数接近共晶成分，一般 w_C=3.5% ～ 3.9%，w_{Si}=2.1% ～ 2.8%，w_{Mn}=0.4% ～ 0.8%，$w_S \leqslant$ 0.1%，$w_P \leqslant$ 0.1%。

蠕墨铸铁的显微组织有铁素体 + 蠕虫状石墨、铁素体 – 珠光体 + 蠕虫状石墨、珠光体 + 蠕虫状石墨三种类型。蠕墨铸铁中的石墨呈短小的蠕虫状，与片状石墨相似，但头部较圆，形似蠕虫，其形状介于片状石墨和球状石墨之间。

蠕墨铸铁既具有灰铸铁良好的导热性、减震性、切削加工性和铸造性能等，又有与球墨铸铁相近的抗拉强度、塑性和韧性。

蠕虫状石墨对基体的割裂作用比片状石墨低，应力集中现象也明显降低，故蠕墨铸铁的力学性能比灰铸铁高，强度、塑性低于球墨铸铁，但蠕墨铸铁在铸造性能、导热性能及抗热疲劳性能方面均优于球墨铸铁。

（2）蠕墨铸铁的牌号及应用

蠕墨铸铁的牌号用“RuT+数字”表示，“RuT”代表“蠕铁”，数字代表蠕墨铸铁的最低抗拉强度。如 RuT300 表示最低抗拉强度为 300 MPa 的蠕墨铸铁。

蠕墨铸铁目前主要用于制造承受热循环载荷作用，要求组织致密、强度较高、形状较复杂的大型铸件，如大型柴油机的气缸体、气缸盖、气缸套、进排气管，汽车制动器的制动盘、制动鼓，大型电动机的外壳等。

（3）蠕墨铸铁的热处理

对蠕墨铸铁进行的热处理一般有退火和正火两种，退火可增加组织中铁素体的数量，适当提高蠕墨铸铁的塑性；正火可增加组织中珠光体的数量，适当提高蠕墨铸铁的强度及硬度。

5. 合金铸铁

合金铸铁是指在普通铸铁中加入合金元素而具有较高力学性能或某些特殊性能的铸铁。通常加入的合金元素有硅、锰、磷、镍、铬、钼、铜、铝、硼、钒、钛、锑、锡等。合金元素能使铸铁基体组织发生变化，从而使铸铁获得耐热、耐磨、耐腐蚀等特殊性能，因此这种铸铁也叫“特殊性能铸铁”。常用的合金铸铁有耐磨铸铁、耐热铸铁及耐蚀铸铁等。

（1）耐磨铸铁

不易磨损的铸铁称为耐磨铸铁。通常通过激冷或向铸铁中加入铬、钨、钼、铜、锰、磷等元素，在铸铁中形成一定数量的硬化相来提高其耐磨性。

知识拓展

耐磨铸铁的分类

耐磨铸铁按其工作条件大致可分为两类：减摩铸铁和抗磨铸铁。

1. 减摩铸铁

减摩铸铁在润滑条件下工作，具有减小摩擦系数、保持油膜连续性、抵抗咬合或擦伤的减摩作用。减摩铸铁应用于机床导轨、气缸套、活塞环和轴承等，其组织应为软基体上分布着硬组织。珠光体灰铸铁基本上符合要求，其珠光体基体中的铁素体为软基体，渗碳体为硬组织，石墨片是良好的润滑剂，并且由于石墨组织的“松散”特点，石墨所在之处可以储存润滑油，从而达到润滑摩擦表面的目的。

2. 抗磨铸铁

抗磨铸铁在无润滑、干摩擦条件下工作，具有较高的抗磨作用。如犁铧、轧辊、抛丸机叶片和球磨机磨球等，这类铸铁不仅受到严重的磨损，而且承受很大的负荷，应具有高而均匀的硬度。白口铸铁就是一种较好的抗磨铸铁。抗磨白口铸铁的牌号由抗磨白口铸铁（KmTB）、合金元素符号及其质量分数数字组成，如 KmTBNi4Cr2-DT、KmTBNi4Cr2-GT、KmTBCr20Mo、KmTBCr26 等。牌号中的“DT”表示低碳，“GT”表示高碳。

（2）耐热铸铁

可以在高温下使用，其抗氧化或抗生长性能符合使用要求的铸铁称为耐热铸铁。铸铁在反复加热、冷却时产生体积长大的现象称为铸铁的生长。由于在高温下铸铁内部发生氧化现象和石墨化现象，其体积膨胀是不可逆的，因此，铸铁在高温下损坏的主要形式是铸铁生长及产生微小裂纹。

为了提高铸铁的耐热性，常向铸铁中加入硅、铝、铬等合金元素，提高铸铁的临界温度，得到单相铁素体基体，消除渗碳体分解造成的生长现象，使铸铁表面形成一层致密的 SiO_2、Al_2O_3、Cr_2O_3 氧化膜，从而抑制铸铁继续氧化和生长。通过加入球化剂和铬、镍等合金元素，促使石墨细化和球化，球状石墨互不连通，可防止或减少氧化性气体渗入铸铁内部。

耐热铸铁主要用于制作工业加热炉附件，如炉底板、烟道挡板、废气道、传递链构件、热交换器等。

（3）耐蚀铸铁

能耐化学、电化学腐蚀的铸铁称为耐蚀铸铁。耐蚀铸铁中常加入的合金元素有硅、铝、铬、镍、钼、铜等，这些合金元素能使铸铁表面生成一层致密稳定的氧化物保护膜，从而提高铸铁的耐蚀能力。常用的耐蚀铸铁有高硅耐蚀铸铁、高硅钼耐蚀铸铁、高铬耐蚀铸铁、镍铸铁等，主要用于化工机械，如管道、阀门、耐酸泵等。

耐蚀铸铁的牌号用“ST”表示，常用的高硅耐蚀铸铁的牌号有 STSi11Cu2CrRE、STSi5RE、STSi15Mo3RE 等，其中 RE 是稀土代号，数字表示合金元素的质量分数。

思政链接

王传福——黑色金属材料应用的革新者

王传福，这位在汽车制造领域具有深远影响的企业家，不仅在比亚迪汽车的发展历程中扮演了至关重要的角色，而且在推动黑色金属材料在汽车制造中的应用方面做出了卓越的贡献。在他的领导下，比亚迪汽车不仅在传统燃油汽车领域取得了显著的成就，更是在新能源汽车领域展现出了强大的竞争力。王传福深知黑色金属材料在汽车制造中的重要性，因此他大力推动了高强度钢等材料的广泛应用，这些材料的使用显著提升了汽车的安全性能和燃油经济性。

在技术研发方面，王传福始终保持着前瞻性的思维和敏锐的洞察力。他积极推动黑色金属材料在汽车领域的创新应用，不断探索和尝试新材料、新技术，以期达到更高的安全标准和更优的燃油效率。正是由于王传福的这种创新精神和不懈努力，比亚迪汽车在新能源汽车行业中迅速崛起，成为行业的领军企业。

王传福的事迹为整个汽车行业树立了优秀的榜样。他的成功充分证明了掌握汽车制造中常用黑色金属材料的知识对于提升汽车整体性能具有极其重要的意义。正是由于他对黑色金属材料的深入理解和广泛应用，比亚迪汽车才能在激烈的市场竞争中脱颖而出，赢得了消费者的广泛认可和赞誉。

（本案例参考多种资料整理而成）

课后习题

一、填空题

1. ________是表示在缓慢冷却或缓慢加热的条件下，不同成分的铁碳合金的相或组织随温度变化的图形，是研究铁碳合金的重要工具。

2. 灰铸铁的抗拉________、________和韧性比同样基体组织的钢低得多，且石墨数量越多、尺寸越大、分布越不均匀，对基体的破坏越严重，铸铁的力学性能就越差。

3. 钢按化学成分可分为________和________两类。

4. 锰对钢来说属于有益元素，它与氧有较强的亲和力，具有较好的脱氧能力，在炼钢时作为________加入。

二、判断题

1. 将钢加热至适当温度，保温一段时间，然后缓慢冷却至室温的热处理工艺称为正火。（　　）

2. 大多数金属在结晶后，其晶格类型不再发生变化，但少数金属，如铁、钛、钴等，在冷却或加热过程中，随着温度的变化，其晶格类型也发生变化。（　　）

3. 淬火实际上是为工件最终热处理（回火）所进行的组织准备。（　　）

4. 铸铁是含碳量在 2.11% ～ 6.69% 的铁碳合金，其主要成分是铁、碳和硅，工业中常见的铸铁，其含碳量一般在 2.5% ～ 4.0% 范围内。（　　）

项目三

汽车常用有色金属材料

项目导读

通常把铁和铁碳合金称为黑色金属，将黑色金属以外的其他金属统称为有色金属，包括铝、镁、铜、锌、铅、锡、镍、钛、金、银、钼、钒等金属及其合金。黑色金属是汽车使用的主要材料，而有色金属成本较高，其产量和使用量相对较少。但有色金属具有比钢铁更为优良的物理性能和化学性能，如：铝、镁、钛及其合金的密度小，比强度高；铜、锌、镍、钛及其合金耐腐蚀性强；某些有色金属具有特殊的电、磁、热膨胀性能，可以满足汽车零件的特殊性能要求。因此，有色金属是现代汽车工业中不可缺少的金属材料。

有色金属的种类繁多，常用的主要有铝及其合金、铜及其合金、镁及其合金、轴承合金、钛。

学习目标

◆ 知识目标

1. 了解有色金属及其合金的种类。
2. 掌握汽车常用有色金属及其合金的性能特点。
3. 掌握有色金属及其合金在汽车上的应用。

◆ 能力目标

1. 能够描述有色金属的性能和应用场合。
2. 能够根据汽车零件的工作条件选用适宜的有色金属材料。

◆ 素质目标

1. 培养学生在使用有色金属材料时的环保意识。
2. 培养学生重视不可再生资源的合理使用与保护。

◆ 思政目标

1. 注重培养学生科学精神和人文精神的统一，培养民族复兴大任所需要的拔尖创新人才。
2. 培养学生辩证的科学观和自然观。

任务工单

一、任务名称

熟识铸造铝硅合金的运用

二、任务描述

全班同学进行分组讨论，举例说明铸造铝硅合金材料适合于制造汽车上的哪些零件，并分析简单铸造铝硅合金与特殊铸造铝硅合金的区别。在任务准备的过程中完成表 3–1 的填写。

表 3–1　实训表

姓名		班级		学号	
学时		日期		实训地点	
实训工具	汽车模型或图片、关于铝－硅系（Al–Si）铸造合金的相关资料				

三、任务目的

通过分析、讨论、举例的形式，掌握铸造铝合金的相关知识，了解铸造铝合金在汽车材料中的运用。

四、分组讨论

全班学生以 3 ～ 6 人为一组进行分组，选出各组的组长，组长对组员进行任务分工并将分工情况记入表 3–2 中。

表 3–2　分工情况表

本组成员	姓名	学号	任务分工
组长			
组员			

五、任务思考

1. 铝硅合金有哪些性能上的优势？
2. 目前汽车制造上应用最广泛的铸造合金是什么？
3. 什么是简单铸造铝硅合金与特殊铸造铝硅合金？

六、任务实施

在任务实施过程中，将遇到的问题和解决办法记录在表 3–3 中。

表 3–3　问题及解决办法

序号	遇到的问题	解决办法
1		
2		
3		

七、任务评价

请各小组选出一名代表展示任务实施的成果，并配合指导教师完成表 3–4 的任务评价。

表 3–4　任务评价

评价项目	评价内容	分值	评价分值		
			自评	互评	师评
职业素养考核项目	考勤、纪律意识	10 分			
	团队交流与合作意识	10 分			
	参与主动性	10 分			
专业能力考核项目	积极参与教学活动并正确理解任务要求	10 分			
	认真查找与任务相关的资料	10 分			
	任务实施过程记录表的完成度	10 分			
	对铝及铝合金的掌握程度	20 分			
	独立完成相应任务的程度	20 分			
合计：综合分数___自评（20%）+ 互评（20%）+ 师评（60%）		100 分			
综合评价			教师签名：		

任务一　铝及铝合金

铝及铝合金是汽车工业应用最广泛的有色金属。铝及铝合金的密度小，具有良好的延展性，有利于汽车的轻量化发展。在汽车工业中，铝及铝合金的使用量和使用率正在逐渐增加，其用量已超过（铸）铁，成为仅次于钢的第二大汽车材料。

一、工业纯铝

1. 性能

铝在地球上的储量居金属元素之首。纯铝呈银白色，质量分数不低于 99.00%，具有面心立方晶格，无同素异构转变。铝的密度为 2.72 g/cm^3，是铁密度的 1/3，熔点较低（660 ℃），基本无磁性。铝具有良好的导电、导热性能，仅次于金、银、铜。铝和氧的亲和力强，在大气中，其表面会生成一层致密的 Al_2O_3 薄膜，并可阻止其进一步氧化，故铝的抗大气腐蚀能力强，但不耐酸、碱、盐的腐蚀。

工业上使用的纯铝质量分数一般为 99.7% ～ 98%，其强度低（80 ～ 100 MPa）、塑性好（80%），通过压力加工可制成各种型材，如丝、线、筒、棒和管等。铝不能用热处理方法进行强化，可采用冷变形强化手段提高其强度。冷变形后，其强度可提高到 150 ～ 250 MPa，但塑性则下降到 50% ～ 60%。

2. 牌号和应用

纯铝牌号用 1 × × × 四位数字、字符表示，牌号的最后两位数表示铝的最低质量分数值。工业纯铝的牌号有 1A99、1A97、1A95、1A85、1A50 等。当铝的最低质量分数精确到 0.01% 时，牌号的最后两位数为铝的最低质量分数中小数点后面的两位，如 1A99 表示 w_{Al}=99.99%，1A95 表示 w_{Al}=99.95%。

工业纯铝因具有强度、硬度低的特点，主要用途是制作电线、电缆，以及熔炼铝合金。纯铝在汽车上应用较少，主要用于制造空气压缩机垫圈、排气阀座垫片、汽车铭牌等。

二、铝合金

在纯铝中加入适量的硅、铜、镁、锌、锰等元素制成铝合金，可大大提高其力学性能。经过冷变形加工或热处理后，可进一步提高铝合金的强度，其抗拉强度可提高到500 MPa以上，与低碳钢的强度相近，同时保持了密度小、比强度高和导热性好的特性。铝合金适宜制造各种机械零件（如发动机机体、变速器壳体），广泛用于汽车制造、航空航天工业及民用产品制造。

铝合金

知识拓展

铝合金的分类

根据成分及生产工艺特点，铝合金可分为形变铝合金和铸造铝合金两大类，如图3-1所示。

合金元素含量位于D点左侧的形变铝合金，当加热到固溶线DF线以上时，可得到单相α固溶体，其塑性好，易于压力加工，故称为形变铝合金。通常将形变铝合金加工成各种规格的型材，如铝板、铝带、铝管、铝线等。

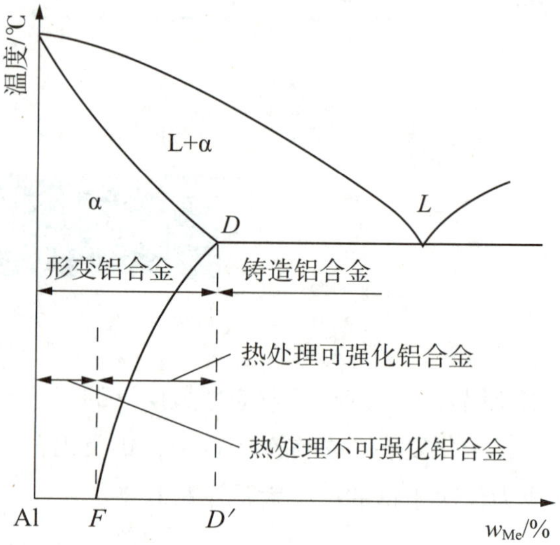

图3-1　铝合金相图及分类

形变铝合金可分为热处理不可强化铝合金和热处理可强化铝合金两类。合金元素含量位于F点以左的铝合金，由于其固溶体化学成分不随温度而变化，不能进行热处理强化，称其为热处理不可强化铝合金，其常用的强化方法是冷变形，如冷轧、挤压等。合金元素含量位于F点与D点之间的铝合金，由于其固溶体化学成分随温度而变化（沿DF线），可利用固溶－时效的热处理方法使铝合金强化，称其为热处理可强化铝合金。固溶－时效是铝合金的主要强化手段，在其他非铁金属中也有广泛应用。

合金元素含量在D点以右的铸造铝合金，由于冷却时发生共晶反应，流动性较好，适宜于铸造成形，故称为铸造铝合金。

1. 铝合金的热处理

纯铝无同素异构转变，因此铸造铝合金热处理机理与钢不同。铝合金是通过固溶处理（淬火）+时效处理来提高强度、硬度和其他性能的，这种热处理也称为强化处理。

（1）固溶处理

将铝合金加热到稍高于固溶线，保温适当时间，可得到均匀的单相α固溶体，然后在水中快速冷却，使第二相来不及析出，在室温下获得过饱和的α固溶体单相组织。此时，铝合金的强度和硬度并没有明显提高，而塑性却得到改善，这种热处理为固溶处理。

铝合金的固溶处理与钢的淬火虽然都是加热后快速冷却，但却有本质的区别。前者在冷却过程中晶格类型没有发生变化，而后者晶格类型却发生了变化，由面心立方（奥氏体）转变为体心立方（马氏体）。

（2）时效

铝合金固溶处理后应及时进行时效。固溶处理后获得的过饱和固溶体是不稳定的组织，有分解出第二相过渡到稳定状态的倾向。如果在一定温度下保持一定时间，使第二相从过饱和固溶体中缓慢析出，导致晶格畸变，铝合金的强度和硬度将得到显著提高，塑性明显下降。固溶处理后的铝合金随时间延长而发生硬化的现象，称为时效强化（或时效）。

铝合金的时效分为自然时效和人工时效两种。在 100 ～ 200 ℃范围内进行的时效称为人工时效。铝合金时效强化效果与加热温度有关，人工时效温度越高，则时效过程越快，但强化效果越差。时效温度过高或保温时间过长，合金反而变软，这种现象称为过时效。

在室温下进行的时效称为自然时效。自然时效后的铝合金，在 230 ～ 250 ℃短时间（几秒至几分钟）加热后，快速水冷至室温时可以重新变软。如再在室温下放置，则又发生正常的自然时效，这种现象称为回归。一切能时效硬化的合金都有回归现象，回归现象在实际生产中具有重要意义。时效后的铝合金可在回归处理后的软化状态进行各种冷变形。

固溶处理后几小时内，强度、塑性无明显变化，这段时间称为孕育期，生产上常在孕育期进行各种冷变形加工。

（3）退火

形变铝合金的退火是为了消除加工硬化，便于再加工，主要用于飞机蒙皮等形状复杂的钣金件，一般是将零部件加热到 350 ～ 450 ℃，保温后空冷。对热处理不可强化铝合金零件，为了保持较高强度，适当增加塑性，可进行去应力退火，在 180 ～ 300 ℃加热后空冷。铸造铝合金的退火可以消除铸造时的偏析和内应力，并使组织稳定，提高塑性。

2. 形变铝合金

形变铝合金的特点是塑性好，可以进行冷热状态下的压力加工。常用形变铝合金包括防锈铝合金、硬铝合金、超硬铝合金及锻造铝合金等。

（1）防锈铝合金

防锈铝合金属于铝 – 锰或铝 – 镁二元合金系，不能进行热处理强化，属于热处理不可强化铝合金。铝 – 锰系合金牌号用 3××× 表示，铝 – 镁系合金牌号用 5××× 表示。常用的有 3A21、5A02 等，A 表示原始纯铝。

防锈铝合金的性能特点是具有适中的强度、优良的塑性、良好的焊接性能及较强的耐腐蚀性，适用于制造负荷轻的冲压件和要求耐腐蚀、保光泽的零件，如油箱、车辆零部件、铆钉、防锈蒙皮、生活用器皿等。

铝合金中加入锰的主要作用是提高抗蚀能力，且大部分锰溶于固溶体，可产生固溶强化作用。镁也有固溶强化作用，同时降低合金密度。防锈铝合金锻造退火后是单相固溶体组织，抗蚀性能高，塑性好，故称防锈铝合金。

（2）硬铝合金

硬铝合金属于铝 – 铜 – 镁系合金，其牌号用 2××× 表示，如 2A11、2A12。

硬铝合金经固溶和时效处理后能获得较高的强度，故称硬铝。加入铜和镁是为了在时效过程中产生强化相$CuAl_2$和Al_2CuMg等，这类合金可以进行时效强化，属于热处理可强化铝合金，也可进行形变强化，但其最大的缺点是耐腐蚀性比纯铝差，故硬铝合金表面常包一层纯铝以增加其耐腐蚀性。硬铝在航空工业上获得了广泛应用，如飞机翼肋、螺旋桨叶片等。

（3）超硬铝合金

超硬铝合金属于铝－铜－镁－锌系合金，其牌号用7×××表示，如7A04、7A09。

超硬铝合金是在硬铝中再加入锌元素组成的四元系合金，合金经固溶处理和人工时效后，可产生多种复杂的第二相$MgZn_2$、Al_2CuMg等，获得很高的强度和硬度，是硬度最高的一类铝合金。但这类合金耐蚀性差，高温下软化快，用包铝法可提高其抗蚀性。超硬铝合金主要用于制作受力大的重要构件及高载荷零件，如飞机大梁、荷架、活塞、起落架、螺旋桨叶片等。

（4）锻造铝合金

锻造铝合金属于铝－铜－镁－硅系合金，其牌号用2×××表示，如2A50、2A70。

锻造铝合金的主要强化相是Mg_2Si，性能与硬铝相似，但耐蚀性和热塑性好，适于锻造，故称“锻铝”。锻铝通过固溶处理和人工时效来强化。由于其热塑性较好，适于压力加工，如锻造、冲压等，主要用于制造外形复杂的锻件和模锻件或制成棒材。

3. 铸造铝合金

与形变铝合金相比，铸造铝合金含有较高的合金元素，具有良好的铸造性能，可进行成形铸造，生产形状复杂的铸件。但其塑性和韧性较低，不能进行压力加工。铸造铝合金种类很多，按其所含金属元素不同，主要有铝－硅系、铝－铜系、铝－镁系、铝－锌系等系列。

铸造铝合金代号用“ZL+三位数字”表示。“ZL”表示铸铝；第一位数字表示合金类别，如1表示铝－硅（Al–Si）系，2表示铝－铜（Al–Cu）系，3表示铝－镁（Al–Mg）系，4表示铝－锌（Al–Zn）系等；后两位数字表示顺序号，顺序号不同，化学成分也不同。例如，ZL102表示2号铝－硅系铸造铝硅合金。优质合金在后面加“A”。

（1）铝－硅系（Al–Si）铸造合金

铝－硅系铸造合金是目前工程上应用最广泛的铸造合金。由铝、硅两种元素组成的铝合金称为简单铸造铝硅合金，除铝、硅元素外还在合金中加入其他元素形成的铸造铝合金称为特殊铸造铝硅合金。简单铸造铝硅合金强度不高，特殊铸造铝硅合金由于加入了镁、铜、镍、锰等元素使合金得到强化，并可通过热处理进一步提高其力学性能。铸造铝硅合金通常用于制造内燃机活塞、气缸体、气缸盖、气缸套、风扇叶片、仪表外壳、油泵壳及小型箱体零件等。

ZL102是使用最普遍的铝－硅系铸造合金，其特点是液体流动性好，收缩小，不易产生裂纹，适宜铸造。此外，铝硅合金导热性好，密度小，耐腐蚀性好，常用来浇铸或压铸密度小而质量轻、有一定强度和复杂形状的零件，尤其是薄壁零件，如汽车发动机机壳、缸体，以及工作温度在200 ℃以下，要求气密性好的承载零件。高强度的特殊铝－硅系合金还可以制造机器支臂、托架、挂架等。

ZL108是常用的铸造铝活塞材料。其性能特点是质量轻，耐腐蚀性好，线胀系数小，强度、硬度较高，铸造性能好。但这种合金对高温很敏感，工作温度一般控制在300 ℃以下，超过这个温度其疲劳强度和屈服点就迅速下降；当温度达到400 ℃时，只要受到很小的载荷作用就会被破坏。另外，稀土铝合金常用于制造柴油发动机的活塞，其成分基本上与ZL108相同，只是又加入了少量（w=0.5%～1.5%）

的稀土元素，这种铝合金的高温性能较好。铝硅合金活塞需进行固溶处理及人工时效处理，以提高表面硬度。

（2）铝－铜系（Al–Cu）铸造合金

铝－铜系铸造合金的特点是耐热性好，具有较高的高温强度，能通过热处理来强化。其最大的缺点是耐腐蚀性差，耐腐蚀性随铜含量的增加而降低。铝－铜系合金常用于制造汽车、摩托车发动机的活塞和飞机的附件等。

（3）铝－镁系（Al–Mg）铸造合金

铝－镁系铸造合金的特点是密度小、强度高、耐腐蚀性较好，能耐大气和海水的腐蚀，但铸造性能差，耐热性低，一般仅适用于 200 ℃以下工作的零件。这类合金可进行时效处理，通常采用自然时效。因此常用来制造受冲击、振动、耐腐蚀和外形简单的零件以及接头等，在一定场合可以替代不锈钢，在汽车上主要用于制造缸盖、底盘飞轮等零部件。

（4）铝－锌系（Al–Zn）铸造合金

铝－锌系铸造合金由于能溶入大量的锌（其极限溶解度为 32%），经变质处理和时效处理后，铝－锌系铸造合金的强度显著提高，而且价格比较便宜。在合金中加入适量的锰、铁和镁，可以提高耐热性。其缺点是耐腐蚀性较差、热裂倾向大，主要用于制造结构形状复杂的汽车和飞机零件、医疗器械、仪表零件、日用品等。

任务二　铜及铜合金

铜元素储量较少，是较为贵重的非铁金属，其产量仅次于钢和铝。目前，汽车上使用的铜及其合金主要有工业纯铜、黄铜和青铜。据统计，一辆载货汽车需要 20 kg 左右的铜。

一、工业纯铜

工业纯铜中铜的质量分数为 99.7% ~ 99.95%，其新鲜表面呈玫瑰红色，表面形成氧化亚铜（Cu_2O）膜层后呈紫红色，俗称紫铜。因工业纯铜是用电解方法提炼出来的，故又称为电解铜。纯铜在含有 CO_2 的湿空气中，表面容易生成碱性碳酸盐类的绿色薄膜［$CuCO_3 \cdot Cu(OH)_2$］，俗称铜绿。

1. 性能

工业纯铜的熔点为 1 083 ℃，密度为 8.96 g/cm^3，具有良好的导电性，在所有金属中，铜的导电性仅次于银。铜的导热性及抗大气腐蚀性也很好，并具有抗磁性。因此，广泛用作电工导体、传热体、防磁器械及配制各种铜合金。

纯铜具有面心立方晶格，无同素异构转变现象。其强度低，不宜作结构材料；塑性好，容易进行压力加工。纯铜可进行冷变形强化，但塑性会显著下降。例如，当变形率为 50% 时，强度从

230 ～ 250 MPa 提高到 400 ～ 430 MPa，塑性由 40% ～ 50% 降低到 1% ～ 2%。

纯铜中的杂质主要有硅、锰、硫和磷等，它们对纯铜的性能影响极大。如硅、锰可引起铜的“热脆”，而硫、磷能引起铜的“冷脆”。因此，在纯铜中必须控制杂质含量。

2. 牌号及应用

工业纯铜（压力加工产品）的牌号用“T+ 数字”表示，“T”为铜的汉语拼音首字母，数字表示顺序号，数字越大，杂质含量越多，纯度越低，如 T1、T2 等。工业纯铜主要用来制造导电体与铜合金。

二、铜合金

以铜为基体加入合金元素后形成的合金材料称为铜合金。与工业纯铜相比，铜合金具有较高的强度和硬度，韧性好，并保持了纯铜的某些优良性能。

按化学成分不同，一般将铜合金分为黄铜、青铜和白铜三类；按生产方法不同，铜合金分为压力加工铜合金与铸造铜合金两类。

1. 黄铜

黄铜是以铜为基体，以锌为主要合金元素的铜合金。它的颜色随含锌量的增加而由黄红色变为淡黄色。按化学成分不同，黄铜分为普通黄铜和特殊黄铜；按工艺不同，黄铜分为加工黄铜和铸造黄铜。

（1）普通黄铜

普通黄铜是仅由铜和锌组成的二元合金。普通黄铜的机械性能比纯铜好，具有良好的耐腐蚀性和压力加工性能。其牌号用“H+ 数字”表示，“H”表示“黄”字汉语拼音首字母，数字表示铜的平均质量分数，余数为锌的质量分数。如 H68 表示铜的平均质量分数为 68%，锌的质量分数为 32%。

普通黄铜的组织和力学性能受含锌量的影响，如图 3-2 所示。

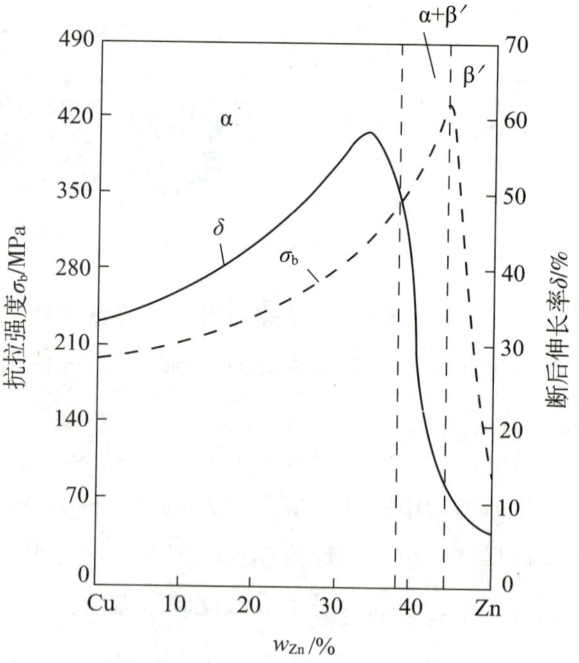

图 3-2　普通黄铜的组织和力学性能与含锌量的关系

当锌的质量分数小于 39% 时，合金组织由单相面心立方晶格的 α 固溶体构成，其塑性好。随锌质量分数的增加，合金的强度和塑性均增加。当锌的质量分数大于 39% 后，合金组织中开始出现 β 相（双相黄铜）。β 相为以金属化合物 CuZn 为基的无序固溶体，呈体心立方结构，塑性好，可进行热加工。但当温度下降到 456 ～ 468 ℃时，β 相发生有序化，转变为有序固溶体 β' 相。β' 相很脆，不宜进行冷加工。此时，合金的塑性随锌的质量分数的增加开始下降，而强度仍然在上升。当锌的质量分数大于 45% 之后，显微组织全部转变为脆性 β' 相，其强度和塑性急剧下降，因此应用较少。

当含锌量在 30% ～ 32% 时，黄铜的塑性最好；当含锌量在 39% ～ 45% 时，塑性下降而强度达到最大值；当含锌量大于 45% 后，塑性继续下降而强度急剧下降。因此，工业用黄铜的含锌量一般在 35% ～ 40%。

（2）特殊黄铜

在普通黄铜中加入铅、锡、铝、镍、铁、硅、锰等元素所形成的铜合金称为特殊黄铜，如铅黄铜、锡黄铜、铝黄铜、镍黄铜、铁黄铜及硅黄铜等。特殊黄铜比普通黄铜有更高的强度、耐腐蚀性和良好的铸造性能。

加入合金元素后能进一步提高机械性能。加入铅可以改善黄铜的切削加工性能；加入硅可提高黄铜的强度和硬度，改善其铸造性能；加入锡可增加黄铜的强度及其在海水中的耐腐蚀性；加入铝、锰、镍的铜合金还能提高其耐腐蚀性和耐磨性。

特殊黄铜中若加入的合金元素较少，则塑性会较高，称为压力加工特殊黄铜；加入的合金元素较多，则强度和铸造性能好，称为铸造用特殊黄铜，代号中用“Z”表示“铸造”。

特殊黄铜的牌号用“H+ 主加元素符号 + 铜的质量分数 + 主加元素的质量分数”表示。例如：HPb59-1 表示 w_{Cu}=59%，w_{Pb}=1%，其余为锌的铅黄铜。

2. 青铜

青铜是因铜与锡的合金颜色呈青黑色而得名，青铜是人类历史上应用最早的合金。青铜原指铜 – 锡（Cu–Sn）合金，目前把以铝、硅、铅、铍、锰等为主加元素的铜合金统称为青铜。青铜按化学成分分为锡青铜（Cu–Sn）、铝青铜（Cu–Al）、硅青铜（Cu–Si）、铍青铜（Cu–Be）等。

（1）锡青铜

以锡为主要添加元素的铜合金称为锡青铜。锡青铜具有良好的强度、硬度、耐磨性、耐腐蚀性和铸造性能。锡青铜的组织、力学性能与锡含量的关系如图 3–3 所示。

当锡的质量分数小于 6% 时，锡青铜的铸态或退火态组织为 α 单相固溶体，随着锡含量的增加，合金的强度和塑性均增加。当锡的质量分数大于 6% 时，锡青铜组织中出现硬而脆的 δ 相，塑性急剧下降，但强度继续增加。当锡的质量分数大于 20% 时，大量的 δ 相使其强度显著下降，合金变得硬而脆，失去使用价值。因此，一般工业用锡青铜中锡的质量分数为 3% ～ 14%。

锡的质量分数小于 8% 的青铜具有优良的弹性、塑性及适宜的强度，适用于冷、热压力加工，又称为加工锡青铜。锡的质量分数大于 10% 的锡青铜，由于塑性差，只适于铸造，称为铸造锡青铜。铸造锡青铜流动性差，组织疏松、不致密，但它在凝固时尺寸收缩小。铸造锡青铜适于铸造对外形尺寸要求较严格，形状复杂及壁厚的零件，但不适于制造要求致密度高的零件。

与纯铜和黄铜相比，锡青铜具有良好的耐磨性和耐腐蚀性，特别是在大气、海水环境中，其优越性更为明显，但其在酸类及氨水中的耐腐蚀性较差。因此，锡青铜多用于制造弹簧片、电极、轴承、轴瓦、轴套等耐磨零件，也用于制造与蒸汽接触的零件。

（2）铝青铜

以铝为主要添加元素的铜合金为铝青铜。铝青铜的力学性能比黄铜和锡青铜高。铝青铜的力学性能受铝质量分数的影响很大，如图 3–4 所示。

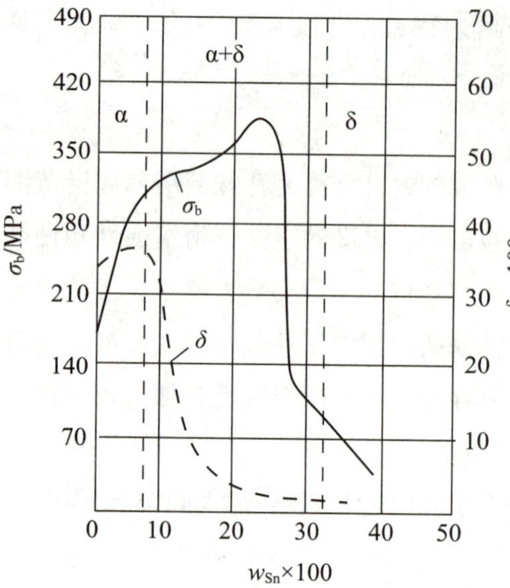

图 3-3　锡青铜的组织、力学性能与锡含量的关系

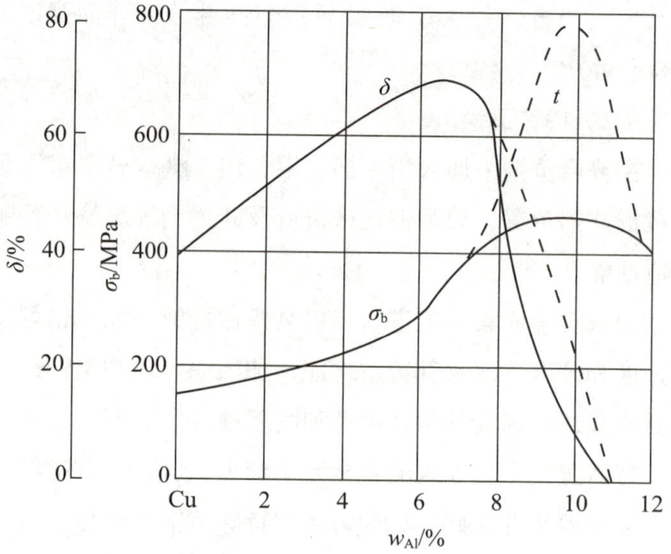

图 3-4　铝青铜的力学性能与铝含量的关系

在铸造状态下，当铝的质量分数小于 5% 时，铝青铜的强度很低；当铝的质量分数大于 5% 后强度显著增加，铝的质量分数在 10% 左右时强度最高。因此，铝青铜多在铸态或经热加工后使用。铝的质量分数为 5% ～ 7% 时，铝青铜塑性最好，适于冷加工。铝的质量分数大于 7% ～ 8% 后，塑性急剧降低。铝的质量分数高于 12% 时铝青铜塑性很差，加工困难。因此，铝青铜中铝的质量分数一般在 5% ～ 12% 之间。

与锡青铜和黄铜相比，铝青铜具有更高的强度、硬度、耐磨性和耐腐蚀性，但铸造性能、切削性能较差，不能钎焊，在过热蒸汽中不稳定。其常用来制造强度及耐磨性要求较高的飞机、船舶零件，如齿轮、蜗轮、轴承、轴套等。

（3）硅青铜

以硅为主要添加元素的铜合金为硅青铜。其铸造性能和冷、热加工性能良好。当硅的质量分数为 2% ～ 5% 时，硅青铜的弹性和耐腐蚀性高。其常用于制造要求耐腐蚀性的零件，如齿轮、蜗轮、蜗杆等。在硅青铜中加入镍可提高铜合金的力学性能，且具有较好的导电性、导热性和耐腐蚀性，可用来制造高级轴瓦。

（4）铍青铜

以铍为主要添加元素的铜合金为铍青铜，铍的质量分数为 1.7% ～ 2.5%。铍在铜中的溶解度随温度的变化很大，如温度在 866 ℃时，最大溶解度为 2.7%，而在室温时却只有 0.2%，因此铍青铜在进行固溶时效处理后可获得很高的硬度和强度，强度最大可达 1 500 MPa，硬度可达 350 ～ 400 HBW，远远超过其他铜合金，甚至可与高强度钢媲美。

铍青铜具有良好的综合性能，不仅强度高、疲劳抗力高、弹性好，而且耐腐蚀、耐热等性能优良。其导电性和导热性良好，而且具有抗磁、受冲击时不产生火花等特殊性质。铍青铜主要用于制造精密仪器、仪表中重要的弹性元件，如钟表齿轮、电焊机电极、电接触器及防爆工具、航海罗盘等重要零件。但铍青铜的价格较高，生产工艺复杂，使其应用受到限制。

3. 白铜

以铜为基体，以镍为主要合金元素的铜合金称为白铜。白铜分为普通白铜和特殊白铜。普通白铜是铜镍二元合金，用“B+ 镍的平均质量分数”表示，“B”表示“白铜”。例如，B19 表示镍的质量分数为 19%，铜的质量分数为 81% 的普通白铜。

在普通白铜中加入锌、锰、铁等元素后形成的合金称为特殊白铜，分为锌白铜、锰白铜、铁白铜等。其代号用“B+ 其他元素符号 + 镍的平均质量分数 + 其他元素的平均质量分数”表示，例如，BMn3–12 表示镍质量分数为 3%，锰质量分数为 12%，铜质量分数为 85% 的锰白铜。

在固态下，铜与镍无限固溶，因此工业白铜的组织为单相 α 固溶体，有较好的强度和优良的塑性，能进行冷、热变形。冷变形能得到高的强度和硬度。其耐腐蚀性好，电阻率较高，主要用于制造船舶仪器零件、化工机械零件及医疗器械等。

任务三　镁 合 金

镁是地壳中含量较高、分布广泛的元素之一，占地壳质量的 2.35%，仅次于氧、硅、铝、铁、钙、钠和钾，居第八位，在地壳表层金属矿的资源含量中仅次于铝和铁，居第三位。

由于镁的化学活性很高，它以化合物的形式存在于自然界中，在已知的矿物中，含镁矿物约 200 种，其中有工业价值的有菱镁矿（Fe，Mg）CO_3、白云石（$MgCO_3 \cdot CaCO_3$）和光卤石（$KCl \cdot MgCl_2 \cdot 6H_2O$）、滑石（$3MgO \cdot 4SiO_2 \cdot H_2O$）、蛇纹石（$3MgO \cdot 2SiO_2 \cdot 2H_2O$）等。

此外，在盐湖及海洋中，镁的含量也很高，约占海水质量的 0.13%，在 1 m^3 海水中大约含有 1.3 kg 镁，在大洋的海水及一些海湾的海水中，镁盐的浓度可达 0.25% ～ 0.55%，海水中镁总量约为 2.3×10^{15} t。

镁是工程应用中密度较小的金属结构材料，其密度仅相当于铝的 2/3，钢的 1/4。同时，镁合金还具有高比强度、高刚度、高比模量、高阻尼、电磁屏蔽性能好，以及优异的铸造、切削加工性能和易回收等一系列独特的优点。

我国是世界上镁矿资源最丰富的国家之一，镁资源占全球总储量的 22.5%。当前，在镁工业方面，我国储存量居世界首位，同时又是镁生产大国，产量占全球 2/3，近年的出口量占生产量的 80% ～ 85%。

一、镁的性质

1. 镁的物理性质

金属镁外观呈银白色，在元素周期表中属于Ⅱ A 族元素，有 ^{24}Mg（78. 98%）、^{25}Mg（10.05%）、^{26}Mg（10.97%）三种同位素。镁的基本性质见表 3–5。

表 3–5　镁的基本性质

<table>
<tr><th colspan="2">性质</th><th>数值</th><th colspan="2">性质</th><th>数值</th></tr>
<tr><td colspan="2">原子序数</td><td>12</td><td colspan="2">熔点 /℃</td><td>651</td></tr>
<tr><td colspan="2">化合价</td><td>2</td><td colspan="2">沸点 /℃</td><td>1 107</td></tr>
<tr><td colspan="2">相对原子质量</td><td>24.305</td><td colspan="2">再结晶温度 /℃</td><td>150</td></tr>
<tr><td colspan="2">原子体积 /（cm^3/mol）</td><td>14.0</td><td colspan="2">熔化潜热 /（kJ/kg）</td><td>360 ～ 377</td></tr>
<tr><td colspan="2">原子半径 /nm</td><td>0.162</td><td colspan="2">汽化潜热 /（kJ/kg）</td><td>5 150 ～ 5 400</td></tr>
<tr><td colspan="2">离子半径 /nm</td><td>0.065</td><td colspan="2">升华热 /（kJ/kg）</td><td>6 113 ～ 6 238</td></tr>
<tr><td colspan="2">泊松比</td><td>0.33</td><td colspan="2">燃烧热 /（kJ/kg）</td><td>24 900 ～ 25 200</td></tr>
<tr><td colspan="2">室温密度 /（g/cm^3）</td><td>1.738</td><td colspan="2">比热容（293 ～ 373K）/[kJ/（kg·K）]</td><td>1.03</td></tr>
<tr><td colspan="2">电阻温度系数（273 ～ 373K）</td><td>3.9×10^{-3}</td><td colspan="2">热膨胀系数（298K）/K^{-1}</td><td>26×10^{-6}</td></tr>
<tr><td colspan="2">电阻率 p/（Ω·m）</td><td>0.044 5</td><td colspan="2">氧化镁生成热 /（kJ/mol）</td><td>0.610 5</td></tr>
<tr><td colspan="2">273K 时的电导率 /（S/m）</td><td>22.6×10^{6}</td><td colspan="2">结晶时的体积收缩率（%）</td><td>3.97 ～ 4.2</td></tr>
<tr><td colspan="2">热导率 λ/[W/（m·K）]</td><td>153.65</td><td colspan="2">磁化率 φ</td><td>6.27×10^{-3} ～ 6.32×10^{-3}</td></tr>
<tr><td colspan="2">表面张力（945K）/（N/m）</td><td>0.563</td><td colspan="2">声音在固态镁中的传播速度 /（m/s）</td><td>4 800</td></tr>
<tr><td rowspan="2">收缩率（%）</td><td>固－液转变</td><td>4.2</td><td rowspan="2">标准电极电位 /V</td><td>氢电极</td><td>−1.55</td></tr>
<tr><td>熔点至室</td><td>5</td><td>甘汞电极</td><td>−1.83</td></tr>
</table>

镁的晶体结构为密排六方，如图 3–5 所示，单胞内沿主要晶面和晶向的原子排布。低于 225 ℃时，镁的主要滑移系为 $\{0001\}\langle 10\bar{1}0\rangle$，次滑移系为 $\{\bar{1}\bar{1}20\}\langle 10\bar{2}0\rangle$；高于 225 ℃时，滑移还可以在 $\{10\bar{1}2\}$ $\langle 10\bar{2}0\rangle$上进行。孪晶主要出现在 $\{10\bar{1}2\}$ 晶面族上，二次孪晶出现在 {3 034} 晶面族上。在高温下，{1 013} 晶面族上也可能出现孪晶。在室温下，镁的晶格常数为 $a = 0.320\ 92$ nm，$c = 0.521\ 05$ nm，$c/a = 1.623\ 6$。由于原子层按 ABAB 顺序堆积，理想钢球模型的 c/a 值为 1.633。因此，可以认为镁晶格的原子堆积接近理想紧密堆积。在镁中加入 Li、In、Ag 等金属元素能使 $c/a < 1.618$，提高晶格的对称性，可激活镁晶格的 {1 010} $\langle 10\bar{2}0\rangle$等棱柱面滑移系。

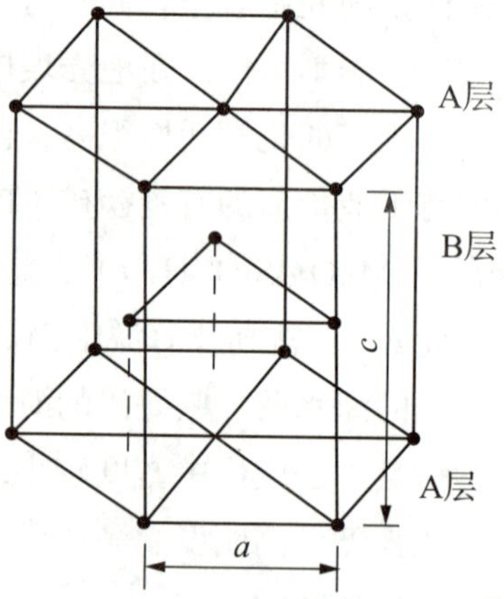

图 3–5　镁单胞的原子结构

2. 镁的力学性能

铸造状态的镁的力学性能较差，常温下其抗拉强度为 80 ～ 110 MPa，伸长率为 6% ～ 8%，硬度为 30 HBW，弹性模量为 45 GPa，泊松比为 0.33。表 3–6 至表 3–8 给出了不同状态下镁的力学性能。

表 3–6　20 ℃时镁的力学性能

材料状态	R_m/MPa	$R_{p0.2}$/MPa	A（%）	Z（%）	HBW
铸造状态	115	25	8.0	9.0	30
变形态	200	90	11.5	12.5	36

注：Z 为断面收缩率。

表 3–7　高温下铸造状态镁的力学性能

温度 /℃	R_m/MPa	A（%）	温度 /℃	R_m/MPa	A（%）
100	93	18	350	14.0	72
200	56	28	400	8.5	80
250	41	40	450	5.0	78
300	25	58	500	3.5	81

表 3–8　高温下变形镁的力学性能

温度 /℃	R_m/MPa	$R_{p0.2}$/MPa	A（%）	Z（%）
200	60	25	42.5	36.5
250	30	20	41.5	92.5
300	20	16	58.5	95.5
350	18	12	95.0	98.0
400	10	5	60.0	93.5
450	6	4	65.5	93.5

3. 镁的化学性质

镁是化学性质非常活泼的金属，它和氧及卤素的结合能较大，可作为还原剂，置换钛、锆、铀、铍等金属。在原镁生产、合金熔炼、合金化处理、金属传输及铸造过程中，镁极易与氧、氮、水发生化学作用。一般来说，镁是耐碱的，室温下，镁与氢氧化钠等碱性溶液几乎不发生反应，但加热时会发生反应。镁不耐酸，除氢氟酸、铬酸、脂肪酸外，其他无机或有机酸均能够迅速与镁发生反应将镁溶解，镁与大多数有机化合物是不发生反应的，镁能与二氧化碳发生燃烧反应，因此，镁燃烧时不能用二氧化碳灭火器灭火。表 3–9 列出了镁及其化合物的热力学参数。

表 3–9　镁及其化合物的热力学参数

参数	Mg	MgO	$MgCl_2$	MgF_2
熔点 /℃	651	2 800	712	1 369
沸点 /℃	1 107	3 600	1 412	2 239
熔化潜热 /（kJ/kmol）	2.16	18.5	8.1	5.9
汽化潜热 /（kJ/kmol）	32.552	—	32.69	69.8
25 ℃时的比热容 /[kJ/（kg·℃）]	23. 90	37.80	7 133	—
标准比热容 /[kJ/（kg·℃）]	—	61 156	320.43	552.12
25 ℃时的标准熵 /[kJ/（kg·℃）]	32.52	27.42	89.58	58.60

在空气中，镁的表面容易生成氧化镁薄膜使表面颜色迅速变暗。氧化镁具有体心立方结构，其晶格常数 a = 0.419 2 nm。温度为 25 ℃时，氧化镁的结合能为 610.30 kJ/（kg·K）；温度低于 450 ℃时，氧化镁薄膜对镁表面具有保护作用；温度高于 450 ℃时，氧化膜将变得不稳定且易被破坏，从而导致镁的进一步氧化，此氧化反应是放热反应，若氧化反应放出的热量不能被及时转移，镁将会燃烧。在空气中，

镁的燃点是 623 ℃，随着大气压的变化，镁在氧气中的燃点也会发生变化。氧化镁薄膜并不致密，其致密系数为 0.79，这是镁和镁合金耐蚀性不及铝和铝合金的主要原因，所以一般来说，镁合金必须经过特殊的表面防护处理才能保证其永久储存。

二、镁合金的性能

1. 较高的比强度、比刚度

镁合金的比强度高于铝合金和钢铁，略低于纤维增强塑料。其比刚度与铝合金和钢铁相当，但却远远高于纤维增强塑料。因此，在相同强度和刚度的情况下，用镁合金制作结构件可以减小零件质量，这点对国防、航空、汽车及便携式电子器材等行业均有很重要的意义。

镁合金

2. 良好的铸造性能

镁与铁几乎不发生反应，熔炼时可用铁坩埚。熔融镁对坩埚的侵蚀小，压铸时对压铸型的侵蚀小。与铝合金压铸相比，压铸型的使用寿命可延长 2 ～ 3 倍，通常可维持 20 万次以上。镁合金的比热容和结晶潜热小，流动性好，充型流动速度约为铝合金的 1.25 倍，用于压铸生产时的生产率比铝合金提高 40% ～ 50%，且镁制品壁厚可小于 0.6 mm，而铝合金为 1.2 ～ 1.5 mm，塑胶制品在相同强度下很难达到的。

3. 减震性能好

镁合金与铝合金、钢、铁等相比具有较低的弹性模量，在同样的受力条件下，可消耗更大的变形功，具有降噪、减震的功能，可承受较大的冲击振动负荷。镁合金具有极好的滞弹吸振能力，其减震性是铝合金的 5 ～ 30 倍，塑料的 20 倍，钢铁的 50 ～ 1 000 倍。在汽车中使用镁合金可提供舒适安静的乘坐条件，提高安全性。镁也被用于航空航天、国防等尖端领域，如鱼雷、战斗机和导弹等的减震部位。例如，镁合金 A291 在 35 MPa 应力下的振动衰减系数为 25%，铝合金 A380 只有 1%；A291 在 100 MPa 应力下的衰减系数上升为 53%，A390 只有 4%。

4. 尺寸稳定性高

不需要退火和消除应力即可具有尺寸稳定性，是镁合金的一个很突出的特性，体积收缩率仅为 4% ～ 6%，是铸造金属中收缩量较低的一种合金。

5. 良好的磁屏蔽性

镁合金具有优于铝合金的磁屏蔽性，能更好地阻隔电磁波，适合制作发出电磁干扰的电子产品的壳、罩，尤其是紧靠人体的手机。而采用塑料制造电子器件时，为了提高其电磁屏蔽性能，一般在表面喷涂导电漆、表面镀层、金属喷涂，在塑料内部添加导电材料、辅助金属箔或金属板等，这会增加生产工艺的复杂性，提高产品的生产成本和价格，且电磁屏蔽效果仍然很有限。

6. 优良的切削加工性能

镁合金的切削速度大大高于其他金属，可减少切削加工时间，切削时对刀具的消耗很低。镁合金、铝合金、铸铁、低合金钢切削同样零件消耗的功率比值为 1 : 1.8 : 3.5 : 6.3。且镁合金的切削加工速度可以比铝合金高 2 ～ 4 倍，而加工能量仅为铝合金的 70% 等。镁合金的机加工多在于态下进行，不用切削液便可改善零件表面加工质量、减小摩擦力和延长刀具寿命，不需磨削和抛光便能获得平滑光洁的表面。

7. 高散热性

镁合金的导热能力是工程塑料 ABS 的 350 ～ 400 倍，适用于元件密集的电子产品。镁合金的散热性能不但比塑料好得多，与铝合金相比也较高。例如，在 20 ℃时，镁合金 A291 的密度、比热容和导热率分别为 1.81 g/cm^3、1 050 J/（kg·K）、72 W/（m·K）；铝合金 A380 的密度、比热容和导热率分别为 2.74 g/cm^3，963 J/（kgK）、96 W/（mK）。因此，计算的镁合金、铝合金的热扩散系数分别为 3.79×10^{-5} m^2/s、3.64×10^{-5} m^2/s，体积比热容分别为 1.90 J/（cm^3·K）、2.64 J/（cm^3·K），而工程塑料 ABS 和聚碳酸酯的热扩散系数几乎为零。

可见，在相同体积下，镁合金件的蓄热能力比铝合金件低，但二者的散热能力相差无几。由于镁合金的压铸成型性比铝合金的成型性好，镁合金压铸件可以比铝合金压铸件的壁厚做得更薄、形状更复杂，考虑到这些尺寸因素对散热性的影响，镁合金压铸件加热与散热往往比铝合金压铸件快，工程塑料 ABS 则更慢。

8. 再生、可回收性

废旧镁合金铸件可再熔化，并作为镁合金 A291、AM50 或 AM60 的二次材料可再铸造。镁合金的熔化潜热比铝合金低，熔炼消耗的能量低。更为重要的是，镁合金中的杂质可以通过相对简单的冶金法清除，这种方法符合环保要求，使镁合金比许多塑胶材料更具有吸引力。

三、镁合金的分类

工业中应用的镁合金分为变形镁合金和铸造镁合金两大类。许多镁合金既可做铸造合金，又可做变形合金。经锻造和挤压后，变形合金比相同成分的铸造合金有更高的强度，可加工成形状更复杂的部件。此外，还有新发展的快速凝固粉末冶金镁合金和非晶态镁合金。镁合金常用的热处理类型如下。

T1——部分固溶 + 自然时效；T2——铸后退火；T3——固溶 + 冷加工；T4——固溶 + 自然时效；T5——人工时效；T6——固溶 + 人工时效；T7——固溶后稳定化；T8——固溶 + 冷加工 + 人工时效。

1. 变形镁合金

变形镁合金主要合金系为镁锌系、镁铝锌系、镁稀土系、镁锰系和镁锂系。

（1）镁锌系合金

镁锌系合金是热处理强化变形镁合金。其中，镁合金 ZK61M 的锌的质量分数为 5.0% ～ 6.0%，锆的质量分数为 0.3% ～ 0.95%；锰的质量分数为 0.1%。其沉淀强化相为 Mg_2Zn_3。当加热到 400 ℃左右时，Mg_2Zn_3 相即溶于基体。但要使锆质点溶解，要加热到更高温度，一般固溶处理温度为 505 ～ 515 ℃。时效温度在 160 ～ 180 ℃的范围内，得到沉淀强化相为 β′ 相。固溶的锆能降低合金中原子扩散，提高再结晶温度。从液态析出的锆可强烈细化晶粒。ZK61M 合金的热加工温度为 380 ～ 420 ℃，通过挤压或锻造成形。

ZK61M 为高强度变形镁合金，其缺点是焊接性差，不能制造焊接件。由于其强度高，耐蚀性好，无应力腐蚀倾向，且热处理工艺简单，能制造形状复杂的大型构件，如飞机上的机翼长桁、翼肋等，其使用温度不超过 150 ℃。

在镁锌系合金中添加稀土金属钕能改善合金的质量，减少铸锭疏松，降低热裂倾向，提高耐蚀性，并进一步提高强度。钕对 ZK61M 合金性能的影响如图 3-6 所示。加钕的 ZK61M 合金的抗拉强度和屈服强度随钕含量的增加而提高，最合适的钕含量为 2% 左右。

在镁锌合金系中加入稀土金属钇，当钇的质量分数达到 0.9% 左右时，抗拉强度出现极大值。在镁锌系合金中加入少量镉、钕或镧，可进一步强化合金，提高室温和高温强度，改善焊接性。

（2）镁锰系合金

镁锰系合金中的过饱和固溶体析出相为 β-Mn，故其热处理强化作用很小，其使用组织是退火组织，在固溶体基体上分布着少量 β-Mn 颗粒。随锰含量的增高，合金的强度略有提高。锰的主要作用是提高合金的耐蚀性，锰与合金中杂质铁结合成锰铁化合物沉积下来，除去了铁的有害影响。这类合金经过挤压成形，强度有所提高。镁锰合金有良好的耐蚀性和焊接性。

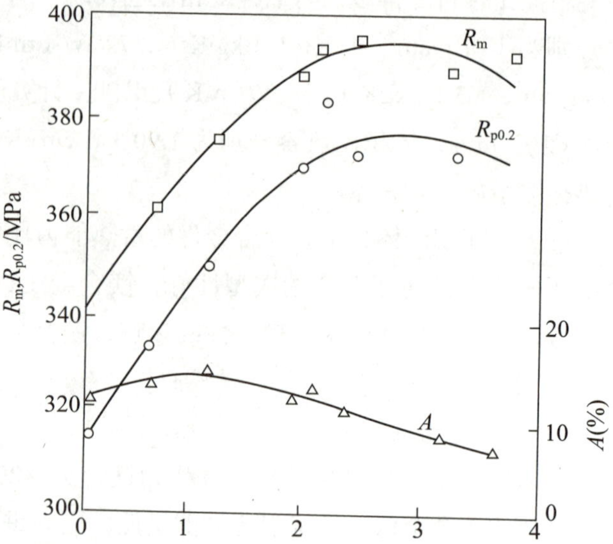

图 3-6 钕对 ZK61M 合金性能的影响

M2M 合金锰的质量分数为 1.3% ～ 1.5%，经过 340 ～ 400 ℃退火，其 $R_{p0.2}$ = 98 MPa、R_m = 206 MPa、A = 4%，其高温塑性好，可生产板材、型材和锻件。镁合金的特点是力学性能的方向性明显，而 ME20M 合金在双重挤压和再结晶退火后，其性能的方向性被消除了。ME20M 合金有中等强度和较高的塑性，其 $R_{p0.2}$ = 167 MPa、R_m = 245 MPa，A = 18%，又有良好的耐蚀性和焊接性，可生产管材、板材、锻件，目前已取代 M2M 镁合金，用于飞机的蒙皮、壁板及润滑系统的附件。

（3）镁稀土系合金

钕、钇、钪等元素可显著提高镁合金的工作温度，从低于 150 ℃提高到 300 ～ 350 ℃。重要的合金有镁钕系，可利用 Mg_9Nd 的沉淀强化作用。当过饱和固溶体脱溶，在 180 ～ 260 ℃范围内存在的介稳相起到了沉淀强化作用。在镁钕锰合金中，随钕含量的增加，室温和高温强度都可大幅度提高。在镁钕合金基础上加入锰和微量镍，锰可提高合金的蠕变性能，微量镍可进一步降低蠕变速率。

研究表明，重稀土金属钆、镝、钇和轻稀土金属钕、钐的组合，进行复合合金化，具有极明显的时效强化作用。镁合金中镝和钆的质量分数总和超过 10% 时，可以获得优异的室温和高温力学性能，尤为重要的是提高了屈服强度和屈强比。

（4）镁锂系合金

镁锂系合金的特点是密度小，属于超轻型结构合金，其密度为 1.3 ～ 1.65 g/cm³。锂在镁中的固溶度低于 5.5% 时，随锂含量的增加其强度变化不大。其显微组织是单相密排六方的 α 固溶体。锂在镁中的固溶度在 5.5% ～ 10% 的范围内时是 α+β 复相组织，由于 β 相为体心立方结构，其强度较低，但室温和低温塑性很好。锂在镁中的固溶度在 10% 以上时为 β 单相组织，强度低，室温和低温塑性很好。为了提高镁锂合金的强度，需要进一步进行合金化，加入强化元素铝、锌、锰、镉、钕和铈等。

（5）快速凝固镁合金

传统的熔铸镁合金的强度较低，耐蚀性较差。快速凝固镁合金在这两方面都得到改善，并具有高的断裂韧性。为了提高镁合金的强度，通过加入合金元素形成热稳定性高的弥散析出相，而又不降低合金的耐蚀性。稀土元素的电化学位与镁相近，在镁中能形成高度弥散相，增高强度而又不降低耐蚀性。通过快速凝固技术加入钕和铝，可形成弥散的 Al_2Nd 质点；加入钇和铝，可形成弥散的 Al_2Y 质点。这些弥散的 Al_2Nd 和 Al_2Y 质点在随后的快凝粉末致密化过程中，加热时也不聚集长大，合金仍有极好的力学性能。

（6）镁合金超塑性成形

快速凝固工艺使镁合金具有超塑性成形能力。研究表明，镁合金经快速凝固可以明显细化晶粒。晶界滑移是超塑性变形的最主要机制，只要能通过快速凝固或热机械处理控制镁合金的晶粒足够细小，就可以获得满意的超塑性。

2. 铸造镁合金

铸造镁合金中主要合金系为镁锌锆系、镁铝锌系、镁稀土锆系、镁钍锆系、镁钕银系等。铸造镁合金加稀土金属进行合金化，提高了镁合金熔体的流动性，降低微孔率，减小疏松和热裂倾向，并提高耐热性。

知识拓展

铸造镁合金的生产特点

镁在高温下极易氧化，其氧化膜非但无保护性，反而促进进一步氧化。熔炼镁合金都在 650 ℃以下进行，温度高使氧化加速，到 850 ℃以上表面有火焰和在新鲜表面处发生爆裂。因此，熔炼时要用惰性气体或保护熔渣。但只有碱金属或碱土金属的氧化物或氟化物的熔流体可作保护熔渣。镁合金在熔化初期多采用薄渣，用 $MgCl_2$、KCl、BaCl 等混合渣。然后用厚渣，用含 $CaFa_2$、MgF_2、MgO 的熔渣取代薄渣，以利于更好地隔离空气进行合金化及精炼。浇注前要搅拌，以除去氧化物和氯化物夹杂，特别是氯化物夹杂，以防止其降低合金的耐蚀性。浇注时还需撒硫，以防氧化。

合金元素以中间合金加入，而加入锆时，以 K_2ZrF_6 及大量 $BaCl_2$ 渣还原的方法使锆进入熔融镁合金。熔炼含铝的镁合金有吸氢问题，首先要使原料干燥，否则氢易产生铸造疏松。对有疏松敏感的镁铝、镁铝锌合金，要在 725 ～ 750 ℃用气体进行脱氢处理。含锆合金为防止锆因脱氢作用形成 ZrH_2 而损失过多，要在加锆前先进行去氢处理。

镁合金常用来细化晶粒的方法是加六氯乙烷，以球团状沉入合金熔体的底部，加入量为 0.1% ～ 0.25%。当其分解时，形成 Cl_2 和 Al_4C_2 或 AlN，起非自发形核结晶核心，Cl_2 逸出时起脱气作用。

镁合金铸件多用砂型铸造，为防止熔镁与砂型反应，对湿型砂等用硫加强结合，对合成砂可用 KBF_4、$KSiF_6$ 等。镁合金热容量小，为获得致密的铸件，要有较大的浇冒口。一般镁合金的熔体与实际铸件体积之比为 4 : 1。用永久模铸造可获得较大的冷却速度，有利于细化晶粒和组织均匀。目前，镁合金锭都采用永久模，并采用半连续浇注。

思政链接

师昌绪——有色金属材料的创新先锋

师昌绪，中国科学院院士，著名材料科学家，被誉为“中国材料科学的奠基人之一”。他的一生与有色金属材料紧密相连，不仅在科研领域取得了卓越成就，更在思政教育方面为后人树立了榜样。

师昌绪在有色金属材料领域做出了多项开创性工作。他领导研究团队成功研制出我国第一代航空发动机用高温合金，打破了国外的技术封锁，为我国航空工业的发展奠定了坚实基础。此外，他还主持开发了多种新型金属材料，如钛合金、镍基高温合金等，这些材料广泛应用于航空航天、军工、能源等领域，为国家的科技进步和经济发展做出了巨大贡献。

师昌绪始终将个人命运与国家发展紧密相连，将科研工作视为报效祖国的重要途径。他鼓励学生树立远大理想，将个人发展融入国家需求，为实现中华民族伟大复兴贡献智慧和力量。

面对国际技术封锁，师昌绪带领团队迎难而上，勇于创新，最终研制出具有自主知识产权的高温合金。他强调创新是科研工作的核心，鼓励学生敢于挑战，勇于突破，不断探索科学前沿。

师昌绪深知团队协作的重要性，他倡导团队成员之间相互尊重、相互支持，共同为科研目标努力。在他的带领下，团队形成了良好的学术氛围，取得了一系列重要成果。

师昌绪对科研工作要求严格，注重细节，追求完美。他教导学生要树立严谨的科研态度，注重实验数据的准确性和可靠性，确保研究成果的科学性和实用性。

师昌绪的科研成就和思政教育实践为有色金属材料领域乃至整个科技界树立了榜样。他将爱国情怀、创新精神、团队协作和严谨治学融入科研工作，培养了一大批优秀人才，推动了我国材料科学的发展。

（本案例参考多种资料整理而成）

课后习题

一、填空题

1. 在汽车工业中，________的使用量和使用率正在逐渐增加，其用量已超过（铸）铁，成为仅次于钢的第二大汽车材料。

2. ________在地球上的储量居金属元素之首。

3. 以铜为基体加入合金元素后形成的合金材料称为________。

4. 金属镁外观呈________，在元素周期表中属于Ⅱ A 族元素。

二、判断题

1. 工业纯铜中铜的质量分数为 99.7%～99.95%，其新鲜表面呈玫瑰红色，表面形成氧化亚铜（Cu_2O）膜层后呈紫红色，俗称紫铜。 （　　）

2. 经锻造和挤压后，相同成分的铸造合金比变形合金有更高的强度。 （　　）

3. 经过冷变形加工或热处理后，可进一步提高铝合金的强度，其抗拉强度可提高到 1 000 MPa 以上。 （　　）

4. 工业中应用的镁合金分为变形镁合金和铸造镁合金两大类。 （　　）

项目四 汽车常用非金属材料

项目导读

在汽车制造中，除使用金属材料外，还广泛使用非金属材料，如汽车灯罩、仪表板、转向盘、坐垫、风窗玻璃、轮胎、传动带、连接软管、各类油封、密封垫圈等都是由各种非金属材料制成的。近年来，随着非金属材料的迅猛发展和汽车轻量化的要求，越来越多的非金属材料在汽车上得到应用，其比例也在不断上升，已成为汽车不可或缺的材料。

非金属材料的种类很多，本项目主要介绍塑料、橡胶、胶黏剂、摩擦材料、复合材料、玻璃、陶瓷、涂装材料以及隔热、隔光、隔声及密封材料等的性能、特点和在汽车上的主要应用。

学习目标

◆ 知识目标

1. 了解汽车工业中主要应用的非金属材料类型。
2. 掌握各种非金属材料在汽车上的应用部位及作用。
3. 了解汽车用非金属材料的发展趋势。

◆ 能力目标

1. 能够描述各种不同非金属材料的性能及在汽车上的应用。
2. 能够根据汽车零件的工作条件正确选用适宜的非金属材料。
3. 能够正确选配和识别非金属材料汽车零件。

◆ 素质目标

1. 能够安全、合理地使用汽车非金属材料。
2. 能够用科学、发展的眼光认识汽车非金属材料。
3. 提高学生使用非金属材料时的安全意识。
4. 培养学生用科学、发展的眼光认识非金属材料。

◆ 思政目标

1. 培养学生的工匠精神和团队合作能力。
2. 培养学生一丝不苟、严谨细致、认真负责的工作态度。

任务工单

一、任务名称

熟识车用高分子材料

二、任务描述

全班同学以分组讨论的形式，列举出各自所了解的汽车常用高分子材料，并分析此材料的性能优点以及局限性。在任务准备的过程中完成表 4–1 的填写。

表 4–1　实训表

姓名		班级		学号	
学时		日期		实训地点	
实训工具	汽车模型或图片、关于高分子材料的相关资料				

三、任务目的

通过分析、讨论、举例的形式，掌握车用高分子材料的分类、特点及应用，能够做到合理地选用高分子材料。

四、分组讨论

全班学生以 3 ～ 6 人为一组进行分组，选出各组的组长，组长对组员进行任务分工并将分工情况记入表 4–2 中。

表 4–2　分组情况表

本组成员	姓名	学号	任务分工
组长			
组员			

五、任务思考

1. 车用高分子材料按性能和用途可分为哪些类型？
2. 车用高分子材料按聚合物反应类型可分为哪些类型？
3. 车用高分子材料按聚合物热特性分可分为哪些类型？
4. 高分子材料性能的主要特点是什么？
5. 汽车常用高分子材料的主要应用有哪些？

六、任务实施

在任务实施过程中，将遇到的问题和解决办法记录在表 4–3 中。

表 4–3　问题及解决办法

序号	遇到的问题	解决办法
1		
2		
3		

七、任务评价

请各小组选出一名代表展示任务实施的成果，并配合指导教师完成表 4–4 的任务评价。

表 4–4　任务评价

评价项目	评价内容	分值	评价分值		
			自评	互评	师评
职业素养考核项目	考勤、纪律意识	10 分			
	团队交流与合作意识	10 分			
	参与主动性	10 分			
专业能力考核项目	积极参与教学活动并正确理解任务要求	10 分			
	认真查找与任务相关的资料	10 分			
	任务实施过程记录表的完成度	10 分			
	对车用高分子材料的掌握程度	20 分			
	独立完成相应任务的程度	20 分			
合计：综合分数___自评（20%）+ 互评（20%）+ 师评（60%）		100 分			
综合评价			教师签名：		

任务一　车用高分子材料

一、车用高分子材料概述

高分子材料是以高分子化合物为主要组分的材料。高分子化合物是相对分子质量较高的聚合物，通常可在加热、加压条件下塑制成型。高分子化合物的相对分子质量虽然很大，但其化学组成并不复杂，是由一种或几种简单的低分子化合物通过共价键重复连接而成的。

1. 高分子材料的分类

高分子材料的分类见表 4–5。

表 4–5　高分子材料的分类

分类方法	类别	特点	举例
按性能及用途分类	塑料	室温下呈玻璃态，有一定形状，强度较高，受力后能产生一定形变的聚合物	聚酰胺、聚甲醛、有机玻璃、丙烯腈－丁二烯、苯乙烯（ABS）、聚四氟乙烯、聚碳酸酯
	橡胶	室温下有高弹态，受到很小的力时就会产生很大形变，外力去除后又恢复原状的聚合物	通用合成橡胶（丁苯橡胶、顺丁橡胶、氯丁橡胶、乙丙橡胶）、特种橡胶（丁腈橡胶、硅橡胶、氟橡胶）

续表

分类方法	类别	特点	举例
按性能及用途分类	纤维	由聚合物抽丝而成，轴向强度高、受力变形小、在一定温度范围内力学性能变化不大的聚合物	涤纶、锦纶、腈纶、丙纶、氨纶
	胶黏剂	以一种或几种聚合物为基料加入各种添加剂构成的，能够产生粘合力的物质	环氧树脂、改性酚醛树脂、聚氨酯、氰基丙烯酸酯、厌氧胶黏剂
	涂料	一种涂在物体表面上能干结成膜的有机分子胶体的混合溶液，对物体有保护、装饰、耐热、示温等作用	酚醛树脂、氨基树脂、醇酸树脂环氧树脂、聚氨酯树脂
按聚合物反应类型分类	加聚物	经加聚反应后生成的聚合物，链节的化学式与单体的分子式相同	聚乙烯、聚氯乙烯等
	缩聚物	经缩聚反应后生成的化合物，链节的化学结构与单体的化学结构不完全相同，反应后小分子析出	酚醛树脂（由苯酚和甲醛缩合、缩水去水分子后形成）等
按聚合物热特性分类	热塑性塑料	在一定温度范围内可以软化并熔融，可塑造成型，冷却后即可成型并保持既得形状，而且该过程可反复进行	聚乙烯、聚丙烯、聚酰胺（尼龙）、聚甲醛等
	热固性塑料	聚合物在加热过程中不溶于有机试剂发生化学反应，由线型高分子变成高分子体状结构，固化冷却后再加热不再熔融，也不溶于溶剂	酚醛树脂、环氧树脂、不饱和聚酯树脂和聚硅醚树脂等

2. 高分子材料性能的主要特点

塑料、橡胶等高分子材料与金属材料、无机非金属材料一样，具备力学性能、电学性能、热学性能和化学性能等。高分子材料结构的特殊性，使其在性能上具有以下的特点。

质量较轻，许多高分子材料呈透明状；可作为电的绝缘体；导热性能差；耐水，大多数耐酸、碱、盐、溶剂、油脂等介质腐蚀；摩擦系数小，易滑动；有缓冲作用，能吸收振动和声音；热膨胀较大，低温会发脆，耐热温度低；有蠕变、应力松弛现象的黏弹特性；多数具有柔软性，橡胶类或塑料材料具有高弹性；使用过程中会出现“老化”现象。

与金属材料、无机非金属材料相比较，高分子材料的性能，特别是机械性能变化范围更大。在上述诸多性能中，高弹性是其他材料所不具有的性能。高分子材料还能同时表现出黏性液体和弹性固体力学行为的黏弹性，所以又称黏弹性材料。黏弹性是高分子材料的又一重要机械性能，而且该性能对温度和时间的依赖特别强烈。

高分子材料不能大量作为结构材料使用的重要原因之一是高分子材料的实际强度、刚性与金属材料相比较低，但它可以通过改变性能或复合的方法来改善或提高性能，其使用范围必将随着材料科学的发展而扩大。

3. 车用高分子材料的应用与回收

（1）车用高分子材料的应用

随着现代科技的高速发展，以及新材料和新工艺的不断进步，人们对汽车提出了一系列更高的要求，主要表现在安全舒适性、轻量化、低成本、环保性和美观性等方面。近年来，汽车零部件的塑料化和轻量化需求大大促进了高分子材料在汽车零部件中的应用，而功能化设计的高分子材料正朝着上述发展方向不断发展扩张。汽车中高分子材料占比成为衡量汽车设计制造水平的一个重要指标。汽车节能的要求使汽车轻量化进程逐步加快，这将为车用塑料的发展带来新的机遇。近年来，我国汽车产业处于快速发展期，汽车塑料内外饰件市场规模庞大。

目前，汽车中已使用了大量的塑料零部件，其应用主要包括内饰件、外饰件和功能结构件。就汽车塑料使用率看，乘用车中的塑料部件占车身总质量的比例平均为 8% ～ 15%，但应用于外饰件的比例仅占车身总质量的 1% ～ 3%，内饰件占比最高，为 6% ～ 10%。在内饰件中，高分子材料能够降低成本，提高环保性、舒适性和安全性。

常见的高分子材料汽车塑料内饰件有仪表板、车门内板、地毯、顶棚、头枕和扶手等。在外饰件上，高分子材料可减小汽车质量、降低维护成本并提高车身造型的自由度，典型汽车外饰件有保险杠、车轮罩、散热器格栅、尾门等。功能结构件中，高分子材料能提高耐蚀性、耐磨性、表面光滑度和减重效果。

常见的汽车功能结构件有气门室罩盖、散热风扇、散热器冷却液室、泵壳体等。例如，采用改性塑料制备的发动机进气歧管，相比传统的铸铁、铝件有很多优点，如与铸铁和铝相比，质量减小 40%，内壁光滑，有利于提高进气充量，并具有良好的抗化学性，有效延长了其使用寿命。

汽车常用高分子材料的主要应用见表 4–6。

表 4–6 汽车常用高分子材料的主要应用

材料名称	典型用途	优点	局限性
聚丙烯	转向盘、保险杠、散热器面罩、蓄电池壳、仪表板、门板内衬等	质轻、中等硬度、在高温下坚韧、耐磨蚀，具有优良的抗弯曲疲劳性	低温下变脆、耐老化性差，经改性（共聚或共混）后可用于制作在 −40 ℃工作的汽车零部件
聚乙烯	高密度 PE 用于电线绝缘、转向盘和燃油箱等，低密度 PE 用于空气导管、挡泥板衬垫	耐腐蚀、价格低、柔软、耐寒性好（−70 ℃）	高密度 PE 不难燃、难粘结、不耐老化；低密度 PE 拉伸强度低
丙烯腈 – 丁二烯 – 苯乙烯共聚物	车轮罩、镜框、仪表板、喇叭盖杂物箱、暖风壳	价格低、尺寸稳定性好、力学性能良好、易于加工、表面光滑、耐寒性好	易受多种溶剂侵蚀，材料在阳光下暴晒易脆化
聚甲醛	板簧吊耳衬套、拉杆球碗、仪表齿轮，半轴垫片及各种耐磨衬套	强度高、坚硬、耐热，空气中长期使用温度为 105 ℃，摩擦系数小、易于加工	难于粘结、阻燃性差、价格中等
有机玻璃	照明标志牌、车门玻璃、尾灯玻璃罩	透明、耐阳光照射	不耐溶剂
聚对苯二甲酸乙二醇酯	电气元件、汽车车身部件、刮水器杆、齿轮等	抗蠕变、耐疲劳、耐化学腐蚀、耐热（163 ℃），优良的润滑性	热水中水解、稳定性差、缺口冲击敏感
聚碳酸酯	安全玻璃、灯玻璃、仪表标牌灯	透明、特别坚韧、尺寸稳定、耐热（121 ℃）	容易应力开裂，耐溶剂性差
聚酰胺	轮胎帘布、安全带、油底壳、进气歧管	优良的抗蠕变和抗疲劳性能、坚韧、耐磨、耐各种化学试剂	吸湿性大，在干燥环境中抗冲击强度低

续表

材料名称	典型用途	优点	局限性
不饱和聚酯	与玻璃纤维一起制成片状模塑料（SMC）等各种纤维增强复合材料（FRP），用于制造车身及各种受力结构件	坚硬、易于工业生产、价格低、耐燃烧性好	耐溶剂性差、耐紫外线性差耐老化性差
酚醛树脂	制动摩擦片、绝缘材料、手柄、按钮及各种黏结剂	耐热（316 ℃）、尺寸稳定、耐溶剂、耐烧蚀、易加工、价格低	抗冲击强度较低，颜色较深
环氧树脂	各种黏结剂、与玻璃纤维或碳纤维制成 FRP 材料，用于制造车身及承力结构件	强度高、尺寸稳定、粘合强度高	不可回收

（2）车用高分子材料的回收

下面列举几类有代表性的应用于汽车的塑料，对其在生产制造中的粉碎再回收进行简单的分析说明。

① 保险杠

目前大部分轿车的保险杠主要采用改性聚丙烯，比较容易实现材料的再生利用，如图 4–1 所示。产生废保险杠的原因有以下几种：保险杠生产线上的质量不合格废品；报废汽车上的保险杠；因事故更换下来的保险杠。因此主要以粉碎回收为主，目前大多选用洗净 – 喂料 – 粉碎 – 自动分离粉尘 – 成型加工再制品的回收流程。根据试验分析，回收再利用材料制成的保险杠的材料性能比未使用的材料性能稍有下降。废旧保险杠在回收之前需剥离表面涂层，可使用机械法、物理法和化学法。

图 4–1 保险杠

② 转向盘、拉手、内饰板、密封件、挡泥板

弹性体软胶不易切断这些部件，大部分采用聚氨酯泡沫缓冲材料、聚氯乙烯皮革、塑热性弹性体、橡胶等，这些材料的特性是具有弹性，变形能力强，手感好，如图 4–2 所示。在粉碎回收时，这些物料呈现的是软胶难以切断、遇热粘刀、结块、不下料等难题。必须采用弹性体专用粉碎机。与普通的粉碎机不同，该粉碎机针对弹性体、橡胶设计，在刀具材质、切削角度、转速、刀轴装配方式上均配合软胶的特性，使物料能迅速被切断成颗粒，并配用专用筛网，使下料更顺畅。

图 4–2　转向盘

③ 内饰、顶棚

内饰和顶棚一般采用塑料纤维毡、塑料毛麻类材料粘合而成，如图 4–3 所示。纤维类填料只能以剪切的方式粉碎回收。与普通的硬质高分子材料不同，它对粉碎刀具的材料要求比较高，应注意刀具材质及更换周期。

④ 车灯、灯罩、车罩部件

车灯主要考虑的是透明性和反光性能，所以采用的是透明的聚碳酸酯和有机玻璃等，如图 4–4 所示。这类零部件在粉碎回收时，要避免粉碎机机身对原料的污染，同时也要注意分离粉碎中产生的粉尘。因为透明颗粒料中如果渗入粉末，在成型时很有可能造成产品发黄，或是产生黑点。这类物料在粉碎时用普通的粉碎机即可达到要求，但是在粉碎的后端最好能增加一个除尘装置。可以在粉碎后装袋的同时，去除 90% 以上的粉尘，使粉碎料在再次成型时，性能和成型晶质更接近原材料。

图 4–3　汽车内饰

图 4–4　车灯

二、塑料

塑料是以树脂为主要成分，加入其他添加剂，在一定的温度和压力条件下，加工成型的高分子材料。如果按照其力学状态定义来说，凡在室温下处于玻璃状态的高聚物均可称为塑料。塑料制品在汽车上的应用已经非常普遍，而且还不断有更环保、更高性能的塑料被研制出来取代原来的材料，图 4–5 为车用塑料制品。

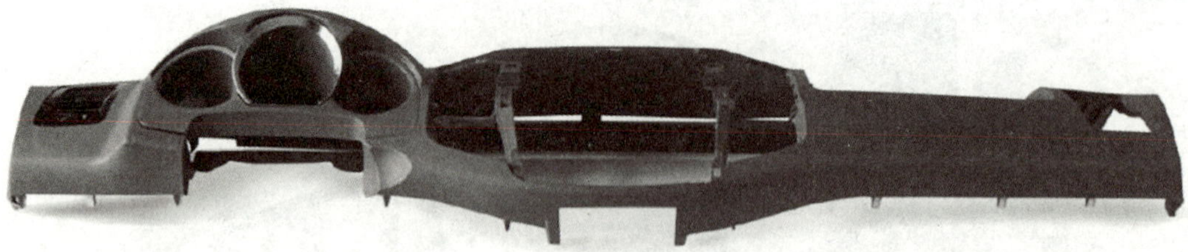

图 4–5　车用塑料制品

1. 塑料的组成

除个别塑料由纯树脂组成外，大多数塑料是由合成树脂和添加剂组成的。

（1）树脂

树脂是相对分子质量不固定的，在常温下呈固态、半固态或半流动态的有机物质。在受热时，树脂能软化或熔融；在外力作用下，树脂可呈塑性流动状态。树脂可分为天然树脂和合成树脂两大类。

合成树脂是由人工合成的一类高相对分子质量的聚合物的总称，又称聚合物或高聚物，简称树脂。树脂是塑料的主要成分，其质量约占塑料全部组分的 40% ～ 100%。

塑料与树脂的区别为：树脂是指加工前的原始聚合物，塑料则指加工后的一种合成材料及制品。合成树脂在制造塑料时，为了便于其加工或改善其性能，常添加各种助剂，有时也直接加工成型，因此合成树脂通常是塑料的同义词，在实际应用中常和塑料这个术语通用。

（2）添加剂

加入添加剂的主要作用是改善塑料的使用性能、成型加工性能和降低其生产成本等。

知识拓展

常见的添加剂

塑料中常见的添加剂如下。

1. 填充剂

加入填充剂的目的主要是为了调整塑料的性能、提高其强度、节约树脂用量、降低塑料制品的成本。例如：加入铝粉，可提高塑料对光的反射能力及防止塑料老化；加入石墨，可以改善塑料的力学性能等。通常填充剂在塑料中的用量可达 20% ～ 50%。

2. 增塑剂

增塑剂用以提高树脂的可塑性和柔韧性，并使其热变形减小。例如，聚氯乙烯塑料中加入邻苯二甲酸二丁酯，可使塑料变得柔软而有弹性。

3. 润滑剂

凡能改善塑料在加工成型时的流动性和脱模性的物质都称为润滑剂。润滑剂的作用是在塑料成型过程中附着在其表面以防止粘着设备和模具，提高塑料的流动性，同时使塑料制品表面光亮美观。

4. 抗氧化剂

抗氧化剂可防止塑料在加热成型或在高温使用过程中受热氧化使塑料变黄、发裂等。

5. 稳定剂

稳定剂主要是提高树脂在受热或光作用时的稳定性，减慢其老化速度，延长塑料的使用寿命。

6. 着色剂

着色剂可使塑料具有各种鲜艳、美观的颜色。常用有机染料和无机颜料作为着色剂。

7. 阻燃剂

大多数塑料是可以燃烧的，在塑料中加入含磷、氯、溴原子基团或 SbO_2 等的物质，可提高塑料的抗燃烧能力，这样的物质称为阻燃剂。

8. 固化剂

凡能与树脂中的不饱和键或反应基团起作用而使树脂固化的物质都称为固化剂，又称为硬化剂。固化剂种类很多，主要用于环氧树脂的有胺类固化剂、酸酐类固化剂、聚酯类固化剂等。

9. 发泡剂。

稳定剂和润滑剂是塑料中必须加入的添加剂，其他组分则根据塑料种类和用途的不同而有所增减。例如：聚乙烯塑料不需要添加增塑剂，而软聚氯乙烯塑料则添加有大量的增塑剂；在潮湿环境中使用的塑料制品中还应添加防霉剂。

2. 塑料的性能特点

塑料具有许多优良的物理性能、化学性能和力学性能，具体性能如下。

（1）质量轻

一般塑料的密度为 1.0 ～ 2.0 g/cm³，仅是钢铁材料密度的 1/8 ～ 1/4。因此，用塑料装备汽车零部件，可大幅度减轻汽车整车的自重，降低油耗。

（2）化学稳定性好

一般的塑料对酸、碱、盐和有机溶剂都有良好的耐蚀性。特别是聚四氟乙烯，除了能与熔融的碱金属作用外，其他的化学药品包括“王水”也难以腐蚀。因此，在腐蚀介质中工作的零部件可采用塑料制作，或采用在其表面喷塑的方法提高其耐蚀性。

（3）比强度高

比强度是指单位质量的强度。尽管塑料的强度要比金属材料低些，但由于塑料密度小、质量轻，因此，以等质量相比，塑料的比强度要高于金属材料。例如，用碳素纤维强化的塑料，其比强度要比钢材高出 2 倍左右。

（4）优良的耐磨性、减摩性

大多数塑料的摩擦系数较小，耐磨性好，能在半干摩擦甚至完全无润滑条件下良好地工作，所以可作为耐磨材料，制造齿轮、密封圈、轴承、轴承衬套等。

（5）良好的电绝缘性

塑料几乎都有良好的电绝缘性，可与陶瓷、橡胶和其他绝缘材料相媲美。因此，汽车电气零部件广泛采用塑料作为绝缘体。

（6）良好的吸振性和消声性

采用塑料轴承和塑料齿轮的机械，在高速运转时，可平稳无声地转动，大大减少噪声、降低振动。

塑料的缺点主要有：与钢相比，力学性能较低；耐热性较差，一般只能在 100 ℃以下长期工作；导热性差，塑料的导热系数只有钢的 1/200 ～ 1/600；容易吸水，塑料吸水后，会导致其使用性能恶化。此外，塑料还有易老化、易燃烧、温度变化时尺寸稳定性差等缺点。

3. 塑料的分类

按合成树脂的受热行为分类，塑料可分为热塑性塑料和热固性塑料两类。

（1）热塑性塑料

热塑性塑料是以加聚或缩聚树脂为基料，加入少量稳定剂、润滑剂、加或不加填料而制成的塑料。热塑性塑料的分子结构是链状的线型结构，其工艺性能特点是受热时软化或熔化，具有可塑性，可塑制成一定形状的制品；冷却后则凝固成型，再加热又可软化，塑制成另一形状的制品；可反复再塑，其基本性能不变。

热塑性塑料的优点是成型工艺简便，形式多种多样，生产效率高，可以直接注塑或挤压、吹塑成所需形状的制品，而且具有一定的物理、力学性能；其缺点是耐热性和刚性较差，最高使用温度一般只有 120 ℃左右，而且使用时不能超过其使用的极限温度，否则就会变形。

后期发展起来的氟塑料、聚酰亚胺、聚苯并咪唑等则有优良的性能，如耐腐蚀、耐高温、高绝缘、低摩擦系数等，成为塑料中性能相当优异、非天然材料所能比拟的高级工程材料。

热塑性塑料无论是品种、质量还是产量，现都已超过热固性塑料，是工程塑料中的主要材料。属于热塑性塑料的有聚乙烯、聚丙烯、聚氯乙烯、聚苯乙烯、ABS、有机玻璃、聚甲醛、聚酰胺、聚碳酸酯、聚苯醚、聚砜、聚芳砜、聚酰亚胺、聚苯硫醚、聚苯并咪唑等。

（2）热固性塑料

热固性塑料大多是以缩聚树脂为基料，加入填料、固化剂以及其他各种添加剂制取而成的塑料，具有体型分子结构。热固性塑料的基体树脂在固化前一般为相对分子质量不高的固体或粘稠液体，具有可塑性，可制成一定的形状，在加热、加压或固化剂、紫外光作用下则交联固化成不溶的坚硬固体。因此热固性塑料的工艺性能特点是在一定的温度下，经过一定时间的加热或加入固化剂后即可固化成型。固化后的塑料质地坚硬、性能稳定、不再溶于溶剂中，加热加压也不可能使其再度软化或熔化，受强热则会分解或碳化。

热固性塑料的优点是无冷流性，刚性大、硬度高、耐热性较好、不易燃烧、制品尺寸稳定；其缺点是性脆、强度不高，必须加入填料或增强材料以改善其性能，提高其强度，同时成型工艺复杂，大多数热固性塑料只能采取模压法、层压法，生产效率低。近年来虽然解决了热固性塑料的注塑成型工艺问题，但需专用设备，故尚不普及。属于热固性塑料的有酚醛、氨基（包括脲醛及三聚氰胺甲醛）、环氧、有机硅、不饱和聚酯、聚酰胺等。

知识拓展

塑料在汽车上的应用

近年来，“轻量化”成为降低汽车废气排放、提高燃烧效率的有效措施，也是汽车材料发展的主要方向之一，因而塑料在汽车上的用量迅速上升。目前，发达国家已经将汽车用塑料量的多少作为衡量汽车设计和制造水平的一个重要标志。汽车对塑料的性能要求见表 4–7。

表 4–7　汽车对塑料的性能要求

力学性能	要求具有一定的拉伸强度、压缩强度、剪切强度和冲击强度
热学性能	要求具有一定的耐热性。在发动机室里使用的零部件温度一般为 120 ℃，有时高达 150 ～ 170 ℃，塑料的性能受温度影响很大，高温下性能降低，低温易发生脆化
长期使用性能	要求具有抗蠕变性能。塑料粘弹性体有蠕变特性，在长期承受载荷的情况下易发生变形
尺寸稳定性	要求在使用过程中尺寸稳定。塑料比金属材料的收缩率大，固化后达到稳定尺寸也需要一定时间

根据相关数据统计显示，汽车一般零部件质量每减轻 1% 可节油 1%，运动零部件每减轻 1% 可节油 2%。国外汽车自身质量同过去相比已减轻 20% ～ 26%，预计在未来的 10 年内，轿车自身质量还将继续减轻 20%。一般塑料的密度为 0.9 ～ 1.5 g/cm^3，纤维增强复合材料的密度也不会超过 2.0 g/cm^3，而金属材料的密度相对较大，如钢为 7.6 g/cm^3，黄铜为 8.4 g/cm^3，铝为 2.7 g/cm^3，这就使得塑料材料成为实现汽车轻量化的首选材料。

塑料在我国汽车行业中的应用尚处于初级阶段，目前，包括其在内的非金属材料在国产车上的应用状况还比不上进口车。在欧洲，车用塑料的质量占汽车总质量的 20% 左右，平均每辆德国车使用塑料近 300 kg，占汽车自重的 22%；而在我国，国产车的单车塑料平均使用量为 78 kg，仅占汽车自重的 5% ～ 10%。

三、车用橡胶及其制品

橡胶是一种有机高分子材料，汽车上有许多零部件是由橡胶制造的，如风扇传动带、缓冲垫、油封、制动皮碗等。仅汽车轮胎一项，在汽车运输成本中就占了 10% 左右。因此，对汽车使用与维修人员来说，了解橡胶及其制品的基本知识是非常重要的。

1. 橡胶的组成

橡胶是一种具有极高弹性的高分子材料，它是以生胶为原料加入适量的配合剂而形成的高分子弹性体。

（1）生胶

生胶是橡胶的主要组分，其来源可以是天然的，也可以是合成的。生胶在橡胶制备过程中不但起着粘结其他配合剂的作用，而且是决定橡胶制品性能的关键组分。所使用的生胶种类不同，橡胶制品的性能也不同。

（2）配合剂

配合剂是为了提高和改善橡胶制品的各种性能而加入的物质，主要有硫化剂、硫化促进剂、防老剂、软化剂、填充剂、发泡剂及着色剂等。

2. 橡胶的性能特点

橡胶最显著的性能特点是具有高弹性，其主要表现为在较小的外力作用下就能产生很大的变形，且当外力去除后又能很快恢复到近似原来的状态；高弹性的另一个表现为宏观弹性变形可达 100% ～ 10 000%。

同时，橡胶还有一定的耐磨性，很好的绝缘性和不透气、不透水性。因此，橡胶成为常用的弹性材料、密封材料、减震防振材料、绝缘材料和传动材料。

（1）天然橡胶（NR）

天然橡胶以橡胶烃（聚异戊二烯）为主，含少量蛋白质、水分、树脂酸、糖类和无机盐等。弹性大，定伸强度高，抗撕裂性和电绝缘性优良，耐磨性和耐旱性良好，加工性佳，易与其他材料粘合，在综合性能方面优于多数合成橡胶。天然橡胶的缺点是耐氧和耐臭氧性差，容易老化变质；耐油和耐溶剂性不好，抗酸碱的腐蚀能力低；耐热性不好。天然橡胶的使用温度范围为 -60 ～ 80 ℃，可用来制作轮胎、胶鞋、胶管、胶带、电线电缆的绝缘层和护套及其他通用制品。特别适用于制造扭振消除器、发动机减震器、机器支座、橡胶金属悬架元件、膜片、模压制品。

（2）丁苯橡胶（SBR）

丁苯橡胶是丁二烯和苯乙烯的共聚体，主要品种有丁苯 -10、丁苯 -30、丁苯 -50，其中数字表示苯乙烯在单体总量中的百分含量。其性能接近天然橡胶，是目前产量较大的通用合成橡胶，其特点是耐磨性、耐老化性和耐热性超过天然橡胶，质地也较天然橡胶均匀。其缺点是弹性较低，抗屈挠、抗撕裂性能较差；加工性能差，特别是自粘性差、生胶强度低。丁苯橡胶的使用温度范围为 -50 ～ 100 ℃，主要用以代替天然橡胶制作轮胎、胶板、胶管、胶鞋及其他通用制品。

（3）顺丁橡胶（BR）

顺丁橡胶是由丁二烯聚合而成的顺式结构橡胶。顺丁橡胶的弹性与耐磨性优良，耐老化性好，耐低温性优异，均优于天然橡胶，其在动态负荷下发热量小，易与金属粘合。其缺点是强度较低，抗撕裂性差，加工性能与自粘性差。顺丁橡胶的使用温度范围为 -60 ～ 100 ℃，一般多和天然橡胶或丁苯橡胶并用，主要制作轮胎胎面、运输带和特殊耐寒制品。

（4）氯丁橡胶（CR）

氯丁橡胶是由氯丁二烯做单体乳液聚合而成的聚合体。这种橡胶分子中含有氯原子，所以与其他通用橡胶相比，它具有优良的抗氧、抗臭氧性，不易燃，着火后能自熄，具有耐油、耐溶剂、耐酸碱、耐老化、气密性好等优点。其物理力学性能也比天然橡胶好，故可用作通用橡胶，被称为“万能橡胶”。其主要缺点是耐寒性较差，密度较大，相对成本高，电绝缘性不好，加工时易粘滚、易焦烧及易粘模。此外，生胶稳定性差，不易保存。氯丁橡胶的使用温度范围为 -45 ～ 100 ℃，主要用于制造要求抗臭氧、耐老化性高的电缆护套及各种防护套、保护罩，耐油、耐化学腐蚀的胶管、胶带和化工衬里，耐燃的地下采矿用橡胶制品，以及各种模压制品、密封圈、垫、黏结剂等。

（5）丁腈橡胶（NBR）

丁腈橡胶是丁二烯和丙烯腈的共聚体，其特点是耐汽油和脂肪烃油类的性能特别好，仅次于聚硫橡胶、丙烯酸酯橡胶和氟橡胶，而优于其他通用橡胶。丁腈橡胶的耐热性好，气密性、耐磨性及耐水性等均较好，粘结力强。其缺点是耐寒性及耐臭氧性较差，强力及弹性较低，耐酸性差，电绝缘性不好，耐极性溶剂性能也较差。丁腈橡胶的使用温度范围为 -30 ～ 100 ℃。主要用于制造各种耐油制品，如胶管、密封制品等。

（6）硅橡胶（Q）

硅橡胶为主链含有硅、氧原子的特种橡胶，其中起主要作用的是硅元素。其主要特点是既耐高温（最高 300 ℃），又耐低温（最低 -100 ℃），是目前最好耐寒、耐高温橡胶；同时电绝缘性优良，对热氧化和臭氧的稳定性很高，化学惰性大。其缺点是机械强度较低，耐油、耐溶剂和耐酸碱性差，较难硫化，价格较高。硅橡胶的使用温度为 -60 ～ 200 ℃，主要用于制作耐高低温制品（胶管、密封件等）、耐高温电线电缆绝缘层，由于其无毒无味，还用于食品及医疗工业。

3. 车用橡胶制品

汽车工业与橡胶工业密切相关，汽车用橡胶零件不仅数量多，而且耗用生橡胶的质量也占橡胶制品工业的首位。汽车用橡胶制品包括轮胎、胶管、密封条、油封、传动带、减震块和防尘罩等各种各样的零件，可以说，没有橡胶，就没有现代的汽车工业。橡胶制品分布在汽车车身、传动、转向、悬架、制动和电器仪表等系统内。

（1）汽车轮胎

汽车轮胎是汽车上橡胶用量最大的橡胶零件，如图 4-6 所示。汽车轮胎按结构可分为普通结构轮胎（斜交轮胎）、子午线轮胎、无内胎轮胎、活胎面轮胎等。轮胎的外胎大量使用天然橡胶、丁苯橡胶、顺丁橡胶等。轮胎的外胎部分直接承受地面的冲击和磨损，要求具有较高的弹性、强度和耐磨性能，以及耐疲劳和耐日光老化性能。轮胎的内胎起着充气并维持轮胎具有一定压力的作用。内胎一般用气密性好的材料来制造，如丁基橡胶。

图 4-6　汽车轮胎

（2）汽车密封制品

汽车用密封条的主要作用是防水、防尘、减震、隔声和密封，如图 4-7 所示。目前，不仅要求密封条具有优良的密封性和环境隔声的功能，还要求密封条具有美观、安全、环保等性能。汽车用密封条主要用天然橡胶、氯丁橡胶为首选制造，但这类密封条在耐候性和使用寿命方面尚有欠缺。

三元乙丙橡胶（EPDM）是一种饱和橡胶，主链由有化学稳定性的饱和烃组成，只在侧链上有不饱和双键，分子内无极限取代基，分子间内聚能低，分子链在较大温度范围内保持柔顺性，这些结构的特点决定了其具有极高的化学稳定性，良好的耐臭氧老化性、耐天候老化性、耐热老化性和低温性能（EPDM 在低温下仍然能保持较好的弹性和较小的压缩变形，其极限使用温度可达 -50 ℃）。因此，近年来采用 EPDM 作为汽车密封条的应用技术发展相当迅速并被普遍使用。

（3）汽车减震块

汽车减震制品用于控制汽车的振动和噪声及改善其操纵稳定性，一般置于汽车发动机机架、压杆装置、悬架轴衬、中心轴承托架、颠簸限制器和扭振减震器等部位，以改善汽车的安全性和舒适性。减震制品可分为支架类、轴衬类、缓冲类和阻尼类四大类，主要要求减震性、耐热性和耐疲劳性好。汽车减震橡胶制品包括发动机支座、悬架构件、橡胶弹簧、橡胶空气弹簧和碰撞橡胶防护件等。近年来，为了提高汽车的安全性、舒适性和操作性，汽车用减震橡胶制品的品种和数量不断增多。

在橡胶类高分子的玻璃化温度下，橡胶大分子链段的运动速率和用以测定该转变的试验速率处于同一数量级，即橡胶在玻璃化温度和相应作用频率下，机械能被体系吸收并转化为热能，而在这个温度范围内，橡胶高弹态和玻璃态之间链段很难和外力场相一致，并以热的形式消耗掉。此时，橡胶具有最大损耗量和损耗角。在谐振体系中，橡胶减震器就是利用这种特性来达到减震和消声的目的。

汽车减震橡胶零件包括发动机悬置橡胶垫块、减震支架（图 4–8）、缓冲橡胶架、橡胶衬套等。发动机及传动操作系统用橡胶减震器来隔绝振源的振动。传动部分的减震采用多边联轴器、阻尼离合器。前、后悬架装置上使用的减震器不仅要承担车体质量，还要使车体不致传递车轮的上下振动，抑制簧下质量的不规则运动，传递动力和制动力。橡胶缓冲器是车体的重要减震器之一，其结构形式是两块金属板之间夹有橡胶层，利用橡胶的剪切变形达到缓冲的目的。另外还有充氮气、与减震器油共存的筒式缓冲器，特点是提高缓冲器的载荷能力（最高达 20 MPa），减震效果好，且延长其使用寿命。汽车橡胶减震器采用的橡胶材料以天然橡胶和丁苯橡胶为主。

图 4–7　汽车用密封条

图 4–8　减震支架

四、车用胶黏剂

粘接、密封以其快速、牢固、经济、节能等特点，可代替部分铆接、焊接和机械装配等传统工艺，起到节省时间、降低成本、提高质量的作用，在汽车及其他相关民用领域中获得了越来越广泛的应用。

胶黏剂是通过粘附作用，能使被粘物结合在一起的物质，用胶黏剂来连接物体或零件的方法称为粘接。胶黏剂是一种起连接作用的物质，粘接技术是借助胶黏剂在固体表面上所产生的粘附力，将同种或异种材料牢固地连接在一起的方法，主要用于金属和非金属本身或者相互之间的连接、固定和密封。

粘接的形式主要有非结构型和结构型。非结构型粘接是指表面粘涂、密封和功能性粘接，典型的非结构胶包括表面粘接用胶黏剂、密封和导电胶黏剂等；结构型粘接是将结构单元用胶黏剂牢固地固定在一起，多用于复合材料和金属材料等的连接，既有连接结构，又起到补强作用。

1. 胶黏剂的组成

胶黏剂主要由基料、偶联剂、固化剂、促进剂、填料、稀释剂、增塑剂、增韧剂及其他添加剂组成。

（1）基料

基料是胶黏剂的主要成分，大多为合成高聚物，起粘合作用，需要有良好的粘附性和湿润性。

（2）偶联剂

偶联剂能与被粘表面形成共价键使粘接界面坚固。

（3）固化剂和促进剂

固化剂是胶黏剂中最主要的配合材料，它直接或者通过催化剂与主体聚合物反应，固化结果是把固化剂分子引进树脂中，使分子间距离、形态、热稳定性、化学稳定性等都发生了明显的变化，使树脂变为网状结构。促进剂主要是加速胶黏剂中的主体聚合物与固化剂的反应，缩短固化时间，降低固化温度。

（4）填料

填料为无机化合物，如金属粉末、金属氧化物、矿物等，用于改善树脂固化后的收缩率和膨胀系数，提高粘接强度、耐热性、机械强度和耐磨性等。

（5）稀释剂

稀释剂用于降低胶黏剂的黏度，增加流动性和渗透性，分为非活性和活性稀释剂。非活性稀释剂一般为有机溶剂，如丙酮、环己酮、甲苯、二甲苯、正丁醇等。活性稀释剂是能参加化学反应的稀释剂，分子端基带有活性基团，如环氧丙烷苯基醚等。

（6）增塑剂和增韧剂

增塑剂一般为低黏度、高沸点的物质，如邻苯二甲酸二甲酯、邻苯二甲酸二辛酯、亚磷酸三苯酯等，其能增加树脂的流动性，有利于浸润、扩散和吸附，能改善胶黏剂的弹性和耐寒性。增韧剂是一种带有能与主体聚合物起反应的官能团的化合物，在胶黏剂中成为固化体系的一部分，从而改变胶黏剂的剪切强度、剥离强度和柔韧性。

（7）其他添加剂

其他添加剂包括防老化剂、防霉变剂、消泡剂、阻燃剂、颜料等。

知识拓展

胶黏剂的粘接原理

胶黏剂和物体接触，首先会润湿表面，然后通过一定的方式连接两个物体使之具有一定机械强度的过程称为胶联。此过程都要经过一个液态或类液态向高分子固态转变的过程。

1. 机械理论

胶黏剂必须渗入被粘表面的空隙内，并排除其界面上吸附的空气才能产生粘接作用。胶黏剂粘接经表面打磨的致密材料的效果比表面光滑的致密材料好，由于打磨使表面变得粗糙，表面层的物理性质发生了变化，从而提高了粘接强度。

2. 吸附理论

吸附理论认为，粘接是两种材料之间分子接触和界面力产生所引起的。粘结力主要来源于氢键力、范德华力等分子间作用力。胶黏剂与被粘物连续接触的过程称为润湿，要使胶黏剂润湿固体表面，胶黏剂的表面张力应小于固体的临界表面张力。所以 PTFE、PE 等表面能低的材料很难粘接。

3. 静电理论

静电理论认为，在胶黏剂与被粘接表面上形成双电层而产生静电引力，即相互分离的阻力。所以当粘接表面能低的材料时，可以采用静电处理，从而增加其粘合能力。

4. 弱边界层原理

当粘接破坏被认为是界面破坏时，往往是内聚破坏或弱边界层破坏。如果杂质集中在粘接表面附近，并与被粘接物结合不牢，在胶黏剂和被粘接物内部都可出现弱边界层。当粘接发生破坏时，多数发生在胶黏剂和被粘物表面，但实际上是弱边界层的破坏。因此，在粘接物体之前，需要仔细清理被粘接表面，确保其干净。

2. 常用胶黏剂的种类与特点

（1）常用胶黏剂的种类

常用胶黏剂的种类见表 4–8。

表 4–8 常用胶黏剂的种类

胶黏剂	有机类	合成类	树脂型	热固性：酚醛树脂、环氧树脂 . 不饱和聚酯、聚氨酯、脲醛树脂等
				热塑性：聚乙酸乙烯酯、聚氯乙烯～乙酸乙烯酯、聚丙烯酸酯、聚苯乙烯、聚酰胺、醇酸树脂、纤维素、饱和聚酯等
			橡胶型：再生橡胶、丁苯橡胶、丁基橡胶、氯丁橡胶、聚硫橡胶等	
			混合型：酚醛 – 聚乙烯醇缩醛、酚醛 – 氯丁橡胶、环氧 – 酚醛、环氧 – 聚硫橡胶等	
		天然类	葡萄糖衍生物：淀粉、可溶性淀粉、糊粉、阿拉伯胶等	
			氨基酸衍生物：植物蛋白、酪朊、血蛋白、骨胶鱼胶、海藻酸钠等	
			天然树脂：木质素、单宁、松香、虫胶、生漆	
			沥青胶	
	无机类	硅酸盐类胶黏剂		
		磷酸盐类胶黏剂		
		硼酸盐		
		硫磺胶		
		硅溶胶		

（2）车用粘接技术的特点

粘接可以让金属与非金属材料有效连接，均匀涂抹在粘接面上，避免了铆接、点焊等连接方式的应力集中问题。在汽车装配上应用，可以有效减小车体质量。胶粘技术在汽车装配上应用可以使车体有良好的密封性，铆接、点焊、螺栓连接很难达到这种效果。胶粘技术可以有效避免铆接、点焊、打孔等浪费材料的现象，减小了经济上的损失，带来非常可观的经济效果。

胶黏剂在汽车装配上最明显的缺点是粘接的强度不够高，且在光、湿、热的长时间影响下会发生老化现象，使用寿命缩短。

胶黏剂都属于有机合成的高分子材料，因此在高低温环境下的性能是受限的，通常限制在 –50 ～ 100 ℃的温度范围内工作。

3. 胶黏剂在汽车上的应用种类

汽车用胶黏剂已有很久的历史，车身涂密封胶起步于 20 世纪 60 年代。过去车身板接合部密封采用焊接和刮腻子方式，因此常产生漏风、透雨、焊缝容易生锈等质量事故。现代车身制造工艺中，凡有缝（车身板接合部位）都进行涂胶处理。汽车内饰件的复合或组合成形，通常都要求采用粘接工艺，要使用大量的胶黏剂。胶黏剂和密封胶在汽车工业中已成为粘接各种零部件和防止泄漏的重要材料，在汽车防振、隔热、防漏、防松等方面起着重要作用。我国每辆汽车上胶黏剂和密封胶用量约为 30 kg。

（1）焊装工艺用胶

这一类别的密封胶黏剂在焊装工艺中代替点焊或减少焊点，起着增强结构、密封防锈、减震降噪的作用，一般要求与油面钢板有良好的附着性。其主要品种如下。

① 折边胶

折边胶用在车门、发动机舱盖、行李舱盖等卷边结构处，其粘接强度高，已完全取代点焊结构。这一胶种目前普遍采用单组分环氧树脂胶。

② 点焊密封胶

点焊密封胶预先涂布在钢板焊接的搭接部位，点焊后填实缝隙，保证密封，防止锈蚀。对于装配后被遮蔽而难以涂布焊缝密封胶的部位，点焊密封胶更是不可缺少。

③ 膨胀减震胶

在车门内外板之间、车身外覆盖件与加强筋之间常常用到膨胀减震胶。它一般由合成橡胶或树脂添加发泡剂制成，经过固化膨胀，能将覆盖件同加强筋结合为一体，起到减震降噪的作用。

（2）涂装工艺用胶

涂装工艺用胶虽然品种不多，却是汽车上用量最大的一类。单车用量：货车约 2 kg，轿车在 5 kg 以上。主要有焊缝密封胶和抗石击涂料，其基材成分多为 PVC 塑溶胶，相比较特点如下。

焊缝密封胶具有更加突出的触变性，堆积一定厚度时能保持棱角，不流淌。加热塑化后，胶层富有弹性，不开裂，外观平整。焊缝密封胶在汽车密封、防漏、防锈方面起着至关重要的作用。

抗石击涂料喷涂在汽车底盘上，缓冲汽车高速行驶时沙、石等各种物体对底盘的冲击，提高底盘的耐蚀性，延长使用寿命，还有助于减小车内噪声，改善乘坐舒适性。

（3）内饰件用胶

汽车内饰件材质种类繁多，性质不同，应用场合各异，以下介绍几种重要品种。

① 车身顶棚胶

车身顶棚胶用于将软质顶棚材料粘贴到车身顶盖上，使车内美观。目前国内这一用途的胶黏剂多以溶剂型氯丁胶为主，在工艺和性能上要求初粘力高，满足车身内饰生产线快节奏的需要，并不得引起内饰材料出现变色、脱落现象。

② 丁基密封胶带

由丁基橡胶添加增粘树脂经挤压成带型，其特点是指压贴合容易，与钢板和防水膜均有较好的粘接性，能长期保持黏弹性和密封性。主要用于车门内板防水膜的粘接密封，防止雨水渗入车门内部。汽车上单门胶带用量在 2 m 左右。

③ 高频热合胶

车用高频热合胶为改性丙烯酸乳液，在成型车门内护板时，预先经浸胶（约 30 g）处理的纤维板在高频电场作用下，胶层在短时间内熔化，并在工艺规定的压力下与 PVC 泡沫牢固粘接。

④ 风窗玻璃胶

风窗玻璃胶通常以聚氨酯为主，配合清洗剂、漆面 / 玻璃底剂一同使用，剪切强度较高、弹性突出，能将玻璃和车身紧密地结合为一个整体，增强车身刚性，保证密封效果、提高汽车安全性。以富康轿车为例，单车用量约 1.2 kg。

（4）装配件用胶

装配件用胶指汽车发动机、变速器、底盘装配用胶黏剂，其主要应用于各种平面连接、孔盖管接头的密封和螺栓的锁固，可以防止油、水、气的泄漏和螺栓的松动，直接关系汽车的正常运行。这类胶黏剂的主要品种有厌氧胶和硅酮密封胶等。

① 厌氧胶

厌氧胶其特点是涂布工艺简单，固化速度快，锁固密封性能好。使用时根据不同要求，可采取现场涂布、预涂和浸渗三种工艺方法。其中，可预涂高强度微胶囊型厌氧胶特别适合汽车上大量螺纹连接件机械涂布的快节奏要求。

② 硅酮密封胶

硅酮密封胶用于平面密封独具特色，胶层弹性好、耐油、耐热、耐老化，涂胶工艺简单，可剥性强，拆卸方便，可以取代垫片单独使用，密封效果好。

（5）特殊工艺用胶

汽车制造过程中还要用到多种用途不同的胶黏剂，如制动蹄与摩擦片粘接用的制动蹄片胶，它是以改性酚醛树脂为主的胶黏剂，代替铆接，具有可靠的粘接强度，能减小噪声，延长摩擦片的使用寿命。滤芯器生产用的滤芯胶是增粘树脂补强的 PVC 塑溶胶，粘接强度适中，工艺性好，能够满足流水线的作业要求。微孔堵漏用的浸渗剂，在粉末冶金件和发动机缸体、缸盖等零件砂眼缺陷的修补上效果明显。汽车装配过程中用的压敏胶带，可以保护车自身免受污染，磕碰损伤或协助装配零件时固持定位。铸造用的合成树脂胶黏剂主要有酚醛树脂、呋喃树脂及少量改性脲醛树脂三种，被广泛应用在发动机缸体、缸盖等零件的铸造工艺中。

知识拓展

胶粘剂的配制与涂敷

胶粘剂的配制与涂敷方法如下。

1. 配制

胶粘剂与固化剂（或橡胶与硫化剂）的比例必须适当，搅拌充分，才能获得性能优良、分布均匀的固化产物，否则将会降低粘结效果。例如，环氧树脂和二乙烯三胺配制的胶粘剂，搅拌不充分将使其剪切强度降低 1/2 左右。

2. 涂敷

选用合适的工具将胶粘剂涂敷在被粘接材料的表面，涂敷粘度、涂敷速度和涂敷量直接影响胶粘剂的粘结强度与粘结效果。粘度小有利于涂敷，若过小则将造成胶液的流失；涂敷速度应稍慢，若速度过快，吸附于被粘接材料表面的气体和水分不能及时排除而被覆盖，将产生隔离作用；胶粘层厚度取决于涂敷量，过厚、过薄均会影响胶粘剂粘结强度。每一被粘结表面均应分别涂以适当厚度的胶粘剂，才能保证各粘结表面的胶粘剂获得充分的润湿与扩散。

五、摩擦材料

摩擦材料是一种高分子三元复合材料，是物理与化学复合体。它由高分子黏结剂（树脂与橡胶）、增强纤维和摩擦性能调节剂及其他配合剂经一系列生产加工而成。摩擦材料的特点是具有良好的摩擦系数和耐磨损性能，同时具有一定的耐热性和机械强度。

汽车用摩擦材料是汽车的消耗性材料之一，主要起到传递动力、制动减速、停车制动等作用，是汽车传动系统和制动系统的重要组成部分。采用摩擦材料制造的零部件主要包括汽车制动摩擦片、汽车离合器摩擦片等。汽车摩擦材料对汽车的安全性、使用性能及操纵稳定性起着十分重要的作用。

1. 摩擦材料的结构与组成

摩擦材料以高分子化合物为黏结剂，以无机或有机纤维为增强组分，以填料为摩擦性能调节剂或配合剂。

（1）有机黏结剂

摩擦材料所用的有机黏结剂为酚醛类树脂和合成橡胶（以酚醛类树脂为主），在一定加热温度下先呈软化状态而后进入黏流态，产生流动并均匀分布在材料中形成材料的基体，最后通过树脂固化作用的橡胶硫化作用，把纤维和填料黏结在一起，形成质地致密、有相当强度及能满足摩擦材料使用性能要求的摩擦片制品。

（2）填料

填料主要由摩擦性能调节剂和配合剂组成。使用填料的目的主要是调节和改善制品的摩擦性能、物理性能与机械强度，控制制品热膨胀系数、导热性、收缩率，增加产品尺寸的稳定性，改善制品的制动噪声，提高制品的制造工艺性能与加工性能，改善制品外观质量及密度，降低生产成本。

（3）纤维增强材料

纤维增强材料构成摩擦材料的基材，它赋予摩擦制品足够的机械强度，使其能承受摩擦片在生产过程中的磨削和铆接加工的负荷力，以及使用过程中由于制动和传动而产生的冲击力、剪切力和压力。

知识拓展

摩擦材料分类

在大多数情况下，摩擦材料都是同各种对偶件起摩擦作用的。在干摩擦条件下，同对偶件摩擦因数大于 0.2 的材料称为摩擦材料。

材料按其摩擦特性分为低摩擦系数材料和高摩擦系数材料。低摩擦系数材料又称减摩材料或润滑材料，其作用是减少机械运动中的动力损耗，降低机械部件磨损，延长使用寿命。高摩擦系数材料又称摩阻材料（称为摩擦材料）。

1. 按工作性能分类

摩擦材料按工作性能分类，可分为传动与制动两大类摩擦材料。如起传动作用的离合器片，通过离合器总成中摩擦片的接合与分离将发动机产生的动力传递到驱动轮上，使车辆开始行走。起制动作用的制动片（盘式片、鼓式片），通过车辆制动机构将制动片紧贴在制动盘（鼓）上，使行驶中的车辆减速或停车。

2. 按产品形状分类

摩擦材料按产品形状分类，可分为制动片、制动带、闸瓦、离合器片、异形摩擦片。盘式片呈平面状，鼓式片呈弧形，闸瓦（火车闸瓦、石油钻机闸瓦）为弧形产品，但比普通弧形制动片要厚得多，厚度范围 25 ～ 30 mm。制动带常用于农机和工程机械上，属软质摩擦材料。离合器片一般为圆环形状制品。异形摩擦片多用于各种工程机械方面，如摩擦压力机等。

3. 按产品材质分类

摩擦材料按产品材质分类，可分为石棉摩擦材料、无石棉摩擦材料两大类。石棉摩擦材料分为石棉纤维摩擦材料、石棉绒质摩擦材料、石棉布质摩擦材料。无石棉摩擦材料分为半金属摩擦材料、NAO 摩擦材料、粉末冶金摩擦材料、碳纤维摩擦材料。

2. 摩擦材料的技术要求

摩擦材料的特点是具有良好的摩擦因数和耐磨损性能，同时具有一定的耐热性和机械强度，能满足车辆或机械的传动与制动性能要求。摩擦材料是车辆与机械的离合器总成和制动器中的关键安全零件，在传动和制动过程中，主要应满足以下技术要求。

（1）稳定的摩擦因数

摩擦因数是评价任何摩擦材料的一个最重要的性能指标，关系着摩擦片执行传动和制动性能的好坏。它不是一个常数，受温度、压力、摩擦速度或表面状态及周围介质因素等影响而发生变化。温度是影响摩擦因数的重要因素，一般温度达 200 ℃以上，摩擦因数就开始下降。当温度达到树脂和橡胶分解温度范围后，摩擦因数骤然降低，这种现象称为“热衰退”。严重的“热衰退”会导致制动效能变差和恶化。

在摩擦材料中加入高温摩擦调节剂填料是减少和克服“热衰退”的有效手段。摩擦材料表面沾水、沾油时，摩擦因数也会明显下降。

（2）良好的机械强度和物理性能

摩擦材料制品在装配使用之前，需进行钻孔、铆装装配等机械加工才能制成制动片总成或离合器总成。在工作过程中，摩擦材料在承受高温的同时，还要承受较大的压力与剪切力，因此要求摩擦材料必须具有足够的机械强度，以保证在加工或使用过程中不出现破损与碎裂。如：铆接制动片要求有一定的抗冲击强度、铆接应力、抗压强度等；盘式黏结制动片要具有足够的常温黏结强度与高温（300 ℃）黏结强度，以保证摩擦材料与钢背粘接牢固；离合器片要求具有足够的抗冲击强度、静抗弯强度最大应变值以及旋转破坏强度。

（3）良好的耐磨性

摩擦材料的耐磨性是其使用寿命的反映，也是衡量摩擦材料耐用程度的重要经济指标。耐磨性越好，表示它的使用寿命越长。摩擦材料在工作过程中的磨损主要是由摩擦接触表面产生的剪切力造成的。工作温度也是影响磨损量的重要因素。当材料表面温度达到有机黏结剂的热分解温度范围时，有机黏结剂（如橡胶、树脂）产生分解、碳化和失重现象。随温度升高，这种现象加剧，黏结作用下降，磨损量急剧增大，称为“热磨损”。

（4）对偶面磨损较小

摩擦材料制品的传动或制动功能都要通过与对偶件［即摩擦盘（鼓）］在摩擦中实现。摩擦材料除自身应尽量减小磨损外，对偶件的磨损也要小，同时在摩擦过程中不应将对偶件的表面磨成较重的擦伤、划痕、沟槽等过度磨损情况。

（5）制动噪声低

制动噪声会造成噪声污染，一般汽车制动时产生的噪声不应超过 85 dB。

知识拓展

摩擦材料在汽车上的应用

1905 年石棉制动带开始在汽车上应用，其摩擦性能和使用寿命、耐热性和机械强度均有较大的提高。1918 年开始用石棉短纤维与沥青混合制成模压制动片。20 世纪 20 年代初酚醛树脂开始工业化应用，由于其耐热性明显高于橡胶，所以很快就取代了橡胶而成为摩擦材料中主要的黏结剂材料。由于酚醛树脂与其他各种耐热型的合成树脂相比价格较低，故从那时起，石棉－酚醛型摩擦材料被世界各国广泛使用至今。

摩擦材料在汽车上主要用于制动摩擦衬片（制动片）和离合器面片（离合器片），制动片用于制动，离合器片用于传动。

任务二 高性能纤维增强树脂基复合材料

随着人们对汽车舒适性与美观性要求的不断提高与纺织工业的不断发展，汽车用纤维材料的应用越来越广泛。

一、高性能纤维

纤维材料是连续的细丝材料，在外观上表现为直径极小而长度很大，有的可达数千米。现在最细的人工合成纤维，其直径可达几微米，纳米纤维的直径在纳米级，但其长度有限，在应用上受到限制。

1. 纤维的性能指标和分类

纤维长度与直径的比称为长径比。纤维材料的定义是能保持长径比大于 100 的均匀条状或丝状的材料。根据这个定义，纤维长丝必须具有比其直径大 100 倍的长度，且不能小于 5 mm。

（1）纤维的性能指标

纤维的性能与其材料的化学组成有关，用不同的材料制取的纤维，会表现出不同的物理化学性能，如强度、模量、耐温性、耐蚀性等。在实际工程应用中，为了更好地评价和选择不同的纤维，国际上统一规定了几个主要的性能指标。

① 线密度（纤度）

线密度是指一定长度纤维所具有的质量，是表示纤维粗细程度的一个指标，其单位为 tex，表示长度为 1 000 m 的纤维的克数（g/km）。

支数是指单位质量的纤维所具有的长度。对于同一种纤维，支数越高，纤维越细。人们在选择纤维织物时，有时也看它的支数。

② 初始模量（弹性模量）

模量是指纤维在外力作用下抵抗变形的能力。初始模量为纤维受拉伸时当伸长率为原长的 1% 时所需的应力，它表征纤维对小形变的抵抗能力。

③ 断裂强度及断裂伸长率

断裂强度是指纤维在连续增加载荷的作用下直至断裂所能承受的最大载荷与纤维的线密度之比。断裂强度高，纤维在加工过程中不易断头、绕辊，纱线和织物牢度高；若断裂强度太高，纤维刚性过高，手感变硬。断裂伸长率是指纤维在伸长至断裂时的长度比原来长度增加的百分数。若断裂伸长率大，则纤维的韧性好，手感柔软，在纺织加工时，毛丝、断头少；但若断裂伸长率过大，则织物易变形。

（2）纤维的分类

纤维一般有三种分类方法：一是根据材料来源可分为天然纤维和化学纤维；二是根据材料性质可分为有机纤维和无机纤维；三是其他分类，根据使用性能和要求可分出种类繁多的不同品种。

① 根据材料来源分类

天然纤维是自然界存在，可以直接取得的纤维，根据其来源分成植物纤维、动物纤维和矿物纤维三类。植物纤维是由植物的种子、果实、茎、叶等得到的纤维，包括种子纤维、韧皮纤维、叶纤维、果实纤维等，是天然纤维素纤维，如棉、木棉、亚麻、黄麻、罗布麻等。动物纤维是由动物的毛或昆虫的腺分泌物得到的纤维，如毛发、蚕丝等。矿物纤维是从纤维状结构的矿物岩石中获得的纤维，主要组成物质为各种氧化物，如二氧化硅、氧化铝、氧化镁等，其主要来源为各类石棉、如温石棉、青石棉等。

化学纤维是经过化学处理加工而制成的纤维，可分为人造纤维和合成纤维两类。人造纤维是用含有天然纤维或蛋白质纤维的物质，如木材、甘蔗、芦苇、大豆蛋白质纤维等，经过化学加工制成的纤维材料。合成纤维是化学纤维的一种，其是将一些本身并不含有纤维素或蛋白质的物质（如石油、煤、天然气等），先合成聚合物单体，再聚合成高分子化合物，然后用溶液抽丝的方法制成纤维。

② 根据材料性质分类

有机纤维。植物纤维、动物纤维及高分子合成纤维都属于有机纤维。

无机纤维。以金属和无机非金属为原料制取的纤维，如金属丝、玻璃纤维、玄武岩纤维、陶瓷纤维等。碳纤维是一种特殊的无机纤维，它不是直接从碳材料中抽取，而是用有机高分子纤维（如聚丙烯腈纤维、沥青纤维和胶黏丝）作为前驱体，经碳化或石墨化制取的纤维材料。

2. 玻璃纤维

（1）玻璃纤维的组成与性能

玻璃纤维的化学成分主要是二氧化硅、三氧化二硼，它们对玻璃纤维的性质起决定性的作用，图 4–9 为玻璃纤维。

玻璃纤维

① 外观特点

一般天然或人造的有机纤维，其表面都有较深的皱纹。而玻璃纤维表面呈光滑的圆柱体，其横断面几乎都是完整的圆形，宏观来看，表面光滑，所以纤维之间的抱合力非常小，不利于和树脂粘接。用于复合材料的短切玻璃纤维，直径一般为 5 ～ 20 μm；用于复合材料的连续玻璃纤维，一般制成经纬向的织物。

图 4–9　玻璃纤维

② 密度

玻璃纤维的密度较其他有机纤维大，但比一般金属密度小，与铝相近。因此在航空工业上用玻璃纤维增强塑料代替铝钛合金就成为可能。玻璃纤维的密度与成分有密切的关系，一般为 2.5 ～ 2.7 g/cm^3，但含有大量重金属的高弹玻璃纤维的密度可达 2.9 g/cm^3。一般来说无碱玻璃纤维的密度比有碱玻璃纤维的密度大，见表 4–9。

表 4–9　常见各种纤维密度

名称	羊毛	蚕丝	人造丝	尼龙	碳纤维	有碱玻璃纤维	无碱玻璃纤维
密度 / (g/cm^3)	1.28 ～ 1.33	1.3 ～ 1.45	1.50 ～ 1.60	1.14	1.4	2.4 ～ 2.6	2.6 ～ 2.7

③ 拉伸强度

玻璃纤维的拉伸强度比同成分的玻璃高几十倍，例如，有碱玻璃的拉伸强度只有 40 ～ 100 MPa，而用它拉制的玻璃纤维的拉伸强度可达 2 000 MPa，其强度提高了 20 ～ 50 倍，由表 4–10 可以看出，玻璃纤维的拉伸强度比高强合金钢还要高。

表 4–10　玻璃纤维与其他材料的拉伸强度

材料	高强合金钢	铝合金	玻璃	玻璃纤维
直径 /μm	–	–	–	5 ～ 8
拉伸强度 /MPa	1 600	40 ～ 460	40 ～ 120	1 000 ～ 3 000

④ 耐磨性和耐折性

玻璃纤维的耐磨性是指纤维抗摩擦的能力，玻璃纤维的耐折性是指纤维抵抗折断的能力。玻璃纤维这两个性能都很差，纤维表面吸附水分后能加速微裂纹扩展，使纤维耐磨性和耐折性降低。为了提高玻璃纤维的柔性以满足纺织工艺的要求，可以采用适当的表面处理。如经 0.2%（质量分数）阳离子活性剂水溶液处理后，玻璃纤维的耐磨性比未处理时高 200 倍。纤维的柔性一般以断裂前弯曲半径的大小表示，弯曲半径越小，柔性越好。如玻璃纤维直径为 9 μm 时，其弯曲半径为 0.094 mm，而超细纤维直径为 3.6 μm 时，其弯曲半径为 0.038 mm。

⑤ 弹性

玻璃纤维的伸长率是指纤维在外力作用下，直至拉断时的伸长百分率。玻璃纤维的伸长率比其他有机纤维低，其伸长的程度与所施加的力成正比，直到纤维断裂为止，不存在屈服阶段，去掉负荷后可以恢复原来长度，因此玻璃纤维是完全的弹性体。

⑥ 热、电性能

玻璃纤维的导热性低，特别是玻璃棉制品，密度小、寿命长且耐高温，广泛用于建筑和工业的保温、隔热和隔冷，是一种优良的热绝缘材料。玻璃的导热系数为 0.7 ～ 1.28 W/（m·K），但拉制玻璃纤维后，其导热系数只有 0.035 W/（m·K），产生这种现象的原因主要是纤维间的空隙较大，密度较小。密度越小，其导热系数越小，这主要是因为空气的导热系数小。导热系数越小，隔热性能越好。当玻璃纤维受潮时，导热系数增大，隔热性能降低。由于玻璃纤维的介电性好，耐热性良好，吸湿性小，并且不燃烧，所以无碱玻璃纤维制品在电气、电机工业中得到了广泛而有效的应用。

⑦ 吸声性能

玻璃纤维还有优良的吸声、隔声性能，在建筑、机械和交通运输方面得到广泛的应用。一般材料的吸声系数大小与声源物体振动频率有关。吸声系数是指当声波传到物体表面时，物体表面所吸收的声能与落在表面总声能的比值。例如，用棉花制成的隔声物质，当音频从 200 Hz 变到 1 200 Hz 时，吸声系数可由 0.09 变到 0.92，所以各种材料的吸声系数都有一定的音频特性。玻璃棉的吸声系数、频率特性与玻璃纤维容积密度、厚度、纤维直径等指标密切相关，一般是随着密度的增加，吸声系数不断增加。

3. 玻璃纤维的分类

玻璃纤维中的碱金属氧化物是普通玻璃的主要成分，主要起降低玻璃熔点的作用，其含量增强，玻璃纤维的化学稳定性、电绝缘性能、强度都会相应下降。因此，通常以不同的碱金属含量来区分玻璃纤维的种类，见表 4–11。

表 4–11　玻璃纤维的分类

类别	特点
无碱玻璃纤维（E– 玻璃纤维）	碱金属氧化物的质量分数＜ 0.05%，化学稳定性、电绝缘性、强度高，主要作为电绝缘材料、玻璃钢的增强材料等

续表

类别	特点
中碱玻璃纤维（C- 玻璃纤维）	碱金属氧化物的质量分数为 11.5% ～ 12.5%，含碱量高，不能作为电绝缘材料，其化学稳定性和强度较高，一般用作乳胶布、方格布基材，酸性过滤布、窗纱基材等（成本较低，用途较广）
高碱玻璃纤维（A- 玻璃纤维）	碱金属氧化物的质量分数＞ 15%，如采用碎的平板玻璃、碎瓶子玻璃等作为原料拉制而成的玻璃纤维均属此类。可作为蓄电瓶的隔离片、管道包扎布和毡片等防水、防潮材料
特种玻璃纤维（S- 玻璃纤维）	由纯镁铝硅三元组成的高强度玻璃纤维，主要包括镁铝硅系等高弹玻璃纤维、硅铝钙镁系化学腐蚀玻璃纤维、含铅纤维、高硅氧纤维、石英纤维等

4. 碳纤维（CF）

（1）碳纤维的成分结构

碳纤维

碳纤维是由有机纤维经碳化及石墨化处理而得到的微晶石墨材料。碳纤维的微观结构类似人造石墨（C 原子层状排列），是乱层石墨结构。

碳纤维是一种力学性能优异的新材料，它的密度不到钢的 1/4，碳纤维树脂复合材料的拉伸强度一般都在 3 500 MPa 以上，弹性模量为 230 ～ 430 GPa，均高于钢。因此碳纤维增强复合材料（CFRP）的比强度即材料的强度与其密度之比可达到 2 000 MPa/（g/cm^3）以上，其比模量也比钢高。材料的比强度越高，则构件自重越小；比模量越高，则构件的刚度越大。因此，碳纤维在工程上有广阔的应用前景。图 4-10 为碳纤维膜。

图 4-10 碳纤维膜

（2）碳纤维的分类

碳纤维可以按照如下两种方法分类。

① 按照原丝分类

碳纤维按照原丝分类可以分为聚丙烯腈基（最多）、粘胶基（适宜作为烧蚀材料）、沥青基（成本最低，发展中）、木质素纤维基和其他有机纤维基。

② 按照性能分类

碳纤维按照性能分类可以分为通用级 CF（拉伸强度 <1 400 MPa，模量 <140 GPa）和高性能 CF（拉

伸强度 >2000 MPa，模量 >250 GPa）。

（3）碳纤维的特性

碳纤维是高级复合材料的增强材料，优点如下。

① 密度小、强度高

模量高碳纤维的密度为 1.6 ～ 2.5 g/cm^3，且拉伸强度高。因此，其具有高的比强度和比模量，比强度和比模量分别指材料单位质量的强度和模量。它比绝大多数金属的比强度高 7 倍以上，比模量高 5 倍以上。由于这个优点，其复合材料可广泛应用于航空航天、汽车工业、运动器材等。

碳纤维与其他材料性能的比较见表 4-12，由表可知，碳纤维的比强度和比模量要远高于高强钢和高强铝合金。显然，如果一种材料的密度小而又能够提供相当高的强度和模量，那么它就具有高比强度和高比模量，碳纤维正是在这点上表现出了巨大的优势。用碳纤维增强的树脂基复合材料是一种优秀的轻质高强结构材料，在许多工业领域都得到了广泛的应用。

表 4-12　碳纤维与其他材料性能的比较

材料	密度 ρ/（g/cm^3）	拉伸强度 /MPa	模量 /GPa	比强度	比模量
高模量碳纤维	1.7	4 000	240	24	140
高强钢	7.8	340 ～ 2 100	208	0.04 ～ 0.27	27
高强铝合金	2.7	144 ～ 650	69	0.05 ～ 0.23	26
E- 玻璃纤维	2.54	3 100 ～ 3 800	72.5 ～ 75.5	12.6 ～ 15	28.5 ～ 29.5
芳纶 49	1.44	2 800	126	1.94	88
硼纤维	2.36	2 750	382	1.17	162
碳化硅	2.69	3 430	480	1.28	178

② 热膨胀系数小

绝大多数碳纤维本身的热膨胀系数，室温下为负数，在 200 ～ 400 ℃时为零。由它制成的复合材料的热膨胀系数比较稳定，可作为标准衡器具。

③ 导热性好

通常无机和有机材料的导热性均较差，但碳纤维的导热性接近于钢铁。因此，碳纤维可作为太阳能集热器材料、传热均匀的导热壳体材料。

④ 耐化学腐蚀性好

从碳纤维的成分可以看出，它几乎是纯碳，而碳又是最稳定的元素之一。除强氧化酸以外，碳纤维对酸、碱和有机化学药晶都很稳定，可以制成各种各样的化学防腐制品。

⑤ 耐磨性好

碳纤维与金属对磨时，磨损很小，用碳纤维取代石棉制成高级的摩擦材料，已作为飞机和汽车的制动片材料。

⑥ 耐高温性能好

碳纤维在 400 ℃以下时性能非常稳定，甚至在 1 000 ℃时仍无太大变化。复合材料的耐高温性能主要取决于基体的耐热性，树脂基复合材料其长期只可耐受 300 ℃左右的温度，陶瓷基、碳基和金属基复合材料的耐高温性能可与碳纤维本身匹配。因此，碳纤维复合材料作为耐高温材料广泛应用于航空航天工业。

⑦ 突出的阻尼与优良的透声性

由于突出的阻尼与优良的透声性两个特点，碳纤维可作为潜艇的结构材料，如潜艇的声呐导流罩等。

⑧ 高 X 射线透射率

碳纤维已经在医疗器材中得到应用。

⑨ 疲劳强度高

碳纤维的结构稳定，制成的复合材料经数百万次的循环应力疲劳试验后，其强度保留率仍有 60%，而钢材为 40%，铝材为 30%，玻璃钢则只有 20% ～ 25%。因此，设计制品所取的安全系数，碳纤维复合材料最低。

知识拓展

碳纤维的应用领域

碳纤维不仅具有碳材料的固有本征特性，又兼备纺织纤维的柔软可加工性，是新一代增强纤维。作为高性能纤维的一种，碳纤维材料已在军事及民用工业的各个领域取得广泛应用。因此，碳纤维被认为是高科技领域中新型工业材料的典型代表，为世人所瞩目。碳纤维可加工成织物、毡、席、带、纸及其他材料。传统使用中，碳纤维除作为绝热保温材料外，一般不单独使用，多作为增强材料加入树脂、金属、陶瓷、混凝土等材料中，构成复合材料。碳纤维增强的复合材料可作为飞机结构材料、电磁屏蔽除电材料、人工韧带等身体代用材料及用于制造火箭外壳、导弹防热及结构材料（火箭喷管、鼻锥、大面积防热层）、机动船、工业机器人、汽车板簧和驱动轴等、卫星构架、天线、太阳能翼片底板、卫星－火箭结合部件，也可用于制造航天飞机机头、机翼前缘和舱门等制件、太空望远镜的测量构架、太阳能电池板和无线电天线。

（4）碳纤维的生产工艺过程

目前生产的碳纤维绝大部分都是用聚丙烯腈（PAN）纤维的固相碳化制得的，基本工艺流程如下。

① 聚合

聚合是碳纤维生产过程中的第一个步骤，这个过程是物理变化，主要是将原材料分离成纤。在这个过程中，纺丝液细流与凝固液之间的传质、传热、相平衡移动，导致 PAN 沉析形成凝胶结构的丝条。必须控制聚合单体和其他原料的纯度，以减小杂质对原丝质量的影响，避免将原丝中的杂质和缺陷“遗传”给碳纤维。

② 纺丝

一般是在 100 ～ 300 ℃的温度下进行湿法纺丝，包括原液过滤、喷丝、凝固浴、水洗、拉伸等几个阶段。这个过程是根据结晶定向纤维的拉伸效应来实现的，是实现 PAN 纤维的高模量、高强化、致密化和细化的关键步骤。

③ 预氧化

原丝在 300 ～ 400 ℃下氧化气氛中（空气）受张力的情况下进行预氧化。预氧化的目的是使热塑性 PAN 线型大分子链转化为非塑性耐热梯形结构，以使 PAN 纤维在高温碳化时不熔不燃，保持纤维形态，热力学处于稳定状态。预氧化先使纤维颜色由白变黄，再到棕褐色，直至最后变成黑色。

④ 碳化

碳化 1 000 ～ 2 000 ℃范围内，在惰性气体（一般采用高纯度氮气）保护下进行碳化，纤维中的非碳原子（如 N、H、O 等元素）裂解出去，纤维碳的质量分数从 60% 左右提高到 92% 以上。碳化时纤维也会发生物理收缩和化学收缩，因此，碳化时也必须加适量的张力进行拉伸，以得到优质碳纤维。碳化过程的技术关键是保证非碳元素的各种气体瞬间排除，若不及时排除，将导致纤维表面产生缺陷，甚至断裂。

⑤ 石墨化

2 500 ～ 3 000 ℃的范围内在保护气体中进行石墨化，保护气多使用高纯氩气，并对纤维施加张力，目的是使纤维石墨化晶体取向，将无定型、乱层结构的碳化材料向三维石墨化结构转化。石墨化是提高碳纤维模量的主要技术措施。石墨化过程中，结晶碳的质量分数不断提高，可达 99% 以上，纤维结构不断完善。

（5）碳纤维的缺点

① 复杂的应力计算

碳纤维的特点是拉伸强度高，但剪切强度低，加工时需要进行复杂的应力计算（纵刚性、横刚性），根据计算把碳纤维片重叠成型。

② 难于更改尺寸

由于在制作好模具后成型，难于更改尺寸，无法适应多尺寸、多款式的订单。

③ 易老化

碳纤维产品放置在阳光下会逐渐变白，因此应避免放置在阳光下。

二、车用热塑性复合材料

目前，汽车工业所用的热塑性复合材料大多采用 E- 玻璃纤维进行增强。近年来，碳纤维因为具有较低的密度和较高的弹性模量而广受关注，但是考虑到成本，E- 玻璃纤维的应用比碳纤维广泛。

1. 热塑性复合材料的一般特性

将纤维以各种各样的形式（杂乱的短纤维、杂乱的长纤维、杂乱的连续纤维、单向连续纤维和双向纤维织物）加入热塑性基体中。在这些纤维中，杂乱的短纤维增强热塑料极为常见，这是因为这种材料可以使用普通注射成型法进行加工。但这种塑料大多用于制造半结构零件（如进气歧管和水泵壳）和结构件（车窗玻璃升降结构的齿轮和电气开关）。随机的纤维走向使这种复合材料具有各向同性材料的特性，但是它的强度和弹性模量比单向纤维复合材料低。如果为了获得更高的强度和弹性模量而添加单向纤维或双向纤维，这种复合材料就会从各相同性材料变为各向异性材料。

采用单向或双向连续纤维的热塑性复合材料已经开发了许多结构应用，这些应用包括座椅结构件、保险杠中段和横梁。对于结构应用，连续纤维优于短纤维，因为连续纤维会产生高得多的弹性模量和强度。然而，连续纤维增强热塑性复合材料的应用滞后于热固性复合材料。连续纤维增强热塑料在制造中所遇到的困难是由熔融态热塑性塑料的高黏度引起的。熔融态热塑性塑料的黏度比熔融态热固性塑料高几个数量级，这就使纤维束的浸透和纤维的湿润变得困难。熔融态热固性塑料的低黏度与熔融态热塑性塑料相比，在制造高性能复合材料方面具有明显的优越性。而热塑性复合材料的优势是它们具有较短的加工时间、焊接性好、抗破坏能力较强和可回收利用。

应特别注意，连续纤维增强热塑性塑料的弹性模量和强度主要取决于纤维性能、纤维质量分数、纤维走向，并且在一定程度上还受纤维 – 基体面间结合强度的影响。对于短纤维增强热塑性塑料，在影响强度和弹性模量方面，基体和纤维 – 基体面间结合强度将起更加重要的作用。由于热塑性聚合物的 T_g 和 T_m 不会受到有无纤维的影响，所以基体的选择会对不同使用温度下的复合材料特性产生很大影响。

2. 短纤维热塑性塑料（SFT）

SFT 所含的纤维长度一般小于 1 mm，多为 0.2 ～ 0.7 mm，是一类增强热塑性塑料。这些热塑性塑料适合于在普通的注塑机上进行注射成型，这是最早实现工业化生产的粒料。在一种复合挤压机（如双螺杆挤压机）上，利用熔混工艺将短纤维与热塑性聚合物掺和在一起。

粒状原料内的纤维长度可达 1 mm，但是由于在注射成型期间纤维会断裂，因此，注射成型零件内的纤维长度就会远小于 1 mm。将短纤维加到聚合物内会提高其弹性模量和热变形温度，并降低线膨胀系数和脱模后的收缩率。

在大多数情况下，屈服强度、拉伸强度和冲击强度也会增加，然而，它们增加的程度取决于纤维强度和纤维 . 基体面间的结合强度。添加纤维的另一个有利作用是大大减小了蠕变变形。另外，添加短纤维还会增加聚合物的密度，降低变形，失效强度。SFT 的注射成型还会引起弯曲，原因是短纤维的走向往往会更多地顺着流动方向，从而引起流动方向与垂直于流动方向上的收缩率出现差异。

传统的注射成型法对最大纤维含量、纤维长度和纤维方向有一些限制，而这些都是控制短纤维增强复合材料力学性能的重要参数。

在短纤维增强复合材料中，因为只有纤维长度大于临界纤维长度，才能获得有效的增强作用，所以纤维长度在确定复合材料长度中起到关键作用。通过利用化学耦合剂（最常见的是硅烷耦合剂）可以控制面间剪切强度。因为熔融态聚合物的黏度会随着纤维质量分数的增大而增加，所以应对注射成型 SFT 中的纤维含量加以控制。在高黏度时，模腔内不会被完全充满，所以很难生产出完整的零件，高黏度还会导致模具内沿流动方向的不确定纤维走向。实际应用中，注射成型 SFT 中的最大纤维质量分数被限制在 40% 左右。

3. 长纤维热塑性塑料（LFT）

LFT 是为克服短纤维增强热塑性塑料中的纤维长度缺陷，弥补其力学性能的不足而研发的材料。LFT 中含有长度为 5 ～ 25 mm 具有随机走向的纤维，在热塑性塑料中的初始纤维长度范围为 10 ～ 50 mm。由于纤维较长，LFT 具有比 SFT 更高的拉伸弹性模量、拉伸强度和冲击强度，见表 4–13。LFT 应用于座椅结构件、车门模块、仪表板托架、前端组件、保险杠件和备胎沉井。

表 4–13　SFT 和 LFT 比较

（均采用聚丙烯基体）

性能	纤维质量分数			
	短纤维热塑性塑料 30%	长纤维热塑性塑料 30%	短纤维热塑性塑料 40%	长纤维热塑性塑料 40%
密度 /（g/cm^3）	1.12	1.12	1.21	1.21
拉伸弹性模量 /GPa	6.21	6.89	8.96	8.96
拉伸强度 /MPa	76	100	90	117
弯曲弹性模量 /GPa	4.83	6.21	6.89	7.58
抗弯强度 /MPa	112	115	131	179

续表

性能	纤维质量分数			
	短纤维热塑性塑料 30%	长纤维热塑性塑料 30%	短纤维热塑性塑料 40%	长纤维热塑性塑料 40%
切口悬臂梁冲击强度 /（J/m）	107	166	107	267
1.82 MPa 时的热变形温度 /℃	141	–	141	154

长纤维增强热塑性塑料一般以聚丙烯、聚酰胺（尼龙）、PET、聚苯硫醚、聚醚砜、聚醚醚酮等热塑性塑料作为基体材料，以玻璃纤维、碳纤维和芳纶纤维作为增强材料。用连续纤维无捻粗纱与热塑性塑料通过挤出、造粒或制片方法制成半成品，再经注射或模压成型为制品。

成型时，增强纤维被均匀地分散于热塑性基体树脂中，热塑性树脂能够完全浸渍增强纤维：增强纤维的长度一般为 10 ～ 50 mm，纤维的质量分数通常为 30% ～ 50%，按成型工艺过程来分，LFT 分为两类。一类是 LFT 粒料，制造方法有拉挤法、改进的线材包皮法等，纤维的质量分数可为 20% ～ 60%，最常用的为 40% 和 50%；另一类是直接成型 LFT（D–LFT 或 LFT–D），在这种方法中，注塑机所产生的熔融态聚合物与连续纤维丝同时被送进一个长涂覆模具或者一个双丝杠挤压机，在这里发生纤维与熔融态聚合物的浸透。

纤维和塑料在生产线上复合挤出后直接注塑、压塑或挤塑，得到最终制品，省去了半成品的加工、储存和运输等操作，具有很大的发展潜力。

知识拓展

玻璃纤维毡热塑性塑料（GMT）

GMT 可以以板料的形式获得，它的厚度一般为 3.7 mm，这是一种将 E. 玻璃纤维毡与热塑性聚合物组合的材料。聚丙烯是用于制造 CMT 最常用的热塑性塑料，其他的热塑性塑料（如 PET、PBT 和聚酰胺类）也有一定的应用。通常，这种纤维毡或含有任意走向的切断玻璃纤维（一般长度为 25 ～ 100 mm），或含有任意走向的连续玻璃纤维。由于纤维走向是任意的，因此切断纤维 GMT 和连续纤维 CMT 均为各同向性材料，即它们的性能在板材平面内的所有方向上都相同。

压缩成型是制造 GMT 零件的常见制造工艺。在压缩成型工艺中，将 GMT 板材在红外加热炉或者热空气对流加热炉中预热到高于聚合物基体材料熔融点的某一温度。对于聚丙烯基体，预热温度约为 220 ℃。随着基体材料的熔融，纤维毡往往会变软。软化的纤维毡被送进成型模具，并置于模具的下半模内。模具的两个半模均被加热到室温以上的某一温度，但这仍远低于聚合物基体的固化温度。模具高速闭合，给材料施加压力，材料就会向外流出而充入模膛。然后，打开上半模，使零件从模具中移出。压缩成型用于制造形状复杂的 GMT 零件，并能够生产各种不同厚度的零件。

GMT 采用高速压机或冲压机成型为制品。GMT 材料具有韧性好、强度高、密度小、耐蚀性和耐热性好、成型性好、保存期长和废料可再生利用等优点，是低能耗、无环境污染的绿色环保材料。GMT 材料以其优于热固性材料的性能和良好的性价比在汽车工业中广泛应用，同时也具有减小质量、降噪的作用。采用任意走向切断玻璃纤维和任意走向连续玻璃纤维的 PP 基 GMT 已经用于制造保险杠、护膝垫、座椅结构件、车门内饰板、蓄电池托架、压缩机支架、车底护板等。

3. 层压热塑性塑料复合材料

由于热塑性树脂熔融温度高、化学性质稳定，其复合材料成型加工与热固性复合材料有很多不同之处。预浸、成型等每一个阶段对设备和工艺都有特殊的要求。如制备热塑性预浸料，采用热固性预浸料常用的熔融法、溶液法难度较大，因而出现了悬浮法、粉末法等特殊的预混工艺。热塑性树脂的熔体黏度很高，一般大于 100 Pa·s，难以使增强纤维获得良好浸渍。因此制备热塑性复合材料的关键是解决热塑性树脂对增强纤维的浸渍。各国对此进行了大量的研究，主要开发了熔融预浸、悬浮预浸、粉末预浸、纤维混杂、原位聚合及薄膜铺迭等多种制备技术。

（1）熔融预浸

熔融预浸是先将树脂加热熔融，纤维通过熔融树脂得到浸渍。这是一种最常用的方法，无溶剂污染，特别适用于结晶性树脂制备预浸带。早在 1972 年，美国 PPG 公司采用这一技术生产连续玻璃纤维毡增强聚丙烯复合材料。具体是将两层玻璃纤维原丝针刺毡夹在三层聚丙烯层之间，其中间层是挤出机挤出的熔融树脂，上下两层树脂既可用挤出机挤出，也可直接用树脂薄膜，将这种夹层结构置于高于树脂基体熔化温度下热压成型。

（2）悬浮预浸

悬浮预浸是根据树脂情况选定合适的悬浮剂配成悬浮液，通过悬浮液使树脂粒子均匀地分布在纤维上，然后加热烘干悬浮剂，同时使树脂熔融浸渍纤维得到预浸带。悬浮预浸法生产的片材中，玻璃纤维分布均匀，成型加工时预浸料流动性好。它适合制作复杂几何形状和薄壁结构制品，但与熔融制备方法一样，存在技术难度大和设备投资大的缺点。

（3）粉末预浸

粉末预浸是纤维预先经过扩散器被空气吹松散后进入流化床中，带静电的树脂粉末很快沉积于接地的纤维上，沉积量由流化床电压和纤维通过的速率控制，再经烘炉加热熔化。这种工艺能快速连续生产热塑性预浸带，纤维损伤小，聚合物无降解，具有成本低的潜在优势，适合于这种技术的树脂粉末直径以 0.000 5 ~ 0.001 cm 为宜。它的不足之处是浸润仅在成型加工过程中才能完成，且浸润所需的时间、温度、压力均依赖于粉末直径的大小及其分布状况。

（4）薄膜铺迭

薄膜铺迭是将热塑性树脂纺成纤维或薄膜带，然后根据含胶量的大小将一定比例的纤维与树脂薄膜紧密地铺迭，通过一个高温密封浸渍区使树脂和纤维熔成连续的基体。它的优点是树脂含量易于控制，纤维能得到充分浸润，可以直接缠绕成型得到制件。它是一种很有前途的方法，也易于实验室小规模科学研究。

（5）原位聚合

原位聚合是利用单体或预聚体初始相对分子质量小、黏度低及流动性好的特点，纤维在浸润的同时进行反应，从而达到理想的浸渍效果。存在的主要问题是工艺条件比较严格、反应不易控制，尚不具有实用价值。

三、车用热固性复合材料

1. 车用热固性聚合物

（1）环氧树脂基复合材料

环氧树脂基复合材料是用高性能的环氧树脂与高性能的增强体复合而成的一类新型材料，增强体主要是纤维，特别是碳纤维。这是一种最早开发用于制造飞机结构件的复合材料，至今仍在复合材料中占有重要地位。近年来，环氧树脂基复合材料逐渐从航空航天走向民用领域，作为汽车结构件与半结构件的新品种不断开发，研究工作也在不断深入。经过了多年的使用验证，环氧树脂基体以其综合性能优异、工艺性好、价格低等诸多优点，受到车企的青睐。

环氧树脂是指分子结构中含有 2 个或 2 个以上环氧基并能与某些化学试剂反应形成三维网状交联分子结构的高分子材料。这种由线性的大分子结构变成立体的网状分子交联结构的过程称为固化，环氧树脂的固化通常需要借助于一种称为固化剂的化学物质的作用，有时还需要加热。经固化后，树脂由黏流状态转变为坚实的固体状态，同时伴有热量放出，因此环氧树脂的固化反应是放热反应，这一特性成为表征和研究环氧树脂的分子结构、固化行为以及最终性能的重要依据。有多种方法可以进行这方面的研究，其中使用较多的是热分析方法。

环氧树脂是一类重要的热固性树脂，与酚醛树脂及不饱和聚酯树脂并称为三大通用型固体树脂。与其他热固性树脂相比，环氧树脂性能较好，种类和牌号较多，使用较多。环氧树脂固化剂的种类更多，且促进剂、改性剂、添加剂等种类很多，因此可以进行多种多样的组合和组配，从而能获得各种各样性能优异、各具特色的环氧固化物材料，几乎能适应和满足各种不同使用性能和工艺性能的要求。以高性能树脂基为基体，与高性能的纤维增强体复合，能得到性能非常优异的复合材料，目前在汽车领域、轨道交通领域中得到大量应用。

知识拓展

环氧树脂的应用特点

环氧树脂具有极大的配方设计灵活性和多样性。能按不同的使用性能和工艺性能要求，设计出针对性很强的最佳配方。这是环氧树脂应用中的一大优点，也是目前环氧改性研究不断深入，新的高性能环氧品种不断得以开发的原因。

环氧树脂应用针对性强。尽管环氧树脂品种繁多，供选择的余地大，但每个配方品种都有一定的使用目的和适用范围，有的是为专门应用开发的品种，对结构复合材料而言，强度高、模量高、韧性高、耐湿热、工艺性好的环氧基体是发展重点。

环氧树脂成型工艺要求严格。不同配方的环氧树脂固化体系有不同的固化工艺要求，即使相同的配方，在不同的固化条件下也会得到性能大不相同的产品。对高性能环氧树脂基体，要对其工艺性能进行全面的研究，制订出最佳的固化成型工艺条件，以保证最终复合材料制件的质量。

环氧树脂特点是脆性较大，耐候性较差，吸水性强。

（2）环氧树脂基复合材料改性

环氧树脂具有优良的综合性能，包括粘接强度高、固化收缩率小、尺寸稳定性好及具有优异的电绝缘性能，是一种较理想的复合材料基体。但是，由于固化后的分子交联密度高、内应力大，因而存在质脆、耐疲劳性及冲击韧性差等缺点，对于航空及车用结构复合材料，环氧树脂的增韧改性一直是重要的研究课题。

早期采用橡胶弹性体增韧环氧树脂，如端羧基丁腈橡胶、聚硫橡胶等，可有效改善固化树脂的韧性，但却降低了树脂的耐热性和模量。近年来，一些新的改性技术得到发展，包括热敏液晶聚合物增韧、热塑性树脂增韧及纳米粒子增韧等。

① 热敏液晶聚合物增韧

利用热敏液晶聚合物改性环氧树脂，既可显著提高环氧树脂的韧性，同时又提高了体系的强度和耐热性，近年来取得了许多的研究成果。液晶属于特殊的高性能热塑性聚合物，将其加入环氧树脂体系中可明显改善环氧树脂连续相的性质，有利于在应力作用下产生剪切滑移带和微裂纹，使裂纹端应力集中得到松弛，阻碍裂纹扩展。

② 热塑性树脂增韧

热塑性树脂增韧是应用较多的一种方法，其增韧机理可用桥联约束效应和裂纹钉锚效应来描述。

知识拓展

桥联约束效应与裂纹钉锚效应

1. 桥联约束效应

热塑性树脂往往具有与环氧树脂相当的弹性模量和远大于环氧树脂的断裂伸长率，其原因就是桥联在已开裂的脆性环氧树脂基体表面的延性塑性颗粒对裂纹扩展起到了约束闭合作用。

2. 裂纹钉锚效应

颗粒桥联不仅对裂纹前缘的整体推进起约束限制作用，分布的桥联力还对桥联点处的裂纹起钉锚作用，从而使裂纹前缘呈波浪形拱出。

③ 纳米粒子增韧

纳米复合材料是指两种或两种以上的固相材料中至少有一相是纳米量级的材料。纳米复合材料因其独特的尺寸效应、体积效应、量子效应而表现出常规材料所不具备的优异和特殊的性能。纳米复合材料的研制已成为当今材料学科的一大热点。

2. 车用热固性复合材料成型工艺

传统汽车工业采用钢板、铝合金板材制造零部件时，冲压生产线每分钟可冲压零部件 10 ～ 14 个，8 h 产能可以达到 6 000 个，生产高效快速。而传统的 CFRP 成型工艺来源于多品种、小批量、高成本生产的航空航天领域，普遍采用热压罐等小规模生产技术，一个常规环氧类 CFRP 部件的完整固化周期通常大于 4 h，实施周期长、生产率低，无法满足车用 CFRP 对高效率、低成本、规模化、自动化制造技术的迫切需求。因此，为实现最小碳纤维用量下最大程度发挥 CFRP 功效的目的，国际主流车企结合车身部件设计灵活、厚薄不均、复杂程度不同的具体特点，在原有常规复合材料成型工艺基础上重点开发了众多差异化的新型快速成型工艺。

目前，汽车工业领域最具应用潜力的 CFRP 成型工艺包括快速树脂传递模塑（RTM）成型工艺、预浸料模压（PCM）成型工艺、片状模塑料（SMC）模压工艺和长纤维热塑性塑料（LFT）注塑成型工艺等。

（1）RTM 成型工艺

RTM 成型工艺是最主要的液体模塑成型工艺，它成型周期短、制品纤维含量高、表面质量好、尺寸精度高。由于无须使用预浸料和热压罐，RTM 工艺的成本相对较低，在航空工业领域，被广泛应用于生产大型结构件。但传统 RTM 工艺从纤维铺放、树脂注入、浸渍、固化，到最终脱模，总时长在 2 h 以上，难以满足现代汽车工业对快速制造技术的需求。因此，快速 RTM 技术不仅是目前大型复杂结构 CFRP 部件一体化成型的首选，也是未来车用 CFRP 成型工艺的发展方向。高压 RTM 是通过增大注射压力提升注射速度的有效方法。

采用高压 RTM 工艺，注射压力能够达到几千兆帕，保证了较高的合模速度和压制速度，大大缩短了部件成型时间，提高了工艺效能。同时，增大压力能够促使树脂快速充满模腔，提高纤维树脂浸润度，减少树脂注射次数，促进空气排出，降低成晶孔隙率，从而获得卓越的表面性能。若同时选择注入低黏度树脂体系或低黏度反应性混合物料体系，注射速度能够进一步提高，通过高压计量技术对反应物料进行精确计量，也能够缩短注射时间。另外，由于 CFRP 制品结构和性能可设计性高，当将高压树脂传递模塑（HP–RTM）应用于大型复杂结构部件的制造时，优势更加明显，不仅可以在 5 min 以内实现部件的一体化成型，而且能够大幅减少零部件和紧固件的数量，简化连接和装配，极大减少了生产过程的能源消耗，降低了生产成本。

（2）PCM 成型工艺

预浸料模压成型工艺的基本过程：将一定量经一定预处理的模压料放入预热的模具内，施加较高的压力使模压料填充模腔。在一定的压力和温度下使模压料逐渐固化，然后将制品从模具内取出，再进行必要的辅助加工即得产品。

近年来，预浸料因具有精确的纤维、树脂配比而得到越来越广泛的应用。而 PCM 成型工艺作为一种理想的 CFRP 罐外热压工艺，不仅能够大幅缩短成型周期、提高生产率，具有制品尺寸精度高、表面质量好、生产成本相对较低、容易实现复杂结构件的一次成型等特点，还由于制品内纤维取向性好，因此制品的强度、刚度相对较高，已成为车用 CFRP 的重要成型工艺。

（3）SMC 模压工艺

SMC 是由树脂糊浸渍纤维或短切纤维毡，两面覆盖聚乙烯薄膜而制成的片状模压料，属于预浸毡料范围。SMC 成型效率高、产品的表面质量好、外形尺寸稳定性好，且成型周期短、成本低，可大批量生产，适合生产截面变化不太大的薄壁制品，在 CFRP 汽车部件生产领域已得到广泛应用。

目前，在车用 CFRP 成型工艺方面，SMC 主要用于片状短切纤维复合材料的生产，由于纤维的非连续性，制品强度不高，且强度具有面内各向同性特点。而碳纤维在树脂糊中的润湿性是 SMC 工艺面临的重要课题，通过对碳纤维进行必要的表面处理，并采用适当的润湿分散剂，能够有效提高碳纤维在树脂糊中的润湿性和均匀性。碳纤维 SMC 也在汽车工业领域获得了不少应用。

（4）LFT 注塑成型工艺

除了热固性树脂和碳纤维织物、连续纤维以外，热塑性树脂和非连续碳纤维在汽车领域也有不少应用。LFT 成型工艺具有优异的成型加工性，成型率高、成品率高，且设备相对简单、工艺成本较低，制品内部由于纤维较长而形成骨架结构，使得制品具有较高的抗冲击性和刚度，因此 LFT 制品可用于受力较大的车体部件。LFT 已经在汽车车身上获得了广泛应用，也是具有很大应用潜力的成型工艺。碳纤维增强尼龙 6 的 LFT 复合材料与铝合金、高强度钢相比，比模量相当，比强度高出 50% ～ 250%，在汽车次承力结构件的制造方面具有优势。

知识拓展

差异化成型工艺的运用

RTM 与 PCM 两种成型工艺的初期投入较大，而 SMC 和 LFT 是目前 CFRP 汽车部件常用的成型工艺，因此从硬件条件和现有基础方面讲，后二者似乎更加便利。但几种成型工艺的适用部件存在较大差别，RTM 和 PCM 制品由于具有较好的纤维取向，力学性能更好，更适合制造钢制车身上的大型钣金结构和框架结构件，如车身框架、外覆盖件等；而 SMC 和 LFT 制件由于使用非连续纤维，力学性能稍差，更适合生产复杂结构的小型异形件，但部件厚度可以较大。因此，在选择成型工艺时，应当根据具体服役情况对各个部件性能要求的不同，结合部件自身的具体外形结构特点，并综合考虑成本、已有硬件基础等方面因素，差异化地采用多种成型工艺进行生产。

雷克萨斯 LFA 超级跑车的 CFRP 部件就主要采用了 3 种成型工艺制造：车身主体框架、侧栏及发动机舱壁等具有中空结构的骨架采用多轴向织 PCM 工艺成型，获得较高的强度、刚度及尺寸精度；前部碰撞吸能盒、驾驶室底板、发动机舱盖和 A 柱 - 平板状支架等采用 RTM 工艺成型，并采用真空辅助 RTM 工艺生产车顶部件，实现大型、多个复杂结构的一体化成型；后部如速度控制尾翼等对强度要求不高的部件采用短切碳纤维增强 SMC 模压工艺成型，能够获得更佳的表面质量。

采用差异化成型工艺获得差异化的部件性能并不是厂商的最终目的，而是要将成果落实到车体轻量化和低成本上。据报道，更加成熟的快速 CFRP 成型工艺、碳纤维自动铺放技术、自动展丝技术、织物定型技术、自动化连续成型技术，以及夹芯结构的规模化应用，将进一步满足复杂汽车部件的性能要求，使汽车部件的晶质得到改善，并降低生产成本。

任务三　陶瓷与玻璃材料

陶瓷与玻璃材料在汽车工程中主要用于制造耐高温、耐磨损和耐腐蚀的零部件，如发动机的火花塞、传感器、排气系统部件以及车窗和挡风玻璃等，它们能够承受极端的工作环境，提高汽车的性能和安全性。

一、陶瓷

1. 陶瓷的分类

陶瓷产品的种类繁多，通常分为普通陶瓷和精细陶瓷两大类。

（1）普通陶瓷又称为传统陶瓷，是以天然的硅酸盐矿物为原料经高温烧结制成的，故也称为硅酸盐陶瓷。普通陶瓷产量大，品种多，广泛用于制造日用、建筑、卫生陶瓷制品和低压、高压电瓷以及耐酸、过滤陶瓷制品。

（2）精细陶瓷又称现代陶瓷或特种陶瓷，是采用高强度、超细粉末原料，经过特殊的工艺加工得到的结构精细且具有各种功能的无机非金属材料。精细陶瓷在化学组成、内部结构、性能及使用效能等各方面均不同于普通陶瓷，强度可与金刚石相媲美，柔韧如铸铁，透明如玻璃，且敏感、智能，已成为高技术领域不可缺少的关键材料。按用途的不同，精细陶瓷可分为结构陶瓷和功能陶瓷。

结构陶瓷具有高温下强度高、耐磨性好、隔热性好、低密度和低热膨胀系数等性能，用其代替耐热合金可大幅度提高热机效率、降低能耗、节约贵重金属，使汽车达到轻量化的效果。结构陶瓷广泛用于发动机和热交换零部件，特别是采用 SiN_4、SiC 的汽车柴油机活塞、气缸套、预燃烧室等零部件，例如，燃气轮机陶瓷化可使其热循环的最高温度从 950 ℃升高到 1 350 ℃，热效率提高 25%。

汽车电子技术的发展使功能陶瓷在汽车上的应用不断增加，尤其是陶瓷传感器的开发已成为汽车电子化的重要环节。此外，功能陶瓷还应用于各种执行元件，如陶瓷加热器、导电材料、显示装置等。

知识拓展

陶瓷的性能特点

1. 力学性能

陶瓷的弹性模量比金属高，硬度高、抗压强度高；但其脆性大、抗拉强度低、塑性和韧性也很小。

2. 热学性能

陶瓷的熔点高（2 000 ℃以上）、抗蠕变性好、热膨胀系数和热导率小，在 1 000 ℃以上的环境中仍能保持室温性能。

3. 电学性能

陶瓷一般都是优良的绝缘体，个别特殊陶瓷具有导电性和导磁性，属于新型功能材料。

4. 化学性能

陶瓷非常稳定，能耐酸、碱、盐等的腐蚀，不老化，不氧化。

2. 陶瓷在汽车上的应用

从理论上分析，汽车上能用特种陶瓷材料制造的零部件很多，但由于受到生产价格、制备工艺、可靠性等的限制，实际大批投入生产并应用到汽车上的陶瓷零部件并不多，大部分仍处于研究开发阶段，图 4-11 为陶瓷刹车片。

图 4-11　陶瓷刹车片

（1）结构陶瓷材料在汽车上的应用

① 陶瓷绝热发动机

为了提高发动机热效率、降低能耗，可利用陶瓷材料的耐热、耐磨、耐腐蚀、高弹性模量、低密度、隔热性好等特点制作陶瓷绝热发动机的机心，这样既可防止气缸内的热能损失，又简化了发动机的总体构造，同时还减轻了发动机的重量。

目前研究表明，由于部分稳定氧化锆具有低热导率、高强度、韧性好、低弹性模量、耐高热冲击性、耐高工作温度（可达 1 100 ℃）等特点，故而氧化锆增韧陶瓷在内燃机中的应用非常成功。此外，在绝热发动机上，韧性氧化锆还可以用作气缸内衬、活塞顶、气门导管、进气和排气阀座、轴承、挺柱、凸轮、凸轮随动件和活塞等零部件的陶瓷材料。

② 陶瓷活塞

陶瓷活塞一般用于柴油机。在涡流式柴油机中，用陶瓷材料代替贵重金属，可进一步减少涡流式柴油机的冷却装置，因此其整体成本有望降低；在直喷式柴油机中利用陶瓷材料的耐高温性在其活塞顶部镶入陶瓷块，其热效率、噪声与排放情况均有所改善。陶瓷活塞中镶块的尺寸和形状应选择适当，否则由于陶瓷材料热膨胀系数的差异，会在陶瓷镶块上产生应力，影响活塞的使用寿命。另外，用氮化硅陶瓷材料制成的陶瓷纤维活塞，因为其良好的耐磨性，可防止铝合金活塞由于热膨胀系数大而出现“冷敲热拉”的现象。

③ 陶瓷气缸套

根据不同的需要，陶瓷气缸套可有以下三种形式：一是气缸套内表面全部喷涂陶瓷材料，如日本小松发动机即采用此结构；二是仅用陶瓷材料做成气缸套上圈；三是用金属材料和陶瓷材料复合制成全陶瓷气缸套。采用全陶瓷气缸套代替传统的气缸套，可防止气缸内的热能损失，简化发动机的总体结构，进而提高其热效率和减轻发动机的重量。

④ 陶瓷－铝复合排气管

日产公司制造的陶瓷－铝复合排气管是先用 Al–Si 合金短纤维和陶瓷复合材料制成排气管骨架，然后再浇注熔化的铝液而制成的。对于 800 ～ 900 ℃的排气来说，陶瓷绝热排气管可取消绝热板、增大了发动机燃烧室的容积，采用该排气管可使排气净化效果提高 2 倍，大大降低了排气污染。

（2）功能陶瓷材料在汽车上的应用

功能性特种陶瓷主要用于汽车调控系统的敏感元件制作中，如传动装置传感器等。随着人们对汽车安全性、舒适性、智能化、节能、噪声、排放污染限制要求的提高，具有绝缘性、介电性、压电性、半导体性、导磁性等特异功能的陶瓷在汽车上作为诸多调控敏感元件的应用范围越来越广，品种和规格日益繁多，如温度传感器、废气传感器、湿度传感器、压电性传感器、硅压力传感器等。

目前，特种陶瓷除了制作火花塞以外，在汽车上的应用并不广泛，主要原因是其成形工艺复杂，要求高，再现性困难。这是因为特种陶瓷对其原材料要求比较严格，工艺难以掌握，从而使得每批制品的性能难以同前一批保持一致；成本长期居高不下，可加工性差，脆性大。但是随着工艺的不断完善，特种陶瓷材料以其优异的性能，一定会在汽车生产中得到广泛的应用。

二、玻璃

玻璃是现代工业中的一种重要的工程材料，通常具有透明、硬而脆、隔声的特性，有艺术装饰作用和较好的化学稳定性，特制的玻璃还具有绝热、导电、防爆和防辐射等一系列特殊的功能。

玻璃是熔融物通过一定方式的冷却，并伴随粘度的逐渐增大，而得到的具有力学性能和一定结构特性的非晶态固体。对于自然界中多数无机物质，由于熔融物在冷却时，极容易结晶固化，因而不具有玻璃态。只有某些物质，如硅酸盐、硼酸盐和磷酸盐等，其熔融物容易过冷而形成玻璃态。

1. 玻璃的分类及性能特点

玻璃的种类繁多，常用的主要有板型玻璃、钢化玻璃、夹丝玻璃、夹层玻璃和信号玻璃等。

（1）板型玻璃

板型玻璃主要包括平板玻璃、磨砂玻璃和浮法玻璃等。一般板型玻璃的主要成分是 SiO_2、Na_2O、石灰，有较好的透明性和耐候性，但其脆性大，所以汽车上已经淘汰了板型玻璃。

（2）钢化玻璃

将普通玻璃加热到一定温度后急剧冷却就能大大提高玻璃的强度，这种将普通玻璃经过高温淬火，进行特殊钢化处理得到的特种玻璃称为钢化玻璃。

知识拓展

钢化玻璃的性能特点

1. 力学性能

钢化玻璃比普通玻璃的抗弯强度大 5～6 倍，挠度大 3～4 倍，并具有较高的冲击强度和耐热性；其热稳定性比同样化学成分的普通退火玻璃高得多，能经受 120～130 ℃的温度差而不炸裂。

2. 安全性

由于热处理后玻璃晶粒的变化，钢化玻璃破碎后，其碎片的形状呈现峰窝状小块，碎片小而无棱角，不会造成对人体的伤害，所以其具有很好的安全性。钢化玻璃破损后沿晶界产生裂纹，会大大影响驾驶人的视野，进而引发二次交通事故，因此仅用于汽车后窗和侧窗玻璃。

3. 使用持久性

钢化玻璃无论在低温或高温季节都可长期使用而不改变其抗弯强度和抗冲击性能。

（3）区域钢化玻璃

区域钢化玻璃又称局部钢化玻璃，采用特殊的热处理方法，可控制其玻璃碎片的大小、形状和分布，以克服普通钢化玻璃经受撞击形成一层稠密的裂缝网的缺陷。处理时，中间部分不进行淬火，只对玻璃外缘部分进行局部淬火。当玻璃受到冲击时，其局部碎裂为细小的碎片，而中部破碎成大块，使玻璃在破碎之前保持一定的透明度，保证驾驶人的视野，避免二次事故的发生。区域钢化玻璃一般也用于汽车后窗和侧窗玻璃。

（4）夹层玻璃

夹层玻璃又称为安全玻璃，是将两片以上的平板玻璃用聚乙烯醇缩丁醛塑料衬片粘合而成的，具有较高的强度。当玻璃受到冲击破坏时，会产生辐射状或蜘蛛网状裂纹，碎片不易脱落，而且不影响玻璃的透明度，不产生折光现象。

夹层玻璃常用于汽车的前窗玻璃。各国已制定有关法规，规定轿车的前窗必须安装夹层玻璃。此外，夹层玻璃还常用于高层建筑门窗和航空用的安全玻璃等。

（5）夹丝玻璃

夹丝玻璃是在玻璃中间夹有一层金属网的玻璃，其强度高，不易破碎，即使破碎，也会附在金属网上而不脱落，因此又称为防碎玻璃。

（6）信号玻璃

信号玻璃主要有平板色玻璃、凸透镜玻璃、偏光镜玻璃和牛眼形玻璃四类。对信号玻璃的质量要求应为色彩鲜艳，质地均匀一致，透明度较高，可以有选择的透光。信号玻璃广泛应用于铁路、公路、水路和航空等领域，用来制作各种信号机和信号灯。

2. 玻璃在汽车上的应用

近年来，车用玻璃技术已作为评价现代汽车技术的一个重要标志。20 世纪 90 年代开始，汽车玻璃已向轻量化、绝热化、高安全性和多功能化方向发展。

（1）轻量化

近年来，由于原材料玻璃的薄化和加工技术的进步，夹层玻璃已从由两块 3 mm 厚的玻璃改为由两块 2 mm 厚的玻璃制成。汽车的侧面和后窗玻璃也由原来的 4 mm 厚减薄到 3.1 mm 厚。如按 1.8 L 的标准轿车测算，玻璃轻量化后，每辆轿车的质量可减轻 11 kg 左右。

（2）绝热化

现代汽车使用的玻璃面积已从原来的 5% 增大到 30%，并有逐渐增大的趋势，因而对玻璃的绝热性能提出了更严格的要求。据测定，流入汽车玻璃的阳光热量一般要占阳光总热量的 55%。为了防止阳光热量流入，降低玻璃的透光率，提高反射率是十分必要的。但玻璃反射率过大又会造成过强的闪光感，这对司机和乘客的眼睛是不利的。

据实验测知，可见光区域的光线热量是难以隔绝的，而红外线区域的热反射轻且易隔绝，因此汽车上的所有玻璃如果都安装成隔绝红外线区域的热反射玻璃，那么轿车上的空调设备的负荷可减轻 20% ～ 25%。

（3）提高安全性、多功能化

国外已在有些高级轿车上使用不碎玻璃，这种玻璃十分坚固，经得起强力冲击，由于其内层还粘有一层聚乙烯醇缩丁醛塑料，即使玻璃打碎，碎片也不会落进轿车内，而且该玻璃还具有恢复原状的功能，大大提高了安全性。

近年来，英国夹层安全玻璃公司的研究室已成功开发出光电遮阳顶篷玻璃。这种玻璃的夹层中嵌有太阳能电池板，用它作顶篷后，停车时即能采聚太阳能，为车内冷动风扇提供动力，同时还可以对轿车蓄电池进行充电；宝马汽车公司也已研制出可调节车窗透明度的玻璃，主要就是在两层玻璃内涂饰一层液晶，若要改变车窗的透明度，只需按一下电钮，就可变成不同透明度的玻璃，犹如电脑荧屏上的亮度调节。图 4–12 为汽车智能调光玻璃。

图 4-12　汽车智能调光玻璃

此外，通过涂膜制成的憎水性玻璃使汽车在行驶过程中利用风压的作用，很容易将水珠从玻璃上吹掉，并且憎水性玻璃上的雾和污渍也很容易擦洗掉；在夹层玻璃中嵌入无线电的电路或在玻璃表面镀一层透明的导电膜，就能起到天线的作用，供车载电话、电视或收音机使用。

任务四　涂装材料

随着汽车工业的飞速发展，汽车已从单纯的客货运输工具，转变为人们追求舒适性、展现个性审美的时尚产品，其装饰性已成为决定汽车商品价值的重要因素。除依靠车型设计和车内装饰外，汽车的装饰性主要靠涂装。汽车的涂装不是简单的“油漆”，其目的是通过对各种类型的汽车车身、底盘、车架、车厢和零部件的涂装，赋予汽车漂亮的外观和优良的防护性能。

涂装材料是一种流动或粉末状态的有机物质，可采用不同的工艺涂覆在物体表面，形成黏附牢固，具有一定强度的连续固态薄膜，统称为涂膜，又称为漆膜或涂层。涂料是涂膜的半成品，涂料只有经过使用，即施工到被涂物件的表面形成涂膜后才能发挥作用。

汽车涂料是指汽车制造涂装和汽车修理涂装使用的涂料，其品种多、用量大，并且需要具备独特的施工性能和漆基性能，因而早已成为一种专用涂料。为适应汽车的现代涂装工艺的需要和满足汽车涂层的高装饰性及防腐蚀性能的要求，近些年来开发了不少涂料新品种，实现了多次更新换代。

一、涂料的作用与组成

1. 涂料的作用

根据汽车的使用条件和汽车涂装的特点，要求汽车涂料具有较高的性能。涂料的作用如下。

（1）保护作用

涂料在物件表面形成一层保护膜，能阻止或延迟材料在大气等各种介质中的锈蚀、腐朽和风化等破坏现象的发生和发展，使材料的使用寿命延长。

（2）装饰作用

涂料可以改善材料表面的外观形象，起到美化的作用。

（3）特殊功能作用

涂料能够提供多种不同的特殊功能，如改善材料表面的力学、物理、化学和微生物学等方面的性能。

由于汽车涂装大部分是多层涂装，再加上涂装部位不同，对于某一品种来说并不强调都满足上述要求。例如，轿车车身用涂料侧重于装饰性、耐久性，对于载货汽车车身用涂料则侧重于力学性能和耐久性，对于汽车底盘用涂料要求防锈、防水、耐沥青、耐冲击等。

2. 涂装材料的组成

涂料的组成包含成膜物质、颜料、溶剂、助剂四个部分。

（1）成膜物质

成膜物质是组成涂料的基础，具有粘结涂料中其他组分进而形成涂膜的作用，对涂料和涂膜的性质起着决定性的作用。涂料的成膜物质可分为非转化型成膜物质和转化型成膜物质两大类。

对于非转化型成膜物质，在涂料成膜过程中其组成结构不发生变化，涂膜物质保持成膜物质的原有结构，所形成的涂膜具有热塑性，受热易软化，冷却后变硬，大多具有可熔解性。属于这类成膜物质的有虫胶、硝基纤维素、氯化橡胶、过氯乙烯树脂等。

对于转化型成膜物质，在涂料成膜过程中其组成结构发生变化，所具有的功能团在热、氧或其他物质的作用下能够通过交联反应聚合成与原始成膜物质组成结构不同且不熔的网状高分子化合物，即热固性高分子化合物。属于这类成膜物质的有干性油、酚醛树脂、醇酸树脂、聚氨酯树脂等。

（2）颜料

颜料是指有颜色的涂料，是色漆的一个重要组分。颜料使涂膜具有一定的遮盖能力，以发挥其装饰和保护的作用；同时还能增强涂膜的力学性能和耐久性能，并赋予涂膜某种特殊功能，如耐蚀性、导电性等。颜料一般为微细粉末状有色物质，按其来源可分为天然颜料和合成颜料两类；按其化学组成可分为有机颜料和无机颜料；按其在涂料中所起的作用又可分为着色颜料、体质颜料和防锈颜料等。

（3）溶剂

溶剂的作用是将涂料的成膜物质溶解或分散为液态，以便于施工成薄膜而施工后又能从薄膜中挥发出来，从而使薄膜形成固态的涂层，所以溶剂通常称为挥发剂。水、无机化合物和有机化合物等都可用作溶剂，其中，有机化合物品种最多，常用的有脂肪烃、芳香烃、醇、酯、醚、酮等，总称为有机溶剂。虽然溶剂的主要作用是将成膜物质变成液态的涂料，但其对涂料的生产、贮存、施工、成膜和涂膜的性能及外观等都会产生重要的影响。

（4）助剂

助剂也称为涂料的辅助成分，其作用是改善涂料或涂膜的某些性能。助剂的作用有不同类型，有对涂料生产过程发生作用的助剂，如消泡剂、润湿剂、分散剂、乳化剂等；有对涂料贮存过程发生作用的助剂，如防沉剂、防结皮剂等；有对涂料施工成膜过程发生作用的助剂，如催干剂、固化剂、流平剂等；有对涂膜性能产生作用的助剂，如增塑剂、平光剂、防静电剂等。

涂料工业发展很快，品种繁多。按其主要成膜物质的不同，涂料可分为若干系列，主要有三大类：以单纯油脂为成膜物质的油性涂料，如清油、厚漆、油性调和漆；以油、天然树脂为成膜物质的油基涂料，如磁性调和漆；以合成树脂为主要成膜物质的各类涂料等。工业上金属设备常用涂料多以合成树脂作为其主要成膜物质，主要有酚醛树脂涂料、醇酸树脂涂料、氨基树脂涂料、环氧树脂涂料和防锈涂料等。

知识拓展

涂装材料的性能特点

涂料的适用面广，可广泛应用于不同材质的物体表面，能适应不同性能的要求。涂料使用方便，一般用比较简单的方法和设备就可以进行施工。涂膜容易维护和更新，这是应用涂料的优越性之一。涂膜大都为有机物质，且一般涂层较薄，其装饰保护作用有一定的局限性，只能在一定的时间内发挥一定程度的作用。

二、汽车涂装材料的类型

1. 按在汽车上的使用部位分类

（1）车身用涂料

车身用涂料是汽车涂料的主要代表性涂料。从狭义上来讲，所谓汽车涂料主要是指车身用涂料。车身涂层一般是由底层、中间层和面层三层或者由底层和面层两层构成。

（2）货厢用涂料

货厢用涂料质量要求比车身用涂料要求低，一般为底、面两层涂层。

（3）车轮、车架等部件用的耐腐蚀涂料

车轮、车架等部件主要要求漆膜坚韧耐磨，抗石击，耐腐蚀性好。

（4）发动机部件用涂料

因发动机不能高温烘烤，故要求涂料能常温快干，漆膜耐汽油、耐机油、耐热性应较好。

（5）底盘用涂料

因车桥、传动轴等总成不能高温烘烤，所以涂料应能常温干燥，漆膜耐水、耐机油、耐石击、抗腐蚀等性能应良好。

（6）铸锻件、毛坯和冲压件半成品用涂料

铸锻件、毛坯和冲压件半成品用涂料涂装的目的是防锈和打底，所用涂料一般属防锈底漆类，要求具有较好的防锈和力学性能。

（7）车内装饰件用涂料

车内装饰件用涂料要求涂料具有较好的装饰性，良好的附着力和耐磨性。

（8）特种用途涂料

特种用途涂料包括蓄电池固定架用耐酸涂料，汽油箱内表面用耐汽油涂料，消声器、排气管用耐热涂料，以及密封涂料、防声绝热涂料等。

2. 按涂装工艺及在涂层中所起的作用分类

（1）汽车用底漆

底漆是直接涂装在经过表面预处理的工件表面上的第一道涂料，是整个涂层的基础。底漆必须具有良好的附着力，防锈、防腐蚀，与中间层、面层有良好的配套性和施工性。

随着化学工业和汽车工业的发展，近60年来底漆的演变过程大致为：油性底漆、硝基底漆、醇酸树脂底漆或酚醛树脂底漆、环氧树脂底漆、浸用水性底漆－阳极电泳用底漆、阴极电泳用底漆、粉末底漆。

（2）汽车用中间层涂料

汽车用中间层涂料是介于底漆涂层和面漆涂层之间的涂层所用的涂料，包括通用底漆（又称为底漆）、二道浆（又称为喷用腻子）、腻子（俗称填密）、封底漆四种不同作用的涂料，其主要作用是改善底层的平整度，为面漆涂层提供良好的基底，以提高整个涂层的装饰性。对于装饰性要求不太高、表面又很平整的载货汽车涂装，在流水线生产的场合有时不采用中间层以简化工艺。对于装饰性要求高的中、高级轿车则几乎都采用中间层涂。中间层涂料应与底、面层配套良好，结合力强，具有填平性和良好的打磨性、耐潮湿性，不应引起涂层起泡。

（3）汽车用面漆

面漆是涂装施工中最后涂层用的涂料，直接影响汽车涂装的装饰性、外观和耐候性等。

随着化学工业的发展，面漆涂料的演变过程大致为：油性漆、硝化纤维磁漆、醇酸磁漆、氨基醇酸磁漆和丙烯酸漆、粉末涂料和非水分散体涂料等。常用的面漆有氨基醇酸树脂系漆、丙烯酸系漆、聚氨酯系漆、醇酸树脂系漆、硝基漆和过氧乙烯系漆等。

知识拓展

汽车涂装工序

通常，汽车涂装工序分为三个步骤：以防锈为目的的底涂；为保证面涂精度的中涂；为形成色彩和平滑涂装表面的面涂。其中，底涂的涂装从最早的刷漆、喷涂发展到电泳涂装，电泳涂装也由阴离子型改进为涂层密实性更好的阳离子型。目前，轿车几乎完全采用阳离子涂装。中涂和面涂一般是自动静电涂装后，用手动静电涂装喷枪再进行补喷，现在已经广泛采用机器人涂装。

三、常用的汽车涂料

车身涂膜修复用的材料种类很多，包括涂装前处理材料、涂料（面漆、底漆、中间涂料）、涂装后处理材料以及其他辅助材料等。汽车上常用的涂料如下。

1. 底漆

底漆是直接涂覆于施工物体表面的涂料，它是工件表面的基础用料，既是腻子层中间的用料，又是底层涂料与面漆连接用料。底漆根据其使用目的的不同可分为：头道底漆、头二道合用底漆、二道底漆、表面封闭底漆等。

头道底漆颜料含量最低，填充性能较弱，具有较强的附着力，较难被砂纸打磨。

头二道合用底漆颜料含量比头道底漆多，胶黏剂含量相对较少，附着力不如头道底漆强，但具有较强的填充性能，往往被用作单独的底漆，也可以称为头道底漆。

二道底漆具有最高的颜料含量，其功能是填塞针孔、细眼等，具有良好的打磨性。表面封闭底漆含颜料成分较低，主要用于填平打磨痕迹，给面层涂料提供最大光滑度，使面层涂料丰满，并可防止产生失光、斑点等现象。

二道底漆又称喷涂腻子或二道浆，其功能介于通用底漆和腻子之间，对被涂工件表面的微小缺陷（不平之处）有一定的填平能力，颜料和填料含量比底漆多，比腻子少，颜色一般为灰色。其可采用手工喷涂和自动静电喷涂，具有良好的湿打磨性，打磨后可得到非常平滑的表面。

封闭底漆是涂面漆层前的最后一道中间层涂料，其漆基含量在底漆和面漆之间，涂膜光亮。封闭底漆的漆基一般由底、面漆所用的树脂配成，故应按所采用的底漆和面漆的特性来选择，颜色与面漆配套衬托面漆颜色，漆膜呈光亮或半光亮。它的作用是显现底漆层的缺陷，便于修整，消除底漆层各处对面漆的不同吸收性，以提高面漆层光泽的均匀性和丰满度，起到封闭底漆层的作用，提高面漆对底漆层的结合力，减少价格较贵的面漆消耗量。封闭底漆一般仅用于装饰性要求较高的汽车，有时用喷一道面漆来代替封底漆，有时用同一体系的底、面漆按比例调配代用。

2. 面漆

面漆不但要有优良的装饰性（涂膜色彩鲜艳、光亮丰满），还要有良好的保护性，如耐化学介质、耐热性、耐湿热性、耐候性、耐黄变性、耐花粉性、耐划伤性、耐酸雨性和耐鸟粪性等。因此，在选择汽车面漆时应从以下几个方面来考虑。

（1）外观

色彩鲜艳，光泽醒目，色差小，丰满度强和鲜艳，如图 4-13 所示。

图 4-13　面漆的使用

（2）耐划伤性、硬度和抗石击性

面漆涂膜应坚硬耐磨，具有足够的硬度和抗石击性，以保证在汽车行驶中受到路面砂石冲击和摩擦时，涂膜不产生划痕。

（3）耐候性和耐老化性

耐候性和耐老化性是选择面漆的重要指标之一。如果耐候性和耐老化性差，在使用一段时间后，漆面会失去光泽、变色及粉化，直接影响汽车的美观。因此，要求汽车用面漆应具有良好的耐候性和耐老化性。

（4）耐鸟粪性

汽车面漆耐鸟粪性能也是近年来提及较多的面漆防护性能之一。耐鸟粪性的测试方法是：取一定量规定浓度的鸡蛋蛋白质水溶液滴至试板上，试板水平置入湿热箱。完成规定时间的湿热试验后，取出试板水洗、擦净，室温下放置 24 h 后，观察漆膜表面是否出现漆膜溶胀、收缩或开裂等现象。

3. 罩光漆

罩光漆采用有机硅改性丙烯酸树脂乳液为基料，通过添加多种助剂精心加工而成，具有极优异的耐候性、耐水性及耐沾污性，具有较高的硬度和良好的附着力，以及优异的保色、保光性，透明度极佳，绿色环保，防霉菌滋生。

4. 腻子

腻子是由大量的填充料以各种涂料为黏结剂所组成的一种带稠的浆状涂料，用来填嵌工件表面的凹陷、气孔、裂纹、擦伤等缺陷，以取得均匀平整的表面。

5. 汽车用特殊涂料

汽车用特殊涂料主要有耐热涂料、防声涂料等。耐热涂料主要用于高温下工作的零件，如消声器进气管、发动机进气管、排气歧管、取暖设备等。防声涂料是为了防止和减弱汽车在行驶中由于振动而产生的噪声，在车门、驾驶室、轿车和客车车身内壁涂布。除防声外，防声涂料还有很好的耐腐蚀、耐磨和绝缘作用，可用作轿车车身底板、翼子板表面的耐磨耐腐蚀涂层。

知识拓展

涂装材料在汽车上的应用

目前，人们对乘用车的车身式样和涂装技术要求较高。虽然汽车可见零部件的美观程度与实用性联系不大，但往往影响到其观赏性和商品价值，因而汽车厂家对车身的防锈、涂料的褪色、调色、光泽度等非常重视，对涂装予以特别的关注，

汽车需要涂装的部位有车身外板、底盘各部位、箱型结构内部、保险杠、仪表板等，通过涂装可以达到防锈、美观、耐候、隔声、隔振、耐冲击、防尘、防水等目的。汽车涂装工序分为三个步骤：以防锈为目的的底漆，为保证面涂精度的中涂，为形成色彩和平滑涂装表面的面涂。涂料在汽车上的应用见表 4–14。

表 4–14　涂料在汽车上的应用

	涂料	用途
车身外板	底漆	钢板的接缝、箱型结构内部及车身外板的防锈
	中间涂料（二道底漆）	提高面漆精度及一般涂膜性能
	面漆涂料	确保美观、耐候性及一般涂膜性能
行驶系	底盘各部位涂料	汽车底部防锈
	隔声耐冲击涂料	汽车底部的隔声、防振、抗冲击
其他	自然干燥型修补用涂料	修补用
	防锈涂料	汽车底部、箱型结构内部的防锈
	涂膜保护剂	涂膜的保护
	密封剂	钢板接缝的防渗、防锈、防水
	塑料用涂料	保险杠、仪表板、其他零部件的美观、耐候性及一般涂膜性能

任务五　隔热、隔光、隔声及密封材料

随着人们生活水平不断地提高，人们对汽车的舒适性、安全性、可靠性的要求越来越高。隔热材料、隔光材料、隔声材料、密封材料的使用是体现汽车功能的保证。

一、车用织物

织物用纤维按其来源可以分为两大类：天然纤维和化学合成纤维，棉纤维和羊毛纤维均属于天然纤维；其他的纤维属于化学合成纤维。

化学合成纤维普遍具有隔热、隔光、隔声、密封性较好的特点，而且表面较光亮，纤维强度高，色泽牢固鲜艳，耐皱性、耐磨性、耐冲击性好，并具有良好的化学稳定性，在一般条件下不怕汗液、海水、肥皂、碱液等的侵蚀，不易发霉，现正逐渐取代天然纤维，在汽车中大量使用。其缺点是耐热性一般。化学合成纤维的发展极为迅速，目前品种繁多，大规模生产的约有40种，发展最快的是聚酯纤维（涤纶）、聚酰胺纤维（锦纶）、聚丙烯腈纤维（腈纶）、聚乙烯醇纤维（维纶）、聚丙烯纤维（丙纶）和聚氯乙烯纤维（氯纶），通称为“六大纶”。其中最主要的是涤纶、锦纶和腈纶3个品种，它们的产品占化学合成纤维总产量的90%以上。

汽车上纺织品使用的部位主要是座椅罩布、顶篷、地毯、车门内护板饰面、行李舱护板饰面等。不同的部位用材的要求也不相同。

1. 纺织纤维材料

纺织纤维材料在汽车上应用最多的是车内饰物（如座椅、车篷等），最早用尼龙材料，现代汽车中，尼龙材料正在被耐光性优良的聚酯纤维替代。另外，纤维材料可以作为汽车轮胎的帘线、复合材料的强化纤维材料等。

轿车座椅面料现已大部分采用纺织纤维材料，如图4-14所示。它具有价格低廉、强度较高、透气性好、阻燃隔热、装饰性好的特点，提高了乘坐的舒适性。坐垫及靠背蒙皮可用以下几种：棉织品（如灯芯绒、沙发布等）；化学合成纤维（如尼龙）、聚酯及其混纺织物等；涤沦、毛织物和皮制品。主要是根据车辆的档次和风格而选择织物品种。

图4-14　织物面料座椅

2. 人造革

人造革是广泛应用于汽车的内饰材料。它和天然皮革相比具有裁剪方便、几乎无气味、厚薄均匀、不吸水、耐晒、耐磨性良好等特点，可制成各种花纹和颜色，耐酸、碱、油，不会被虫蛀和霉变，但其透气性、透湿性不够理想。常用的人造革品种有：帆布聚氯乙烯人造革、鼠纹布聚氯乙烯人造革和细平纹布聚氯乙烯人造革。

3. 毛毡

毛毡因其价廉、减震及隔热性好，在汽车上得到大量应用。例如，用在轿车前挡板的上部、中部及左、右两侧，仪表板的左、右两侧及右下护板，变速杆顶部，前、后门里护板，顶篷，后围和行李舱等部位。常用的毛毡有玻璃纤维毡、再生纤维毡等。

4. 防水篷布

防水篷布常在高栏板汽车、某些汽车驾驶室内及汽车顶篷使用。它是将维纶帆布或板帆布、亚麻帆布等，经防水、防腐涂层联合处理而成的。目前经常使用的帆布材质有棉维纶、尼龙和聚酯等。

5. 车用地毯

车用地毯不仅要具有良好的外观、踏感、优良的保温性、吸湿性和吸尘性，还要具有高的耐磨性、耐候性、耐水性、耐油性、尺寸稳定性及与地板的良好吻合性。车用地毯常用材料为涤纶、锦纶、腈纶、丙纶纤维等，另外应用聚乙烯橡胶等做裱里涂层。

二、石棉制品

石棉是自然界中唯一的天然矿物纤维，其质地柔软且有弹性，机械强度高，耐高温，不燃烧，导电、导热性很低，具有一定的耐酸、耐碱性能，防潮、防霉、防老化性能很好，此外还具有优良的吸收树脂的能力。它广泛地应用于各个工业领域，作为绝热、保温、防火、隔声和电气绝缘材料，也可以与橡胶、树脂、沥青、水泥及其他纤维混合，组成各种复合材料。

汽车中普遍使用的石棉制品是石棉衬垫。近年来，随着人们环保意识的增强，石棉的用量逐步减少。

三、纸板

纸制品由于原料来源广泛、价格便宜、质量轻，且具有一定的机械强度和优越的物理性能，很早就在汽车产品上得到应用。目前纸类制品在汽车生产中主要应用在滤清、绝缘、防漏、密封等方面。

防漏纸垫在汽车中主要用于两个金属结合面之间，起到密封作用。借助纸垫的柔性和弹性可使两个结合面严密地贴合。现在比较常见的还有一种预涂胶纸垫。这种纸垫是经过冲压成形后，预先在垫的两面分别涂上密封胶条，在汽车装配中可以直接使用，简化了装配现场涂胶的工艺，又可确保涂胶质量，提高生产效率。纸垫预涂的胶主要有溶剂型浸渍胶和硅酮密封胶等，这种纸垫可以用于变速器、水泵、发动机等部位的密封。

汽车上用于制作纸垫的材料主要有浸渍纸和软钢纸。浸渍纸是经过通常的造纸工艺生产的纸，先经过冲压成形工艺，然后根据工作环境要求进行浸渍和烘干成形。软钢纸板是经过蓖麻油或甘卤处理的平板钢纸。

浸渍纸垫的机械强度比软钢纸垫低，通常可以用于不经常拆卸的且装配时仅受单一压力的密封场合，如法兰盘结合的密封垫等。软钢纸垫多用于两个结合件靠螺钉拧紧来连接的端面密封处，在装配过程中，纸垫不仅受到端面的压力，还受到螺钉的紧固力矩作用。

除以上材料外，还可采用一些塑料或复合材料制作气缸盖、发动机舱盖、油底壳等，它们能隔离发动机的噪声，并且起到隔断发动机向车内传热的效果。例如，福特公司的柴油发动机，在铝活塞的下部外面粘接上塑料制成的套，可以减轻活塞的质量，降低往复惯性力，吸收活塞敲缸撞击能量，抑制发动机的噪声。另外，目前研制出的减震合金，用于汽车发动机油底壳、气缸盖、船舶螺旋桨、运输带齿等，可达到减震和降低噪声的目的。

还有一些变色材料，在光、电、热的外界条件作用下，材料内部会发生变化从而改变材料对光波吸收的特性，使材料显现出不同的颜色，可用来调控光波的辐射，称为智能变色材料。常用的智能变色材料有智能光色玻璃和电致变色薄膜，智能光色玻璃用于制作汽车、飞机、船舶的前风窗玻璃或观察窗玻璃；电致变色薄膜是利用一些氧化物薄膜在电场作用下发生电子交换导致颜色改变的特性，设计出的能够调节玻璃透光特性的智能窗。

思政链接

黄大年——非金属材料的卓越贡献者

黄大年，我国杰出的地球物理学家，执教于吉林大学，早年负笈英国，荣获博士学位。他舍弃了海外的舒适生活与工作环境，决然返回祖国，专注于非金属材料的研究，对我国深地探测技术与实验研究领域做出了卓越贡献。

黄大年的归国之举，彰显了其深沉的爱国情操。他深信自己的学识与才能能够助力祖国的发展，因此毅然决然地放弃了国外的优渥待遇，回归祖国的怀抱。他的事迹成为当代大学生的榜样，激励他们将个人抱负与国家的未来紧密相连，为实现中华民族的伟大复兴而努力奋斗。

在非金属材料研究领域，黄大年取得了显著的成就，这得益于他创新的科研态度和勇于挑战的精神。他倡导学生质疑传统观念，勇于探索未知，培养创新思维和能力，为国家的科技发展和社会进步作出贡献。

黄大年深知科研工作非一人之力所能成，他带领团队攻克难关，共同推进非金属材料研究。他强调团队合作的重要性，鼓励学生在学习和工作中学会协作，共同完成任务，实现团队目标。

在科研工作中，黄大年始终保持着勤奋努力的精神。他常常工作至深夜，不惧困难，勇攀科学高峰。他的事迹启示学生珍惜光阴，勤奋学习，不懈努力，为实现个人价值而奋斗。

黄大年始终关注国家和社会的需求，致力于将科研成果转化为实际应用，为国家的发展贡献力量。他鼓励学生树立正确的价值观，关注并积极参与解决社会问题，为社会进步贡献自己的力量。

黄大年的事迹告诉我们，一位卓越的科研工作者不仅需要扎实的专业知识，更应具备高尚的道德情操和强烈的社会责任感。

（本案例参考多种资料整理而成）

课后习题

一、填空题

1. 高分子材料是以________为主要组分的材料。

2. 橡胶是一种________材料，汽车上有许多零部件是由橡胶制造的，如风扇传动带、缓冲垫、油封、制动皮碗等。

3. ________是组成涂料的基础，具有粘结涂料中其他组分进而形成涂膜的作用，对涂料和涂膜的性质起着决定性的作用。

4. 陶瓷产品的种类繁多，通常分为普通陶瓷和________两大类。

二、判断题

1. 近年来，碳纤维因为具有较低的密度和较高的弹性模量而广受关注，但是考虑到成本，E- 玻璃纤维的应用比碳纤维广泛。（　　）

2. 普通陶瓷具有高温下强度高、耐磨性好、隔热性好、低密度和低热膨胀系数等性能。（　　）

3. 环氧树脂是指分子结构中含有 3 个或 3 个以上环氧基并能与某些化学试剂反应形成三维网状交联分子结构的高分子材料。（　　）

4. 天然纤维和化学合成纤维棉纤维和羊毛纤维均属于天然纤维。其他的纤维属于化学合成纤维。（　　）

项目五

汽车运行材料

项目导读

汽车运行过程中使用的燃料、润滑油料、特种液和橡胶轮胎等统称为汽车运行材料。目前，汽车使用的燃料主要有汽油、柴油及一些新型代用燃料；汽车润滑油料主要有发动机润滑油、齿轮油、自动变速器油、润滑脂等；汽车用特种液主要有制动液、冷却液、空调制冷剂等。汽车使用性能的发挥与运行材料的质量及正确使用有非常密切的关系，因此对汽车各种运行材料的性能和质量提出了更高的要求。

学习目标

◆ **知识目标**

1. 了解汽车运行材料现状及发展方向。
2. 理解并正确运用汽车运行材料的各种基础知识。
3. 掌握各种运行材料的类型、特点及应用。

◆ **能力目标**

1. 能根据汽车的具体情况正确选用燃料。
2. 能根据汽车的具体情况合理选用润滑油、工作液。
3. 能正确更换润滑油、工作液、轮胎。

◆ **素质目标**

1. 能够安全、合理地使用汽车运行材料。
2. 能够用科学、发展的眼光认识汽车运行材料。
3. 提高学生使用汽车运行材料时的安全意识。
4. 培养学生用科学、发展的眼光认识汽车运行材料。

◆ **思政目标**

1. 培养学生的组织协调能力、团结协作、相互学习的集体主义精神，具有自主学习新知识、新技术、主动查阅资料，不断积累经验，善于举一反三的能力。

2. 培养学生的政治修养和道德品质，坚守职业道德底线，成长为心系社会并有时代担当的专业人才。

任务工单

一、任务名称

汽车冷却液的选用

二、任务描述

请全班同学以分组的形式操作为奥迪 A6 L 轿车更换冷却液，并分析，在更换的过程中应注意哪些事项？在任务准备的过程中完成表 5–1 的填写。

表 5–1　实训表

姓名		班级		学号	
学时		日期		实训地点	
实训工具	奥迪 A6 L 轿车、冷却液、改锥、水管、钳子、接水桶、除尘枪、关于冷却液更换步骤的资料				

三、任务目的

通过分析讨论以及操作训练，掌握汽车冷却液的种类、性能、牌号、规格、使用注意事项等相关知识，能够做到合理地选用冷却液。

四、分组讨论

全班学生以 3 ～ 6 人为一组进行分组，选出各组的组长，组长对组员进行任务分工并将分工情况记入表 5–2 中。

表 5–2　分组情况表

本组成员	姓名	学号	任务分工
组长			
组员			

五、任务思考

1. 发动机冷却液的种类与性能有哪些？
2. 冷却液的使用注意事项有哪些？
3. 乙二醇型防冻液的牌号和规格有哪些？

六、任务实施

在任务实施过程中，将遇到的问题和解决办法记录在表 5–3 中。

表 5–3　问题及解决办法

序号	遇到的问题	解决办法
1		
2		
3		

七、任务评价

请各小组选出一名代表展示任务实施的成果，并配合指导教师完成表 5–4 的任务评价。

表 5-4　任务评价

评价项目	评价内容	分值	评价分值		
			自评	互评	师评
职业素养考核项目	考勤、纪律意识	10 分			
	团队交流与合作意识	10 分			
	动手能力	10 分			
专业能力考核项目	积极参与教学活动并正确理解任务要求	10 分			
	认真查找与任务相关的资料	10 分			
	任务实施过程记录表的完成度	10 分			
	对汽车发动机冷却液的掌握程度	20 分			
	独立完成相应任务的程度	20 分			
合计：综合分数___自评（20%）+ 互评（20%）+ 师评（60%）		100 分			
综合评价			教师签名：		

任务一　汽车燃料

燃料通常是指能够将自身储存的化学能通过化学反应（燃烧）转变为热能的物质。燃料的种类繁多，目前汽车所用燃料主要是汽油和柴油。此外，还有一些代用燃料，如甲醇、乙醇、液化石油气、天然气等。

一、汽油

汽油是汽油发动机的主要燃料，是最重要的石油产品。汽油从石油中提炼而来，含有 200 多种烃类化合物，密度小，易挥发，自燃温度为 415 ～ 530 ℃。

根据用途不同，汽油可分为车用汽油、航空汽油、工业汽油和溶剂汽油等。航空汽油用于飞机发动机，工业汽油用于工业加工，溶剂汽油用于洗涤机件及污染物。这三种汽油与车用汽油的性能不同，不能作为汽车发动机的燃料使用。通常将车用汽油简称为汽油。

1. 汽油的主要使用性能及评定指标

汽油的使用性能直接影响发动机的经济性、动力性、可靠性和使用寿命，其评定指标有蒸发性、抗爆性、氧化安定性、腐蚀性、清洁性和环保性等。

（1）蒸发性

汽油由液体状态转变为气体状态的能力称为汽油的蒸发性。

汽油机工作过程中，车用汽油不能直接燃烧，需要在 0.02 ～ 0.04 s 的时间内形成均匀的可燃混合气，再进入气缸进行燃烧，完成进气、压缩、膨胀做功和排气的工作循环，给汽车提供动力。

若汽油的蒸发性好，发动机在低温、冷态下的启动性能好，燃烧迅速，加速能力强，功率也更大；若蒸发性不好，将会出现混合气体雾化不良、冷车启动慢、燃烧不完全、功率下降、油耗增加、有害气体排放量增大、气缸磨损加剧等问题。蒸发性也不是越强越好，太强的话会使燃油系统产生气阻，即在油管中形成气泡，使得供油中断，并且造成汽油在保管和使用过程中蒸发损失较大。因此，汽油需要有适当的蒸发性。

（2）抗爆性

汽油的抗爆性是指汽油在汽油机燃烧室中燃烧时抵抗爆燃的能力。

汽油机在正常工作情况下，可燃混合气体被火花塞跳火产生的高能量电火花点燃，形成火焰中心，火焰前锋会以 20 ～ 30 m/s 的速度迅速向燃烧室传播，使大部分气体燃烧并释放出热能。在这样的正常燃烧过程中，气缸内的温度上升很均匀，汽油机工作有序且平稳，动力性能可以得到充分发挥。

但汽油机也会有不正常燃烧的情况。由于火焰前锋的压缩和热辐射作用，在正常火焰前锋到达之前，可燃气体可能会产生自燃，形成多个火焰中心，使火焰传播速度高达 1 000 ～ 2 000 m/s，从而使缸内压力骤然上升，产生强烈的冲击波，燃烧室壁、活塞顶和气缸壁会产生金属敲击声，并引起发动机振动。这个过程就称为爆燃。导致爆燃发生的因素很多，主要有燃料的质量、发动机的压缩比和燃烧室的结构等。选用抗爆性较好的汽油，能有效降低爆燃的可能性。

（3）氧化安定性

汽油的氧化安定性分为物理安定性和化学安定性。

① 物理安定性

物理安定性是指汽油在加注、运输、储存时，保持不被蒸发损失的性能。它主要受汽油中低沸点烃类含量的影响。低沸点烃类含量越高，汽油机的启动性能会越好。但这些烃类容易蒸发逸散，损耗增加，导致汽油的物理安定性变差。因此需要合理控制低沸点烃类的含量。

② 化学安定性

化学安定性是指汽油在加注、运输、储存和其他过程中，抵抗氧化生胶的能力。在空气中的氧气、环境温度和光照等作用下，化学安定性不好的汽油会发生氧化缩合反应而生成胶质，使汽油颜色变黄并产生黏稠沉淀。这种汽油会造成燃油供给系统堵塞，气阀关闭不严，积炭增加，气缸散热不良和引起爆燃燃烧等。因此，汽油必须有良好的化学安定性。

（4）腐蚀性

汽油在使用和储存过程中，对接触到的运输设备、储油容器和发动机零部件的金属材料有腐蚀作用。汽油中的烃类是没有腐蚀性的，引起腐蚀的物质主要是硫、硫化物、有机酸、水溶性酸和碱等。国家标准中对这些腐蚀性物质的含量都有一定的规定。

（5）清洁性

汽油的清洁性是指汽油中是否含有机械杂质和水分的性质。

汽油里不应该含有机械杂质和水分，但在运输和储存的过程中，很容易被掺入机械杂质（锈、灰尘、其他氧化物等）和水分。机械杂质会造成喷油器堵塞，气门和燃烧室积炭，气缸、活塞和活塞环加速磨损等。水分会与低分子有机酸生成酸性水溶液，加速机体的腐蚀；水分在低温下还易结冰，导致油路堵塞。因此，车用汽油要注意清洁，尽量避免机械杂质和水分的混入。

（6）环保性

机动车排放物是影响空气质量的主要污染源之一，而汽油的成分直接影响汽车的排放物。汽油中影响排放的主要指标有铅、硫、烃类、锰等。在保持汽油各种性能的前提下，应尽量减少对空气的污染，提高汽油的环保性。

知识拓展

石油

石油又称原油，在国民经济中的地位和作用十分重要，被誉为“黑色的金子”“工业的血液”等，对于经济、政治、军事和人民生活的影响极大。日常生活中到处可以见到石油产品及其附属品的身影，如汽车上用到的汽油、柴油、石油气、润滑油、制动液、塑料、纤维等，都是从石油中提炼出来的。

目前我国已能制成 2 500 多种性能各异的石油产品以及 3 000 多种石油化学品。石油产品品种众多，大致可分成七大类：气体类产品、燃料类产品（F）、润滑油脂（L）、柏油类产品（B）、溶剂类产品（B）、石油化学品及其他产品。

我国是能源大国，总地质储量居世界第三，但人均能源资源占有量不到世界平均水平的一半，石油仅为 1/10。这种状况决定了我国必须把节约能源作为经济发展的主要措施，合理使用石油产品，提高能源利用率。

2. 车用汽油的规格和牌号

汽油的牌号是以汽油的抗爆性（辛烷值）表示的，牌号越大，则辛烷值越高，抗爆性越好。我国汽油牌号按研究法辛烷值（RON）划分，《车用汽油》（GB 17930—2016）中规定，车用汽油（Ⅳ）分为 90 号、93 号、97 号 3 个牌号，车用汽油（Ⅴ）、车用汽油（ⅥA）和车用汽油（ⅥB）分为 89 号、92 号、95 号和 98 号 4 个牌号。

3. 车用汽油的选用

汽油的选用对发动机的动力性和经济性有很大影响。对于一定压缩比和燃烧室结构的发动机，若汽油的牌号选择过低，会使发动机产生爆燃，功率下降，油耗上升；若汽油牌号选择过高，不仅造成经济上的浪费，还会使发动机过热，严重时甚至烧坏排气门和排气门座。因此，必须正确选用汽油的牌号。

汽油牌号的选用首先应根据汽车使用说明书的要求来确定。在没有说明书时，可参考发动机压缩比来选择汽油牌号。一般来说，压缩比高的发动机应选用辛烷值较高的汽油；反之，应选用辛烷值较低的汽油。汽油牌号的选用见表 5-5。在正常条件下，以不发生爆燃为原则来确定合适的牌号。目前，国内汽车多选用 92 号或 95 号汽油。

表 5-5 汽油牌号的选用

发动机的压缩比	7.0 ～ 8.5	8.5 ～ 9.5	9.5 以上
可选用汽油牌号	89 号	92 号	97 号

此外，根据发动机的工作条件和使用时间，可适当调整汽油牌号。如高原地区空气稀薄，汽油机爆燃倾向减小，可视情况选择低一级牌号的汽油；发动机长时间使用后，爆燃倾向增大，可视情况选择高一级牌号的汽油。

知识拓展

车用汽油使用注意事项

车用汽油使用注意事项如下。

（1）严格按照车辆说明书上推荐的汽油标号选择汽油。

（2）发动机长期使用后，由于燃烧室积炭、水垢增加，更容易出现爆燃。应及时维护发动机，如压缩比有所改变，需针对情况更换汽油牌号。

（3）在夏季或高原地区，气温高、气压低，容易发生气阻。应加强发动机的散热，使油管和汽油泵隔热，或者更换饱和蒸气压较低的汽油。

（4）汽油中不能掺入煤油或柴油，因为这二者的挥发性和抗振性较差，易引起爆燃并且严重破坏发动机润滑，导致发动机损坏。另外，尽量不要将不同牌号的汽油混合使用，以免破坏汽油的性能。

（5）尽量选用高标准的清洁汽油，以提高车辆的经济性和排放性。

（6）不能使用长期放置的变质汽油，否则结胶、积炭严重，对电喷发动机的影响较大。

（7）当燃油不足时要及时补充，因为燃油箱底部含有较多杂质和水分，会影响汽油机的正常工作。

（8）汽油属于易燃易爆物品，易产生静电，还具有一定的毒性，在使用过程中要注意安全。

二、柴油

柴油是从石油中提炼得到的，由碳、氢元素组成的烃类化合物。柴油有轻柴油和重柴油之分。汽车柴油机属高速柴油机，所用柴油是轻柴油。通常将轻柴油简称为柴油。

1. 柴油的主要使用性能及评定指标

车用柴油应具有良好的燃烧性和低温流动性，适宜的黏度和蒸发性，无腐蚀性，不含机械杂质和水分，以保证柴油机的正常工作。

（1）燃烧性

柴油的燃烧性是指其自燃能力。燃油被高压喷射成细雾状后进入燃烧室，此时燃烧室的温度已经超过柴油的自燃点，燃油会自行着火并燃烧。燃油从喷入到着火燃烧经历了一个着火延迟期。若着火延迟期短，着火后气缸内的压力上升平稳，柴油发动机工作柔和。若着火延迟期长，燃烧室的积油量会增多，缸内气压剧增，发动机运转不稳定，会发出强烈的敲击声；而且还会出现燃烧不充分导致油耗增加、功率下降、磨损加大、排气冒黑烟等问题。

（2）低温流动性

低温流动性是指柴油在低温条件下具有一定流动状态的性能，它对柴油的正常供给有直接影响。其评定指标为凝点、浊点、冷滤点。

① 凝点

柴油在规定试验条件下，冷却至停止流动时的最高温度称为凝点，单位为℃。油品的凝点使用凝点测定仪测定，如图 5-1 所示。测定时，将试样装在规定的试管内，并冷却至预期温度，把试管倾斜 45°，经过 1 min，观察试样液面，读出其液面停止移动的最高温度，此时的温度即为测试油品的凝点。

柴油的凝点直接影响着柴油在各种气候条件下的使用特性，我国轻柴油就是按其凝点的不同来划分牌号的。

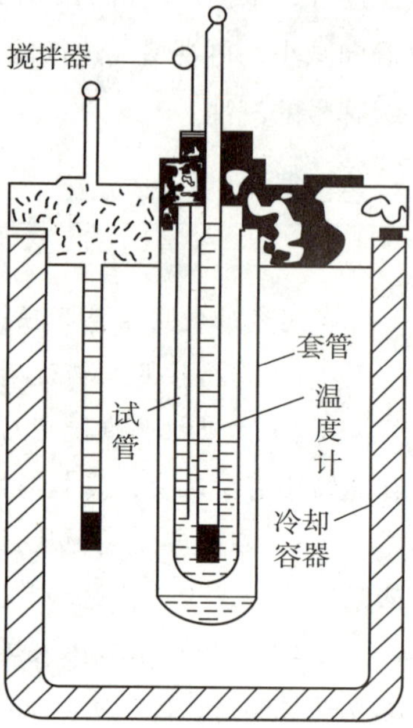

图 5-1　凝点的测定

② 浊点

柴油的浊点是指在规定的条件下，由柴油中开始析出石蜡体而呈雾状或浑浊，失去透明性时的最高温度，单位为℃。柴油达到浊点后，虽未失去流动性，但在燃料供给过程中易造成油路堵塞，导致供油故障。

美国、俄罗斯、法国等国家采用浊点作为柴油低温流动性的评价指标。柴油虽已达到浊点，但仍能有效地通过柴油滤清器的滤网，保证正常供油，只有冷却到浊点下某一温度时，才影响柴油机的正常工作。因此，浊点不是柴油的最低使用温度。

③ 冷滤点

柴油的冷滤点是指在规定的冷却条件下，当柴油冷却到通过过滤器流量小于 20 ml/min 的最高温度。具体来说，在规定的冷却条件下，柴油在 1.96 kPa 压力下进行抽吸试验，1 min 内通过缝隙为 5 μm 金属滤网的柴油体积少于 20 ml 的最高温度。

冷滤点是选择柴油低温流动性的依据，因为冷滤点的测定条件是模拟发动机工作情况确定的，近似于实际使用条件。根据冷滤点可以较好地判断轻柴油能使用的最低温度，一般来说，柴油的冷滤点相当于最低使用温度。例如，–50 号柴油的冷滤点为 –44 ℃，则可在最低气温为 –44 ℃以上的地区使用。

（3）蒸发性

为保证发动机的动力性和经济性，可燃混合气必须在压缩行程上止点附近迅速完成燃烧过程，要求喷油时间极短，只有 15° ～ 30° 的曲轴转角，可燃混合气形成时间仅为汽油机的 1/30 ～ 1/20。因此，要求柴油必须具有良好的雾化和蒸发性能，其评定指标主要有馏程和闪点。

① 馏程

柴油馏程的测定方法与汽油大致相同，但柴油测定的项目为 50%、90% 和 95% 馏出温度。

50% 馏出温度是指 100 ml 柴油在规定条件下蒸馏时，得到 50% 柴油馏分的温度。它表示柴油中轻馏分的含量。此温度低，则馏分轻，蒸发和燃烧速度快，发动机容易启动。但柴油馏分不能过轻，因为馏分过轻的柴油十六烷值低，滞燃期长，易于蒸发，使发动机工作粗暴。

90% 和 95% 馏出温度是指 100 ml 柴油在规定条件下蒸馏时，得到 90% 和 95% 柴油馏分的温度。它表示柴油重质馏分的含量。此温度高，重馏分多，喷射雾化不良，蒸发慢，燃烧不完全，高温下发生热分解而生成积炭，使发动机排气冒黑烟，油耗量增加，同时使零件磨损增加。

由此可知，柴油馏分的选择要适当，不能过轻或过重。一般的柴油机选用馏分较宽的轻柴油，而直喷柴油机则选用馏分较窄（200 ～ 300 ℃）的柴油。

② 闪点

在规定条件下，加热油品所逸出的蒸气和空气组成的混合气与火焰接触发生瞬间闪火的最低温度称为闪点，单位为℃。闪点是控制柴油蒸发性指标和保证柴油安全性的指标。闪点低，则轻质馏分多，蒸发性好。但闪点过低，则轻质馏分过多，蒸发过快，使得气缸压力骤然上升，导致工作粗暴，且柴油的储存和使用也不安全。为此规定，50% 馏出温度不高于 300 ℃。

（4）黏度

黏度是液体流动时内摩擦力的量度，黏度的大小体现了液体流动的难易程度。黏度受温度影响较大，其值随温度升高而降低。

柴油的黏度是表征柴油使用性能的重要指标，直接影响柴油的流动性和雾化性能。柴油黏度对柴油机工作的影响主要有如下几点。

① 影响供油量

柴油黏度过小，在供油系统中流动时，因内部泄漏量较多使柴油的有效供油量减少；反之，黏度过大则会使有效供油量超过标准，虽然提高了功率，但会造成燃烧不完全，排气冒黑烟及油耗上升。

② 影响雾化质量

黏度过小的柴油，油束易扩散，细微度好，但其透穿距小，油柱射程短、锥角大，只能在喷口附近形成混合气，致使燃烧不完全；黏度过大则会阻止油柱的分散作用，使油滴有效蒸发面积减小，雾化不良，燃烧不完全，油耗增加。因此，要求柴油黏度应适宜，以利于形成均匀的可燃混合气。

③ 影响供油系统精密偶件的润滑

柱塞偶件、针阀与针阀体等精密配合的运动偶件，主要靠柴油润滑，柴油黏度若过小，则会使上述偶件相对运动阻力增大，磨损加剧。

（5）安定性

柴油的安定性是指柴油在运输、储存和使用过程中保持颜色、组成和使用性能不变的能力。若安定性不好，柴油就会氧化结胶，在燃烧室内生成积炭、胶状沉积物，这些杂质甚至会附在活塞顶部和气门上，造成气门关闭不严；同时还可能造成燃油滤清器堵塞，在喷油器针阀上生成漆状沉淀物，造成针阀黏滞，使喷雾恶化，甚至中断供油，干扰正常燃烧。

要提高柴油的安定性，可以对柴油进行加氢精制，还可以往柴油里面添加清净分散剂、抗氧剂、金属纯化剂等。

除了以上使用性能外，柴油还具有腐蚀性、清洁性和环保性，这些性能要求和汽油类似。

（6）清洁性

柴油的清洁性可用灰分、水分和机械杂质等指标进行评定。国标对各项指标均有严格规定。灰分是油中不能燃烧的粒状矿物质，非常坚硬，是磨料磨损中的磨粒，且对金属有侵蚀作用，是造成气缸壁与活塞环磨损的重要原因。柴油中存在的水分将降低柴油燃烧时的发热量，在冬季还易于堵塞油路，溶解可溶性盐类，使柴油灰分增大，并增加硫化物对金属零件的腐蚀作用。柴油机的燃料供给系统中有许多精密配合的偶件，如果柴油中存在机械杂质，除可能造成油路堵塞外，还可能加剧精密零件的磨损，严重时甚至造成供油系统故障。

（7）腐蚀性

柴油中含有硫化物、水分及酸性物质，对零件具有腐蚀作用，并促进沉积物的生成。其评定指标包括：含硫量、硫醇含量、酸度、铜片腐蚀试验、水溶性酸或碱等。国家标准对各项评定指标均有明确规定。

2. 车用柴油的选用

选用柴油的主要依据是环境温度，应根据不同的季节和不同的区域选用不同牌号的柴油。气温低的地区选用凝点低的柴油；反之，气温高的地区则选用凝点高的柴油。由于低凝点柴油的生产工艺复杂，价格高，因此在季节气温允许的条件下，尽可能选用凝点高的柴油，并尽量延长高凝点柴油的使用时间。

一般情况下，为保证柴油机的正常工作，应选用凝点较环境温度低 5 ℃以上的柴油，各地风险率为 10% 的最低气温（表示最低气温低于该值的概率为 10%），通常按下列情况选用。

（1）5 号车用柴油：适用于风险率为 10% 的最低气温在 8 ℃以上的地区使用。

（2）0 号车用柴油：适用于风险率为 10% 的最低气温在 4 ℃以上的地区使用。

（3）–10 号车用柴油：适用于风险率为 10% 的最低气温在 –5 ℃以上的地区使用。

（4）–20 号车用柴油：适用于风险率为 10% 的最低气温在 –14 ℃以上的地区使用。

（5）–35 号车用柴油：适用于风险率为 10% 的最低气温在 –29 ℃以上的地区使用。

（6）–50 号车用柴油：适用于风险率为 10% 的最低气温在 –44 ℃以上的地区使用。

（7）不同牌号的柴油可掺兑使用，以改变其凝点。如 0 号柴油按比例加入一些低凝点柴油可使其能在 –5 ～ –10 ℃的温度条件下使用；在 0 号柴油中加入 40% 的裂化煤油，可得到 –10 号左右的柴油。

知识拓展

车用柴油使用注意事项

不能在柴油中掺入汽油，因汽油自燃性能差，致使汽车启动困难，甚至不能启动。

柴油加入油箱前，应经过沉淀和过滤，沉淀时间不少于 48 h，以去除杂质，确保柴油清洁性。

寒冷季节柴油凝固后，不得使用明火加热升温，以免出现安全事故。

三、代用燃料

随着汽车产量的激增，加剧了石油资源的短缺和生态环境的恶化。因此，石油代用燃料的重要性越来越突出。目前，已应用的石油代用燃料主要有燃气、醇类燃料（甲醇汽油、乙醇汽油）、氢气、电能等。

1. 燃气

燃气是天然气和石油气的统称。

天然气系古生物遗骸长期沉积地下，经漫长时间转化及变质裂解而产生的气态碳氢化合物，具有可燃性，主要成分为甲烷。石油气是从石油的开采和加工中得到的可燃气体，主要由丙烷、丁烷以及其他气体混合而成。石油气通常经加压使其液化后储存在高压容器中使用，故称为液化石油气。

目前多采用燃气与汽油（柴油）双燃料供给，即汽油（柴油）和燃气同时作为汽车的燃料。汽油发动机汽车设有两套独立的燃料供给系统，利用选择开关可在燃气和汽油两种燃料中进行转换使用，但两种燃料不允许同时混合使用；柴油发动机汽车配备两个供给系统及两个独立的燃料储存系统，发动机可使用纯柴油工作，当工作于双燃料状态时，用压燃的柴油引燃燃气与空气的混合气而实现燃烧。

燃气热值高，以质量计算热值高于汽油和柴油，抗爆性好，研究法辛烷值在 100 ~ 110 范围内，燃烧完全、积炭少，排放污染物少，燃气与空气混合均匀，有利于燃烧。但其着火温度高，火焰传播速度慢，动力性能有所下降，需要较高的点火能量。

2. 醇类燃料

醇类燃料主要是甲醇和乙醇。

甲醇是一种无色易挥发的液体，有毒，人饮后能致失明。甲醇自燃点为 464 ℃，热值较汽油低，辛烷值较高。甲醇作为汽车燃料可单独使用，也可与汽油混合使用。如果单独使用，需要对发动机做某些改进，用提高压缩比的办法来提高发动机性能。在实际应用中，通常是甲醇与汽油混合使用，甲醇可占 15% ~ 20%，发动机无须做大的改动。

乙醇俗称酒精，常温下是液体，很容易挥发燃烧。乙醇相对密度为 0.789，自燃点为 423 ℃，热值较汽油低，辛烷值较高。乙醇的使用方法与甲醇类似，混合使用时，乙醇约占 10% ~ 15%。

甲醇与乙醇均可由植物发酵得到，甲醇还可以从天然气和煤中制取，因此醇类燃料来源广泛，价格较低。其辛烷值高，抗爆性好。醇类燃料热值较低，但配制成的混合气与汽油混合气的热值差不多；其低温雾化不良，发动机启动困难，冰点低，使用安全；燃烧速度快，排气污染小；与汽油混合易分层，需添加助溶剂。因为醇类易吸水，破坏润滑，发动机腐蚀和磨损较严重。

3. 氢气

氢气主要是从水中通过裂解制取的，或者来源于各种工业副产品。用氢气作为燃料的汽车称为氢气汽车。

（1）特点

热值高，热效率高，辛烷值高，燃烧后不产生有害气体，氢气生产成本高。气态氢能量密度小，储运不方便；液态氢技术难度大，成本高。

（2）现状与前景

氢气作为汽车燃料最大的问题是制取与携带。氢气制取的方式很多，但成本都非常高，目前还没有找到更好的解决办法。

目前，氢气汽车还处在研究探索阶段，真正应用得很少。但随着石油资源的减少和人类科技的不断进步，氢气汽车的应用前景十分光明。各发达国家都不惜财力、人力进行研究，以备未来其他能源消耗殆尽时氢气汽车能起主导作用。

此外，正在研究开发的汽车新能源还有太阳能、合成燃料、水、空气、植物油等，因尚处于研究阶段，许多技术问题还有待解决，所以目前还无法在汽车上应用。

4. 电能

电能是二次能源，它可以来源于风能、水能、核能、热能、太阳能等多种方式。以电能为动力的汽车称为电动汽车。目前，电动汽车常用的蓄电池主要有铅酸电池、镉镍电池、氢镍电池、锂电池及燃料电池等。

（1）性能特点

纯电动汽车是以电池为储能单元，以电动机为驱动系统的车辆。通常，容量型动力电池即可满足使用要求。纯电动汽车的特点是结构相对简单，生产工艺相对成熟，直接污染及噪声小；缺点是充电速度慢，续航里程短，动力性差，成本高，充电时间长，蓄电池使用后会产生对环境的污染。因此，适合于行驶路线相对固定、有条件进行较长时间充电的车辆。

（2）结构特点

电动汽车主要由电力驱动系统、电源系统和辅助系统三部分组成。典型电动汽车组成框图如图 5-2 所示。

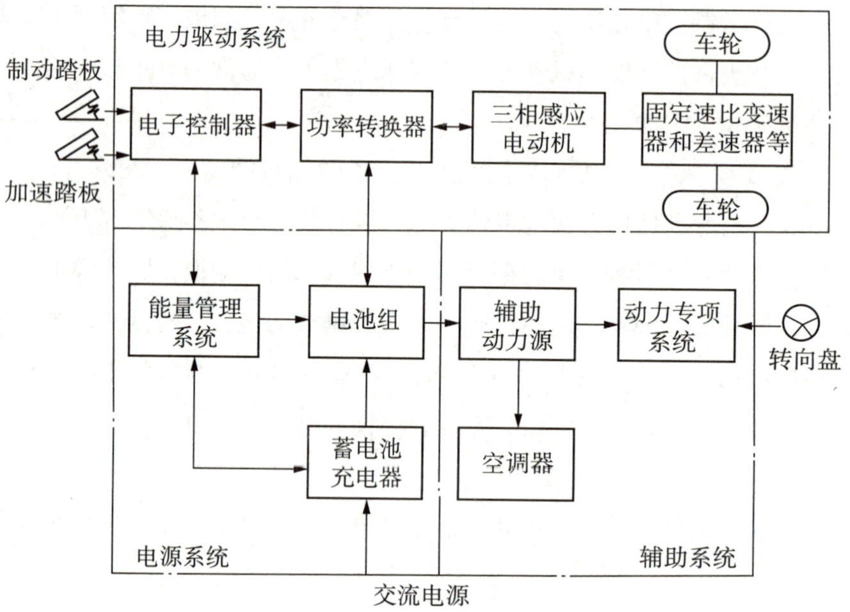

图 5-2　典型电动汽车组成框图

当汽车行驶时，由蓄电池输出电能（电流）通过控制器驱动电动机运转，电动机输出的转矩经传动系统带动车轮前进或后退。电动汽车续航里程与蓄电池容量有关，蓄电池容量受诸多因素限制。要提高一次充电续航里程，必须尽可能地节省蓄电池的能量。

（3）现状与前景

电动汽车在限定范围内应用的技术已经成熟，汽车电动化是世界汽车工业未来转型的方向，美国、德国、法国、英国、荷兰、挪威、印度等多个国家或地区制定了燃油汽车禁售时间表，大多在 2025 ～ 2030 年，汽车动力也将随之发生革命性变化。根据壳牌公司的研究预测，电力、氢能源将从 2030 年前后开始逐步“接管”汽车能源市场，2040 年、2060 年新能源使用量将分别占 20% 和 60% 以上，2070 年乘用车市场将全面摆脱对化石燃料的依赖，电动汽车将得到全面普及。

知识拓展

电动汽车的优势与缺点

电动汽车与传统燃油汽车相比，具有以下优点。

1. 用车成本较低

国家和地方政府对于电动汽车的补贴使得其价格下降到与传统汽车相当。由于油价居高不下，电动车的运行费用远低于燃油汽车。

2. 环保

电动汽车可以实现零排放。即使将所耗电量换算成发电厂的排放，造成的污染也少于传统燃油汽车，这是因为发电厂的能量转换率更高。另外，集中排放有利于集中安装减排治污设备。

3. 行驶舒适性好

电动机在运行过程中的噪声和振动要远远低于内燃机。

4. 结构简单

电动汽车没有传统燃油汽车那么复杂的传动机构和大空间的排气系统，维护起来也更方便。电动汽车还能轻易实现四轮驱动。

5. 提速快

传统汽车要在转速 2 000 r/min 时才能输出最大扭矩，而电动机在全部转速范围内都可以输出最大扭矩，因此起步加速非常快。

电动汽车也有很多的缺点，存在以下需要解决的问题。

1. 充电难、充电慢

传统汽车在加油站几分钟就可以加满燃油并继续上路；而电动汽车的充电，即使是用特斯拉的超级充电站，充满电也需要至少 30 min。除此之外，目前充电站并未像加油站一样随处可见，并且不同车企和车型的充电标准和规则也尚未统一。

2. 电池寿命短，续航里程短

电动汽车会让车主患上“里程焦虑症”，即使在炎热的夏天，也会为了省电而不开空调。电池的容量和寿命有限，且电池的成本较高。短里程能满足日常的通勤，却无法满足周末及节假日的长距离行驶。

3. 电池安全问题

即使是移动电源，都存在爆炸的危险，身为能量密度更高的电动车电池，安全隐患更大。市场上也出现过电动车自燃的现象。

只有解决了以上问题，电动车才能更好地代替传统燃油汽车进入人类的生活。

5. 生物燃料

生物燃料是指从农作物或动物的脂肪中提取的可再生燃料。目前，已研制成功并投入使用的植物油型燃料有菜籽油、棉籽油、棕榈油、豆油、甲醇酯混合油等。将植物油和动物脂肪与乙醇反应，脱去甘油三酸酯转变成甲酯或乙基酯之后就可以在柴油机上使用，这些酯类物称为生物柴油。

生物燃料是一种可再生能源，特别在环境效益上，生物质生产过程中会吸收大气中的 CO_2，有助于减轻地球温室效应。生物柴油中的富氧可以加快燃烧速度，减少 CO、HC 和微粒排放。一般的酯化燃料十六烷值较高，燃料的性质与轻柴油接近，但发动机喷油系统的金属会受到甲酯的腐蚀。

6. 二甲醚

二甲醚（DME）是一种含氧燃料，它无毒性，常温常压下为气态，常温时可在 506.625 kPa（5 atm）下液化，具有与液化石油气相似的物性。二甲醚的十六烷值大于 55，具有优良的压燃性，非常适合于压燃式发动机，可作为柴油机的代用燃料。

二甲醚

国内外相关研究表明，燃用二甲醚燃料的发动机，在对原柴油机的燃油系统进行必要改造后，在保持原柴油机高热效率前提下，可使氮氧化物排放大幅度降低，碳烟排放为零，没有任何加速烟度，发动机燃烧噪声可降低 10 dB（A）左右。二甲醚可使发动机氮氧化物、微粒、CO、非甲烷碳氢和醛类有害排放达到世界上最严格的美国加利福尼亚州超低排放车（ULEV）标准的潜力，显示了其可十分理想地作为洁净代用燃料，实现柴油机汽车高效率、低噪声、超低排放的前景。由于二甲醚燃料的超低排放特性，二甲醚燃料汽车技术已引起国内外专家高度重视，各国纷纷开始研制开发燃用二甲醚燃料的车用柴油机和汽车。

二甲醚燃料的制取可以煤、天然气、生物有机物等为原料产生合成气 CO、CO_2 和 H_2，然后通过常规二步法先制得甲醇，进一步脱水制成二甲醚。近年来，丹麦 Topsoe 公司等成功地开发出了以天然气为原料产生合成气，由合成气一步法高效制备二甲醚的工艺，大大降低了二甲醚的生产成本。

任务二　汽车工作液

汽车制动液、发动机冷却液、汽车减震器油、液力传动油、车用防冻液及汽车空调制冷剂等统称为汽车工作液。由于每一种工作液的工作条件不同，因此，对各种工作液提出了不同的性能要求。由于使用工作液的系统不同，正确、合理地选用工作液，不仅能减少零件的磨损，延长汽车的使用寿命，而且能节约能源。

一、汽车制动液

汽车制动液是在汽车液压制动系统中传递压力，使车轮制动器实现制动作用的液体，如图 5-3 所示，俗称刹车油。当驾驶员踩下制动踏板时，踏板力传至制动主缸（又称刹车总泵）活塞，再通过制动液传到各车轮工作缸（又称轮缸或分泵），使制动器工作，产生制动作用。

图 5-3　汽车制动液

1. 汽车制动液的使用性能

由于制动液的工作性能直接影响到行车安全，因此要求汽车制动液的凝固点低，低温流动性好；沸点高，高温下不产生气阻；使用过程中品质变化小，且不引起金属件和橡胶件的腐蚀和变质。

（1）高温抗气阻性

汽车行驶时制动液的温度可达 100 ～ 130 ℃，最高可达 150 ℃。行驶于多坡道山间公路的汽车，由于制动频繁，制动液温度会更高。而现代高速汽车的制动强度大、温度高，如果使用沸点低、易蒸发的制动液，受热时容易在管道内蒸发，产生气阻，引起制动失灵。因此，为保证制动安全可靠，要求制动液具有优良的高温抗气阻性。

（2）低温流动性

制动液工作温度变化很大，冬季接近最低气温，而在制动过程中温度可高达 150 ℃。为保证制动液在低温下制动油缸活塞能随踏板的动作灵活移动，在高温时又有适宜的黏度，不影响油缸的润滑和密封，要求制动液的黏度随温度的变化小，有良好的低温流动性和黏温性。为此，在使用技术条件中规定了制动液在 -40 ℃时的最高黏度和 100 ℃时的最低黏度。

（3）吸湿性

制动液吸收周围的水分会使沸点下降，如原来平衡回流沸点为 193 ℃的制动液，当吸湿后含水量达 0.2% 时，其沸点会下降至 150 ℃。因此，要求制动液不仅沸点要高，而且吸湿性要小。即使有水分进入制动液，也能形成微粒而和制动液均匀混合，不产生分离和沉淀现象。

（4）橡胶匹配性

制动系统采用皮碗、密封圈等橡胶制品用于密封。若制动液对这些橡胶制品有溶胀作用，则其体积和质量会发生变化，出现渗漏，制动压力下降，严重时导致制动失灵，因此要求制动液能通过皮碗试验，即皮碗在 120 ℃下经 70 h、在 70 ℃下经 120 h 浸泡后，其外观无皮黏，无鼓泡，不析出炭黑，根径增值在规定范围内。

（5）抗腐蚀性

在液压制动系统中，传动装置多数是由铸铁、铜、铝等金属制成的，长期与制动液接触，极易产生腐蚀，使制动系统失灵。为减少对金属的腐蚀，在制动液使用技术条件中，要求制动液进行金属腐蚀试验，腐蚀性要合格。

（6）氧化安定性和稳定性

工作温度变化时，制动液的物理化学性质应不发生明显变化。因此，制动液应具有良好的氧化安定性和稳定性，以避免在使用中产生胶质、沉积物和腐蚀性物质。

知识拓展

汽车制动液工作特点

汽车制动液必须保证车辆在严寒和酷暑的气温条件下，以及高速、重负荷、大功率及频繁制动的操作条件下的制动灵敏、有效、可靠，保障行驶安全。汽车制动液工作条件和工作特点如下。

（1）工作压力较高

液压制动系统的最大允许油压一般为 5 ～ 8 MPa。

（2）工作温度高

工作温度一般在 65 ～ 75 ℃，现代汽车多采用盘式制动器，温度将更高。

（3）接触材料多

接触材料主要有铸铁、铝合金、铜、钢、橡胶皮碗等。

2. 制动液标准与规格

（1）美国联邦政府安全局（DOT）标准

美国联邦政府安全局对机动车辆制动液标准进行多次修订，将制动液分为 DOT3、DOT4、DOT5（硅油型）和 DOT5.1（醇醚硼酸酯型）四个牌号。DOT3 和 DOT4 会吸收水分，而 DOT5 不会。

（2）美国汽车工程师学会（SAE）标准

美国汽车工程师学会的制动液标准是《机动车辆制动液》（SAE J1703—2016）、《硼酸酯型制动液》（SAE J1704—2014）和《低溶水型制动液》（SAE J1705—2007）。与 DOT 制动液标准对应关系是：SAE J1703、SAE J1704、SAE J1705 分别与 DOT3、DOT4、DOT5 相对应。

（3）国际标准化组织（ISO）标准

国际标准化组织的制动液标准是《道路车辆非石油基制动液》（ISO 4925—2005）。

（4）我国制动液标准

我国现行的制动液标准是《机动车辆制动液》（GB 12981—2012），按机动车辆安全使用要求分为 HZY3、HZY4 和 HZY5 三种产品，它们分别对应国际通用产品 DOT3、DOT4、DOT5 或 DOT5.1。

3. 制动液的类型

配制制动液的原料较多，通常分为三种类型：醇型、矿物油型及合成型。

（1）醇型制动液

醇型制动液是由 45% ～ 55% 精制草麻油和 55% ～ 45% 低碳醇（乙醇或丁醇）调配而成，经沉淀获得无色或浅黄色清澈透明的液体。其合成工艺简单，润滑性好，成本低廉；沸点低，易产生气阻；低温时性质也不稳定，有沉淀、分层现象，使制动沉重，甚至失灵。因此，在严寒的冬季和炎热的夏季，汽车不宜使用醇型制动液。目前，醇型制动液已被淘汰。

（2）矿物油型制动液

矿物油型制动液是以精制的轻柴油馏分经深度脱蜡得到的 C12 ～ C19 异构烷烃和烷烃组分，添加稠化剂和抗氧剂与助剂调和而成，具有良好的润滑性，无腐蚀性，但对橡胶零件有溶解作用。采用矿物油型制动液必须换用耐矿物油的橡胶零件。

（3）合成型制动液

合成型制动液是以有机溶剂中醇、醚和酯为基础，加入添加剂调制而成。国内外厂家多采用乙二醇醚、二乙二醇醚、三乙二醇醚、水溶性聚醚等作为基础溶剂，其工作温度范围较宽，高温抗气阻性能好，黏度随温度的变化平稳，对橡胶零件的溶胀率小，对金属有微弱的腐蚀性。该型制动液适用于高速、大功率、重负荷和制动频繁的汽车。

目前，国内外的汽车制动液基本为合成型制动液，包括醇醚型制动液、醇醚硼酸酯型（简称酯型）制动液和硅油型制动液（如聚硅氧烷型制动液）三种类型。

知识拓展

制动液的选用与使用注意事项

汽车制动液的选用应注意以下问题。

（1）选择合成型制动液，性能级别与 DOT 规格一致。

（2）按车辆使用说明书和规定选择制动液，所选用的制动液产品类型与车辆制造厂规定使用的制动液类型一致。

（3）在低温条件、高温条件、山区或高原条件使用的车辆，要特别注意制动液的低温性能或高温性能。

（4）如果制动系统的橡胶零件是耐油的，应优先选用矿物油型，它不受地区、季节和车型的限制，润滑性好，无腐蚀作用，换油周期长。若橡胶零件不耐油，则不能使用。

（5）不同规格的制动液不能混用。不同类型的制动液由于成分不同，混合后可能发生反应、分层或沉淀，堵塞制动系统，以致制动失灵。

（6）按车辆制造厂规定，适时更换制动液。

（7）制动液都是由有机溶剂制成的，易挥发、易燃；灌装和保存时应远离火源，防止日晒雨淋；用后把瓶盖紧，防止吸水变质。

合成制动液的使用注意事项如下。

（1）各种制动液不能混用，否则会因分层而失去制动作用。

（2）应保持制动液清洁，加注或更换制动液时要注意，制动液需经过过滤，不允许细微杂质混入制动系统。新制动液颜色为浅黄色，旧制动液颜色为棕色。

（3）制动液应密封存放，特别是醇醚型制动液，以免因吸收大气中的水分而使沸点降低。

（4）制动液多由有机溶液制成，易挥发、易燃，要注意防火，存放时应避免阳光直射。

（5）汽车制动液的更换周期一般是汽车行驶（2～4）$\times 10^4$ km 或 1 年。

二、发动机冷却液

发动机冷却液是一种含有特殊添加剂的液体，如图 5-4 所示，主要用于汽车液冷式发动机的冷却系统。发动机冷却液除具有散热冷却作用之外，还具有防冻作用，防止冬天因冻结而损坏缸体、散热器等，因而又称防冻液。对发动机冷却液的基本要求是：有较低的冰点；有良好的传热性能；低温湿度不宜太大；对金属、橡胶无腐蚀作用；有良好的化学安定性；泡沫少，蒸发损失少等。

图 5-4　发动机冷却液

1. 发动机冷却液的种类与性能

发动机冷却液主要由防冻剂与水按一定比例混合而成。根据防冻剂的不同，汽车常用的冷却液分为酒精型、甘油型、乙二醇型等。

（1）酒精型冷却液

酒精型冷却液是用酒精作为防冻剂，与水配制而成。酒精与水可按各种比例混合成不同冰点的防冻液。酒精含量越高，冷却液的冰点越低。其特点是：流动性好、散热快，但易燃、易挥发，而且挥发后冰点容易回升。

发动机冷却液

（2）甘油型冷却液

甘油型冷却液是以甘油（丙三醇）为防冻剂，与水配制而成。由于甘油的沸点、闪点高，这类防冻液的沸点高，不易蒸发和着火，但降低冰点的效率低，甘油用量大，成本高。

（3）乙二醇型冷却液

乙二醇型冷却液是用乙二醇作为防冻剂，与水配制而成。乙二醇的沸点高，与水混合后，可使混合液的冰点显著降低，最低可达 –68 ℃。用不同比例的乙二醇和水可配制成不同冰点的冷却液。这类冷却液的优点是：沸点高、冰点低、冷却效率高、黏度较小等。但乙二醇有毒性，对金属有腐蚀作用。因此，常用的乙二醇型冷却液，多加有防腐剂和染色剂。

乙二醇型冷却液是目前国内外使用最广的一种防冻液，约有 95% 的汽车使用这类冷却液。我国乙二醇型冷却液的产品已商品化，石化行业专门制定了该类产品的生产和使用标准。

知识拓展

乙二醇型防冻液的牌号和规格

我国乙二醇型防冻液按石化行业标准分为冷却液和浓缩液两大类。冷却液可直接加车使用，按其冰点分为 –25、–30、–35、–40、–45、–50 共六种牌号。浓缩液便于储运，使用时需加水稀释，它与蒸馏水各以 50%（体积分数）混合，冰点不高于 –37 ℃。冷却液和浓缩液按质量又分为一级品和合格品，一级品的防腐性能优于合格品。

冷却液可以制成浓缩液，由用户加清洁水稀释后使用，也可以制成一定冰点的产品直接加注使用。冷却液的冰点与乙醇、甘油或乙二醇所占的比例有关，改变冷却液的成分和所占比例，可得到不同冰点的冷却液。

2. 冷却液使用注意事项

根据使用地区冬季的最低气温选用适当冰点的冷却液，其冰点应比使用地区的最低气温低 10 ℃左右。

按照发动机的负荷性质选用汽车制造商规定的冷却液。例如，桑塔纳轿车选用 052774 BO/CO（G11冷却添加剂与水的混合液）冷却液；奥迪 A6 轿车选用 G12A8D 冷却添加剂与水的混合液；别克君威轿车选用 50% 清洁水与 50% GM GoodwrenchDEX–COOL 或 Havoline DEX–COOL 冷却液的混合液；东风日产汽车要求选用 30% 或 50% 的日产防冻冷却液或同类产品与去离子水或蒸馏水的混合液。

环境温度不同时冷却液混合液的比例应做适当调整，应经常用密度计检查冷却液成分。使用酒精型冷却液时，乙醇蒸发快，应及时添加适量乙醇和少量的水；乙二醇型和甘油型冷却液一般只需添加适量的水。不同类型的冷却液不能混装。要经常注意冷却液颜色、气味的变化，按期更换。

冷却液表面张力小，因而易泄漏，加注前应检查冷却系统的密封性。冷却液膨胀系数大，一般只应加到储液罐标记范围，不可过多，以免升温膨胀后溢出。

现代轿车高速发动机设计工作温度往往会高于 100 ℃，要求冷却液的沸点较高，因此不论冬、夏都要加注浓度适当的冷却液。例如，奥迪 A6 轿车要求夏季 G12A8D 冷却添加剂的体积分数必须不小于 40%。另外，乙二醇有毒，在使用中要防止中毒。

三、汽车减震器油

为了减少汽车在行驶中的振动与冲击，在载货汽车的前轮和轿车前后轮都安装有减震器，如图 5-5 所示。汽车减震器利用液体不易压缩的性质，通过油的流动阻尼力来吸收冲击和振动能量，并转化为油的热量散发掉，以此来缓冲汽车在行驶中的振动。汽车减震器所使用的工作介质即为减震器油，如图 5-6 所示。

图 5-5　减震器

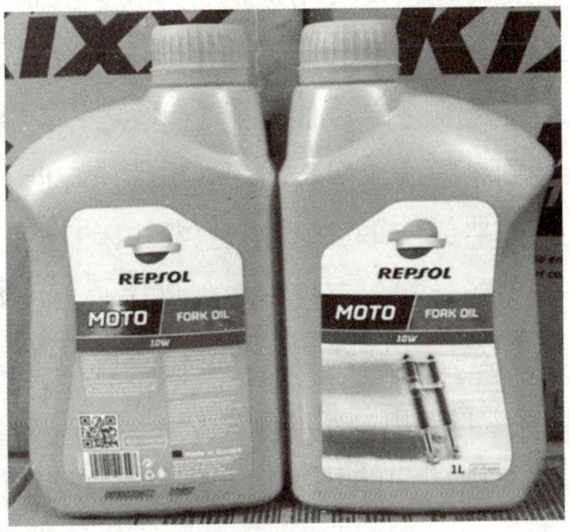

图 5-6　减震器油

减震器油在各种车辆的减震装置中长期使用，要适合不同的气候条件。既要受行驶中汽车振动的影响，还要经受各种剪切作用。因此，减震器油要求具有如下性能。

（1）具有优良的黏温性能和较高的黏度指数。阻尼力与油的黏度有密切关系，而油的黏度是随温度变化的。当环境温度发生变化或随着工作时间的延长，减震器油本身温度变化时，其油的黏度变化应很小。

（2）具有良好的低温流动性。减震器油的凝点要低，一般不得低于 −40 ℃，汽车在严寒冬季运行时，应不失去流动性。

（3）工作稳定性好，具有抗氧化稳定性和抗油气混合稳定性。

（4）具有良好的润滑性、抗磨性、抗泡性和防锈性能。

知识拓展

减震器油的选用及注意事项

选用减震器油时，应按照减震器油规格选用合适的油品。一般情况下，温暖地区可使用凝点不高于 −8 ℃的牌号，寒冷地区选用凝点不高于 −55 ℃的牌号。使用中应注意保持减震器密封良好，无渗漏现象。在车辆行驶 40 000 ～ 50 000 km 定期维护拆检减震器时，按规定更换减震器油，油量不能过多或过少，要适中。

四、液力传动油

液力传动油又称汽车自动变速器油（ATF），是用于汽车自动变速器中液力变矩器、液力耦合器的工作介质。图 5-7 为常用的液力传动油。

图 5-7　液力传动油

1. 液力传动油的使用性能

液力传动油在工作过程中不仅要起到传递动力的作用，而且还要起到对齿轮、轴承等摩擦副的润滑作用，另外在伺服机构中要起到液压自动控制的作用。因此，要求液力传动油具有良好的使用性能。

（1）适当的粘度和粘温性

液力传动油的使用温度为 -40 ～ 170 ℃，而且自动变速器对液力传动油的粘度非常敏感，其相关零部件对液力传动油粘度的要求也不相同。所以，粘度是液力传动油的重要特性之一。当液力传动油的粘度偏低时，不能满足传动零部件的润滑要求，液压控制系统的泄漏增加，导致油压降低；当液力传动油的粘度偏高时，不仅影响液力变矩器的效率，而且可能造成汽车发动机低温起步困难。因此，液力传动油应具有适当的粘度和良好的粘温性。为此，对于液力传动油，不仅要求测定其在 100 ℃、-23 ℃、-40 ℃时的粘度，同时还要求进行稳定性试验，即测定其在耐久性试验后的 99 ℃时的粘度。

（2）良好的热氧化安定性

液力传动油的热氧化安定性在使用过程中非常重要，汽车在行驶中，油温非常高，最高可达到 150 ～ 170 ℃。如果液力传动油的热氧化安定性不好，则会产生油泥、漆膜或沉淀物，并将影响液压控制机构管路及阀门的正常工作；而其氧化生成的酸性物和过氧化物对轴承及橡胶件也有影响。因此，汽车液力传动油对热氧化安定性能的要求越来越高。液力传动油的热氧化安定性一般采用“氧化试验”来评定。

（3）良好的抗磨性

为了确保自动变速器的齿轮机构、轴承、垫圈和油泵等长期正常工作，要求液力传动油必须具备良好的润滑性能。通常都是加入抗磨添加剂来提高液力传动油的抗磨性。

（4）良好的抗泡沫性

液力传动油在工作过程中会因为高速搅拌、流动等原因产生泡沫，这些泡沫会使系统压力波动、油压下降，严重时会导致供油中断，进而影响自动控制系统的准确性，破坏正常的润滑条件，造成离合器打滑、烧坏等故障。通常往液力传动油中加入抗泡沫添加剂，使泡沫从液力传动油中溢出，以此提高液力传动油的抗泡沫性能。抗泡沫性能的评定可按照《润滑油泡沫特性测定法》（GB/T 12579—2002）的规定进行。

2. 液力传动油的分类

目前，世界上许多国家采用的是美国材料试验学会（ASTM）和石油学会（API）的分类方案，将液力传动油分为 PTF-1、PTF-2 和 PTF-3 三大类。

（1）PTF-1 类油

PTF-1 类油主要用于轿车、轻型货车的自动传动装置。其特点是低温起动性好、对液力传动油的低温粘度及粘温特性有很高要求。典型的品种有：美国通用汽车公司的 GM Dexron 或 GM Dexron Ⅱ，对 GM Dexron Ⅱ 的低温粘度要求更严，氧化安定性及耐久试验条件也比较苛刻；福特汽车公司的 Ford M2C33–F，M2C33–F 型油的特点是静摩擦系数比较大，不加油性剂。

（2）PTF–2 类油

PTF–2 类油主要用于大负荷的液力传动系统，如重型载货汽车、大型客车、越野车和工程机械的自动变速器。其特点是适合在大负荷下工作，对抗磨性能的要求很高。典型品种为美国通用汽车公司的 Allison C–3。

（3）PTF–3 类油

PTF–3 类油主要用于全液压拖拉机的传动系统、差速器和最终驱动齿轮的润滑，还可以作为液压转向系统、制动系统、分动器和悬架机构的工作介质。这类油的特点是：适合在中低速下运转的拖拉机及野外作业的工程机械的液力传动系统和齿轮箱中使用，其抗磨性能和负荷承载能力比 PTF–2 类油的要求更严格。典型品种有 John Deere J–20A、福特汽车公司的 M2C41A、Massey Ferguson M–1135。

知识拓展

国内液力传动油的分类和规格

我国液力传动油没有统一的国家标准，按中国石油化工总公司企业标准，国产液力传动油按 100 ℃的运动粘度分为 8 号油和 6 号油。

8 号油的性能接近于国外的 PTF–1 类油，适用于各种小轿车、轻型载货汽车的液力传动系统；6 号油的性能接近于国外 PTF–2 类油，主要用于内燃机车和重型载货汽车的液力变矩器及工程机械的行走系统。

3. 液力传动油使用注意事项

（1）要经常检查油面高度

检查前应保证车辆停放在水平地面上，而且自动变速器油温为 80 ～ 85 ℃，然后检查油面高度是否在自动变速器量油尺上下两刻线之间。如果油量不足，应及时补充；如果发现油面高度下降过快，可能出现了漏油现象，应当及时排查原因。

（2）保持油温在正常范围内

油温一旦上升，将加速液力传动油的氧化变质，并将形成积炭和沉淀物。这些积炭和沉淀物可能会阻塞细小的控制油路，使自动变速器温度升高，最终导致自动变速器损坏。所以，应避免车辆因长时间超载或低速行驶而使油温升高。

（3）应定期更换液力传动油

如果有汽车出厂说明书，应该按照汽车使用说明书的要求，定期更换液力传动油和滤清器，同时也应该定期拆洗自动变速器的油底壳，并更换其密封垫；如无说明书，一般情况下每行驶 10 000 km 应检查油面，每行驶 30 000 km 应更换液力传动油。

（4）不同型号的液力传动油不能混用

不同品牌、不同类别的液力传动油，混用后可能会发生化学反应，将导致油品变质。

知识拓展

液力传动油的选用

选择液力传动油时，应根据使用的传动机构特点，并且结合液力传动油的类型进行选择。

（1）轿车和轻型货车应选用 8 号油，要求使用 GM-A 型、A-A 型或 Dexron 型的液力传动油的汽车均可用 8 号油代替，凡进口轿车说明书中要求选用 Dexron Ⅱ 型液力传动油的均可用 8 号油代替。

（2）中型货车、工程机械的液力传动系统应选用 6 号油。

（3）美国通用汽车一般使用 Dexron Ⅱ 型液力传动油，福特牌轿车通常使用 ATF-F 型液力传动油。

（4）ATF-F 型与 Dexron Ⅱ 型液力传动油不可相互替代。

五、车用防冻液

车用防冻液是汽车发动机冷却系统使用的循环介质，如图 5-8 所示。随着发动机结构的改进，现代汽车发动机的温度在逐渐提高，气缸内的气体温度可以高达 1 700 ～ 1 800 ℃。为了保证发动机能够正常工作，必须对在高温条件下工作的零部件进行冷却。

图 5-8　车用防冻液

1. 车用防冻液的使用性能

为保证发动机正常工作，延长发动机的使用寿命，要求车用防冻液具有如下使用性能。

（1）低温粘度小，流动性好

车用防冻液的低温粘度越小，越有利于防冻液在冷却系统中流动，冷却系统的散热效果越好。

（2）冰点低，沸点高

冰点是指防冻液的结冰温度。如果汽车在低温下放置时间过长，而发动机的防冻液没有达到应有的温度时，防冻液就会结冰而使体积变大，会导致冷却系统冻裂。沸点是发动机冷却系统的压力与外界大气压力达到平衡状态的条件下，防冻液开始沸腾的温度。防冻液在较高温度下不沸腾，可保证汽车在满载、大负荷、高速或在山区、夏季的条件下正常行驶。因此，要求发动机的防冻液具有较低的冰点、较高的沸点。

（3）防腐蚀性好

车用防冻液在工作过程中会接触多种金属材料，如果防冻液具有良好的防腐蚀性，就不会影响发动机正常工作。一般要求防冻液的 pH 值范围在 7.5 ～ 11，即防冻液处于碱性状态，如果超出该范围，将对其他金属材料产生不利影响。

（4）不易产生水垢，抗泡沫性好

水垢会影响发动机的散热效果，所以，要求防冻液在工作中不产生水垢；过多的泡沫会降低传热系数、加剧气蚀、使防冻液溢出，所以防冻液也应具有良好的抗泡沫性。

知识拓展

汽车防冻液的更换

汽车防冻液的更换方法如下。

（1）拧下水箱盖，打开水箱放水阀，放出防冻液。

（2）从水箱加水口加入防冻液，使防冻液充满水箱。拧开储液罐盖，加入防冻液，并达到“max”刻度线，注意不要超过“max”刻度线。

（3）盖上水箱盖和储液罐盖，并拧紧。

（4）启动发动机，怠速运转 2 ～ 3 min，拧开水箱盖这时冷却系统由于排除了部分空气，防冻液面将降低，这时应再补充防冻液，使防冻液达到“max”刻度线为止。

（5）盖好水箱盖。

2. 车用防冻液的种类及性能

车用防冻液主要由防冻剂、水以及各种添加剂按一定的比例混合而成。按防冻剂的不同，车用防冻液分为酒精型防冻液、乙二醇型防冻液、甘油型防冻液等。

我国乙二醇型汽车发动机防冻液的标准有《乙二醇型汽车发动机冷却液及其浓度》（SH 0521—1999）（于 2011 年 5 月 1 日作废，替换为《乙二醇型和丙二醇型发动机冷却液》（NB/SH/T 0521—2010））和《汽车发动机冷却液安全使用技术条件》（JT225—1996）。其中，SH1521–1999 标准将防冻液按冰点分为 –25 号、–30 号、–35 号、–40 号、–45 号和 –50 号六个牌号，新标准 NB/SH/T 0521—2010 对此分类未作更改。

（1）酒精型防冻液

酒精型防冻液是用酒精作为防冻剂，与水按各种比例混合而组成不同冰点的防冻液。酒精含量越高，防冻液的冰点越低。此类防冻液的特点是流动性好、散热快，但易燃、易挥发，而且挥发后冰点容易回升。

（2）乙二醇型防冻液

乙二醇型防冻液是用乙二醇作为防冻剂与水配制而成。乙二醇的沸点高（110 ℃以上），与水混合后，可使混合液的冰点显著降低，最低可达 –68 ℃，用不同比例的乙二醇和水可以配制成不同冰点的防冻液。这类防冻液的优点是沸点高、冰点低、冷却效率高、黏度较小等。但乙二醇有毒性，对金属有腐蚀作用。因此，常用的乙二醇型防冻液多加有防腐剂和染色剂。

乙二醇型防冻液是目前国内外使用最广的一种防冻液，约有 95% 的汽车使用这类防冻液。我国乙二醇型防冻液的产品已商品化，石化行业专门制定了该类产品的生产和使用标准。

（3）甘油型防冻液

甘油型防冻液是用甘油（丙三醇）作为防冻剂与水配制而成。由于甘油的沸点、闪点高，这类防冻液的沸点高，不易蒸发和着火，但降低冰点的效率低，甘油用量大，成本高。

3. 车用防冻液的选择及注意事项

乙二醇防冻液的选择主要包括发动机防冻液的防冻性选择和产品质量的选择。防冻性的选择原则是发动机防冻液的冰点要低于环境最低温度 10 ℃，以确保在特殊情况下防冻液不结冰。《汽车发动机冷却液安全使用技术条件》（JT 225—1996）推荐的使用范围见表 5-6。

表 5-6　推荐使用范围

牌号	推荐使用范围
–25 号	在我国一般地区，如长江以北、华北等环境最低气温在 –15 ℃以上地区均可使用
–35 号	在东北、西北大部分地区及华北等环境最低气温在 –25 ℃以上的寒冷地区使用
–45 号	在东北、西北及华北等环境最低气温在 –35 ℃以上的严寒地区使用

发动机防冻液的冰点除了受外界温度影响之外，在一定浓度条件下，与防冻液中添加剂的类型和用量也有很大关系。所以，不同厂家生产的防冻液，虽然乙二醇的浓度一样，但冰点可能有所不同。很多轿车都推荐选用 G11 防冻液与水的混合液。

发动机防冻液产品质量的选择要以生产汽车厂家推荐为准。轿车与载货汽车、汽油车与柴油车以及不同型号的同类汽车，均有所不同。所以，选择汽车发动机防冻液时，不仅要考虑到发动机的类型、发动机的性能、冷却系统的材料，同时还要考虑防冻液的防冻性、防沸性、防腐蚀性和防水垢性等。另外，还要区别防冻液是一级品还是合格品，是浓缩液还是已经调配好的冷却液。

六、空调制冷剂

现代汽车普遍设有空调系统用以调节车内的温度、湿度和气流等，提高汽车驾乘的舒适性。

制冷剂是一种化学物质，它是汽车空调制冷系统中完成制冷循环的工作介质。由于受到压缩机所做压缩功的作用，制冷剂在系统的各个部件之间循环流动，从而进行能量的转换和传递，完成制冷剂向高温热源放热和从低温热源吸热的过程，实现制冷的目的，如图 5-9 所示。

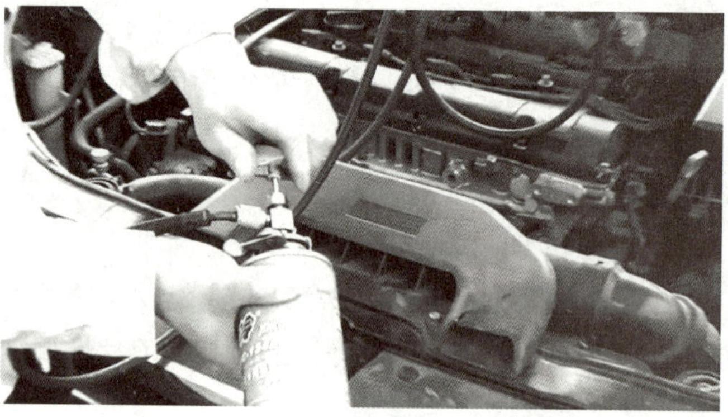

图 5-9　空调制冷剂

1. 对制冷剂的性能要求

制冷剂的性质直接影响制冷循环的技术经济指标，而且对制冷装置的特性和运行管理有着密切关系。汽车用制冷剂应满足下列要求。

（1）符合环保要求，对臭氧层无破坏作用，不产生温室效应。

（2）冷凝压力和蒸发压力适中。用常温的水或环境空气作为冷却介质时，制冷装置的冷凝压力不要过高，一般不要超过 1.2 ～ 1.5 MPa，这样可以减小制冷装置承受的压力，减少制冷系统的制造成本，减小制冷剂向外泄漏的可能性。在工作温度的范围内，其相应的蒸发压力不低于大气压力，避免制冷系统低压部分出现负压而使空气渗入系统。同时，冷凝压力和蒸气压力之比不要过大，以免压缩机排气温度过高，输气系数过低。

（3）单位体积制冷量要大，以减小压缩机的尺寸。

（4）临界温度要高，便于用一般环境温度的冷却水或空气进行冷凝。

（5）凝固温度要适当低些，这样可以得到较低的蒸发温度。

（6）热导率要大，这样可以提高换热器（冷凝器和蒸发器）的传热系数，减少传热面积，制冷换热器的体积和质量都会减小。

（7）密度、黏度要小，以减小制冷剂在系统中的流动阻力。

（8）对金属和其他材料应无腐蚀和侵蚀作用。

（9）在高温下应不分解，与润滑油不起化学反应，不爆炸、不燃烧。

（10）应对人的生命和健康无危害，不具有毒性和刺激性。

（11）易于取得，价格便宜。

（12）混合制冷剂不能因泄漏对系统和环境的安全产生危害。

对于上述要求，在实际工作中可根据用途和工作条件，保证主要的要求，对于不足之处可采用一定的措施弥补。

知识拓展

制冷剂的选用

制冷剂的选用是一个比较复杂的技术经济问题，需要考虑的因素很多，选择时应根据具体情况，进行全面的技术分析。

（1）考虑环保的要求

设计制冷机时，制冷剂要选择符合国际制冷剂行业 ASHRAE 标准和我国替代的国家方案所推荐的制冷剂，根据制冷机的使用寿命选用 HCFCs 或 HFCs 制冷剂。对于出口产品，还应符合使用国的国家标准。

（2）考虑制冷温度的要求

根据制冷剂温度和冷却条件的不同，选用高温（低压）、中温（中压）、低温（高压）制冷剂。通常选择的制冷剂的标准蒸发温度要低于制冷温度 10 ℃。选择制冷剂还应考虑制冷装置的冷却条件、使用环境等。运行中的冷凝压力不应超过压缩机安全使用条件的规定值。汽车空调只能用车外空气做冷却介质，对其产生影响的气温、风速、太阳辐射、热辐射等因素都在发生变化，其运行条件决定它只能选用高温（低压）制冷剂，过去选用 R12，目前大多选用 R134a。

（3）考虑制冷剂的性质

根据制冷剂的热力性质、物理性质和化学性质，选用那些无毒、不爆炸、不燃烧的制冷剂；选用的制冷剂应传热性能优良、阻力小、与制冷系统用材料相溶性好。二氧化碳制冷剂在汽车中的应用正处在试验阶段，一旦成熟，是可选用的一种较好的制冷剂。

（4）考虑压缩机的类型

不同的制冷压缩机的工作原理有所不同。体积式压缩机是通过缩小制冷剂蒸气的体积提高其压力的，一般选用单位体积制冷量大的制冷剂，如 R134a 等。

R134a 是一种新型制冷剂，其标准蒸发温度为 −26.5 ℃，具有安全性好、无色、无味、不燃烧、不爆炸、基本无毒性、化学性质稳定的特点。R134a 属于 HFC 类制冷剂，按当前的国际协议可长期使用。

随着科学技术的进步，新制冷装置不断出现，必然要研制多种制冷剂。

2. 制冷剂使用注意事项

（1）装制冷剂的钢瓶应储存在阴凉、干燥、通风的库房中，防止受潮而腐蚀钢瓶，在运输过程中要严防振动和撞击。

（2）要远离热源，避免日光直射。在充灌制冷剂时，不可将其直接放在火上烘烤，否则会导致容器发生爆炸。

（3）避免接触皮肤，以免造成局部冻伤。尤其危险的是，制冷剂进入眼球会冻结眼球中的水分，造成失明。因此，在处理制冷剂时，应戴上防护眼镜和手套。若制冷剂触及眼睛，应尽快用冷水冲洗；如有痛感，可用稀硼酸溶液或2%以下的食盐水冲洗；如触及皮肤，应立即用大量清水冲洗，并马上涂敷凡士林，面积大时应立即到医院治疗。

（4）要避开明火。制冷剂不会燃烧和爆炸，但与明火接触时，会分解出对人体有害的气体（光气）。

（5）要注意通风良好。当制冷剂排到大气中含量超过一定量时，会使大气中的氧气浓度下降而使人窒息。

知识拓展

制冷剂对大气环境的影响

在制冷系统中用于转换热量并且循环流动的物质称为制冷剂。空调制冷系统中主要是采用卤代烃制冷剂，其中不含氢原子的称为氯氟烃（CFC），含氢原子的称为氢氯氟烃（HCFC），不含氯原子的称为氢氟烃（HFC）。

空调制冷剂对大气环境的破坏性很大，主要有两个方面：一是对大气臭氧层的破坏，二是产生使全球气候变暖的温室效应。在卤代烃中，随着氯原子数的增加，其对大气臭氧层的破坏变得严重。因此，CFC对大气臭氧层的破坏最严重，HCFC对大气臭氧层的破坏程度相对较小，HFC不破坏大气臭氧层。制冷剂对臭氧层的破坏程度用破坏臭氧层潜值（ozone depletion potential,ODP）表示，其对温室效应的影响程度用全球变暖潜值（global warming potential,GWP）表示。

在比较长一段时期内，汽车空调系统大多采用CFC12（即R12，R代表refrigerant）作为制冷剂。R12属于氟利昂系制冷剂，学名为二氯二氟甲烷（CF2Cl2），具有优异的综合性能，且易于制造，原料来源丰富，价格相对低廉，且可以回收重复使用，是非常理想的制冷剂。但其致命缺陷是ODP值较高，对大气臭氧层有很强的破坏作用。据统计资料表明，大气层中CFC物质的75%来自汽车空调系统泄漏的R12。因此，1987年国际上制定了控制破坏大气层的蒙特利尔协议，CFC12是一级被禁制冷剂。我国于1991年加入该协议，并决定从1996年起，汽车空调的制冷剂开始使用R134a，2000年全部使用R134a。R12早已不在汽车上使用。

3. 汽车空调制冷剂的发展趋势

根据欧盟已通过的含氟温室气体控制法规的要求，自2017年1月1日起，欧盟禁止新生产的汽车空调使用GWP值大于150的制冷剂。由于以前使用的HFC-134a的GWP值为1 300，故将被禁用；在2011年1月1日至2017年1月1日的6年间，在用汽车空调按比例逐步淘汰GWP值大于150的制冷剂；自2017年1月1日起，禁止所有汽车空调使用GWP值大于150的制冷剂。因而，汽车空调使用低GWP值的制冷剂成为趋势和必然，CO_2、烃类化合物、HFC-152a以及一些可作为汽车空调制冷剂的混合物成为研究热点。

目前，杜邦公司在新一代汽车空调制冷剂的研制及推动其商业化方面取得重大进展。新型制冷剂

HFO–1234yf 的 GWP 值远远低于目前所使用的 R134a 制冷剂的 GWP 值。如果在 2017 年全球所有新生产的汽车空调都采用新的制冷剂，那么每年将节省 22 亿升燃料，相当于约 150 万辆汽车每年的总耗油量。该新型制冷剂还具有良好的环境特性，与现有在用的汽车空调技术相匹配，能够使汽车制造商应对欧盟自 2017 年起实施的有关禁止汽车空调采用 HFC 技术的时间要求。

七、冷冻润滑油

冷冻润滑油是制冷压缩机的专用润滑油，用来保证压缩机正常运转，并延长其使用寿命，如图 5–10 所示。

图 5–10　冷冻润滑油

1. 冷冻润滑油的作用

冷冻润滑油具有如下作用。

（1）润滑

压缩机是高速运动的机器，轴承、活塞、活塞环、曲轴、连杆等机件表面需要润滑，以减小阻力和磨损，延长使用寿命，降低功耗，提高制冷系数。

（2）密封

汽车使用的压缩机传动轴需要油封来密封，防止制冷剂泄漏。有润滑油，油封才起密封作用。同时，活塞环上的润滑油，不仅起减摩作用，而且起密封压缩机的作用。

（3）冷却

运动的摩擦表面会产生高温，需要用冷冻油来冷却。冷冻油冷却不足，会引起压缩机温度过热，排气压力过高，降低制冷系数，甚至烧坏压缩机。

此外，冷冻润滑油还可以降低压缩机的噪声。

2. 对冷冻润滑油的性能要求

冷冻润滑油在空调制冷系统中完全溶于制冷剂中，并随制冷剂一起在制冷系统中循环。因此，冷冻润滑油的温度有时会超过 120 ℃，而制冷剂的蒸发温度范围为 –30 ～ 10 ℃，使冷冻润滑油工作在高温与低温交替的条件下。为保证其工作正常，对冷冻润滑油提出以下性能要求。

冷冻润滑油的凝固点要低，在低温下具有良好的流动性。若低温流动性差，则冷冻 润滑油会沉积在蒸发器内影响制冷能力，或凝结在压缩机底部，失去润滑作用而损坏运动部件。

冷冻润滑油应具有一定的黏度，且受温度的影响要小。温度升高或降低时，其黏度随之变小或增大。与冷冻润滑油完全互溶的制冷剂会使冷冻润滑油变稀，因此，应选用黏度较高的冷冻润滑油。但黏度也不宜过高，否则需要的启动转矩增大，压缩机启动困难。因此，冷冻润滑油的黏度要选择适当。

冷冻润滑油与制冷剂的溶解性能要好。在汽车空调制冷系统中，制冷剂与润滑油是混合在一起的。当制冷剂流动时，润滑油也随之流动，这就要求制冷剂与润滑油能够互溶。若二者不互溶，润滑油就会聚集在冷凝器和蒸发器的底部，阻碍制冷剂流动，降低换热能力，并使润滑油不能随制冷剂返回压缩机，压缩机将会因缺油而加剧磨损。

冷冻润滑油的闪点温度要高，具有较高的热稳定性，即在高温下不氧化、不分解、不结胶、不积炭。冷冻润滑油应无水分。若润滑油中的水分过多，则会在膨胀阀节流口处结冰，造成冰堵，影响系统制冷剂的流动。同时，油中的水分会使冷冻油变质分解，腐蚀压缩机材料。

知识拓展

常用冷冻润滑油及其特性

冷冻润滑油在不同的空调系统中（如R134a、R12）不能混用，目前R134a空调系统中使用的冷冻润滑油为聚烃乙二醇（PAG）及聚酯类润滑油（ESTER）。

1. PAG

PAG是一种人工合成油，由C、H及聚合物链所组成，有两种基本型，虽已进入实用阶段，但存在如下问题。

（1）具有高吸湿力，易使制冷系统的节流元件（毛细管或膨胀阀）发生“冰堵”，因此要加大系统中干燥剂的装入量或提高其吸湿能力。一般空调系统蒸发温度均在0 ℃以上，不会出现“冰堵”，而汽车空调的蒸发温度设计在0 ℃左右，就可能受其影响。

（2）高温下与R134a的互溶性降低，甚至不可溶，因此要特别注意改善系统的冷凝条件，勿使其冷凝温度（或压力）过高，这对汽车空调尤为重要。

（3）润滑性比矿物油稍差。

（4）对制冷系统的橡胶密封件及制冷剂输送软管有渗透作用。

2. ESTER

ESTER是一种合成多元醇酯，由多元醇酯基油和添加剂配制而成，主要成分是季戊四醇、三甲基丙酮和各种直链或支链型酯酸。

聚酯油与R134a互溶性好，不会出现低温沉积现象。其吸水性比矿物油强，但水分与油是牢固结合的，在膨胀阀处不会结冰。原系统内残留的矿物油等物质对其性能影响不明显。由于在聚酯油中加了添加剂，故其耐磨性能良好。它与聚丁腈橡胶、氧丁橡胶等弹性材料相容性较好，与绝缘材料也有比较好的相容性。

3. 冷冻润滑油使用注意事项

（1）必须严格使用原车空调压缩机所规定的冷冻润滑油牌号，或换用具有同等性能的冷冻润滑油，不得使用其他油来代替，否则会损坏压缩机。

（2）冷冻润滑油吸收潮气能力极强，所以在加注或更换冷冻润滑油时，操作必须迅速，不能立刻加油时，不得打开油罐；在加注完后应立即将油罐的盖子封紧储存，不得有渗透现象。

（3）不能使用变质的冷冻润滑油，因为混入水分后，在氧气作用下会生成一种油酸性质的絮状酸性物质，腐蚀金属零部件。当压缩温度过高时，油被氧化分解而炭化变黑。不同牌号的油混合使用时，由于不同牌号的冷冻油所加的氧化剂不同而产生化学反应，引起变质。

（4）冷冻润滑油没有制冷作用，加注过量会妨碍热交换器的换热效果，所以只允许加到规定的用量，绝不允许过量使用，以免降低制冷量。

（5）在排放制冷剂时要缓缓进行，以免冷冻润滑油和制冷剂一起喷出。

任务三　汽车润滑油料

汽车在正常行驶过程中，许多零部件将产生相对运动，加之受载荷和温度的作用，会引起零部件的磨损。磨损是车辆发生故障和损坏的主要原因之一，为减缓零部件的磨损，减少故障，延长车辆的使用寿命，最大限度地发挥车辆的应有功率，必须正确使用润滑油料。

根据组成及润滑部位的不同，汽车润滑油料可分为发动机润滑油、齿轮油、液力传动油和润滑脂等。

一、发动机润滑油

发动机润滑油又称机油，是由石油中的重油经精制加工，并加入各种添加剂而制成的。发动机润滑油是润滑油料中用量最大、品种最多，且性能要求较高、工作条件异常苛刻的一种油。

发动机润滑油

1. 润滑油的作用

（1）润滑作用

润滑油的主要作用是润滑。发动机在高速运转时，许多机件相互摩擦，若摩擦部位得不到合适润滑，就会使金属之间形成干摩擦。干摩擦不仅引起摩擦表面剧烈磨损，消耗动力，而且其产生的热量在很短时间内便可使摩擦表面金属熔化，造成机件损坏。润滑油通过自流、飞溅和压力循环等方式能够在摩擦表面形成牢固的油膜，使金属间的干摩擦变成润滑油层间的液体摩擦，显著减小摩擦力，从而减少机件的磨损，如图 5–11 所示。

图 5–11　发动机润滑油

（2）冷却作用

发动机在工作时，发动机润滑油在单位时间内流出很大的流量进行循环。当润滑油流过各个摩擦表面时，能将摩擦表面生成的热量导出，使机件保持正常的工作温度。

（3）清洁作用

润滑油在机件摩擦表面快速流动时，除冷却以外，还能携带走磨损的金属和其他杂质，并把它们送到集油盘中沉淀或由滤清器滤除。通过反复循环，使干净的润滑油不断清洗摩擦表面，保持机件清洁和正常运转。

（4）密封作用

发动机各机件之间都有一定的间隙，有些间隙对发动机正常工作影响很大，如气缸、活塞和活塞环之间的间隙。这些间隙会造成漏气，降低发动机功率，并使废气和燃料下窜曲轴箱污染润滑油。润滑油能在这些间隙形成油膜，起到密封作用，从而阻断漏气。

此外，发动机润滑油还具有防锈作用，它能吸附在金属表面，防止水和酸性气体对金属的腐蚀。润滑油还具有缓冲作用，能在冲击载荷传递中起缓冲和消振作用。

（5）防腐作用

发动机润滑油中一般加有专用碱性添加剂，能中和燃烧产生的酸性物质，防止金属表面的腐蚀。

（6）对冲击载荷起缓冲作用

轴承和发动机零件间隙内的润滑油能够在传递载荷的过程中，对承受的冲击载荷起到缓冲作用，使发动机平稳工作并防止金属间接触，减少磨损。

2. 润滑油的工作环境

润滑油的工作环境十分恶劣，主要体现在以下方面。

（1）高温环境

润滑油在发动机中经常与高温机件接触，如气缸上部的平均温度为 180 ～ 270 ℃，曲轴箱中平均油温为 85 ～ 95 ℃。在这样高的温度下工作，润滑油极易氧化变质。

（2）金属及催化剂的影响

润滑油在发动机内的循环次数可达每小时 100 次以上，高温的润滑油不断地与各种金属机件及空气接触，在金属的催化下与氧反应，使润滑油不断老化变质。尤其是在一些装有废气净化装置的发动机中，净化装置内的催化剂对发动机润滑油的催化作用更为强烈，加速了润滑油老化。

（3）燃烧废气和燃料的侵蚀

发动机在工作中，燃烧的废气和未完全燃烧的混合气，在气缸密封不良时会窜入曲轴箱。这些气体冷凝后将形成水和酸性物质，稀释、腐蚀润滑油，尤其燃料中的硫和铅对润滑油的腐蚀更甚，使润滑油严重变质。

（4）其他杂质的污染

发动机在运转中，由于吸入空气时带入尘埃，机件磨损产生的金属屑以及燃烧生成的积炭等都会进入润滑油，从而对润滑油造成严重污染。

知识拓展

发动机润滑油的分类

1. 按使用性能分类

根据《内燃机油分类》（GB/T 28772—2012）规定，发动机润滑油的详细分类是根据产品特性、使用场合和使用对象划分的。

每一个品种由两个大写英文字母及数字组成的代号表示。

当代号的第一个字母为“S”时代表汽车机油，“GF”代表以汽油为燃料的、具有燃料经济性要求的乘用车发动机油，第一个字母与第二个字母或第一个字母与第二个字母及其后面的数字相结合代表质量等级。汽油机润滑油分为 SE、SF、SG、SH、GF–1、SJ、GF–2、SL、GF–3、SM、GF–4、SN 和 GF–5 等几类。

当代号的第一个字母为“C”时代表柴油机油，第一个字母与第二个字母相结合代表质量等级，其后的数字 2 或 4 分别代表二冲程或四冲程柴油发动机。柴油机润滑油分为 CC、CD、CF、CF–2、CF–4、CG–4、CH–4、CI–4 和 CJ–4 等几类。

2. 按黏度分类

《内燃机油黏度分类》（GB/T 14906—2018）规定了发动机润滑油的黏度分类等级。该标准中将润滑油分为含字母 W 系列和不含字母 W 系列，前者以最大低温黏度、最高边界泵送温度以及 100 ℃时最小运动黏度划分，后者仅以 100 ℃时运动黏度划分。

黏度等级以六个含 W 的低温黏度级号（0W、5W、10W、15W、20W、25W）和八个不含 W 的 100 ℃运动黏度级号（8、12、16、20、30、40、50、60）表示。

以上黏度级数单一的润滑油称为单级油。一些经聚合物黏度指数改进剂调配，具有多黏度等级的润滑油称为多级油，其牌号应标上适当的多黏度等级，即含低温黏度级和 100 ℃运动黏度级，如 10W/30，20W/40 等。多级油的优点是黏度随温度变化小、温度范围宽、通用性好，而单级油在低温下容易凝固，会造成烧瓦、抱轴。

3. 润滑油的选用

选择润滑油时，通常从两个方面考虑：一是使用级的选择；二是黏度级的选择。

（1）润滑油使用级的选择

润滑油使用级的高低是按级别代号的第 3 个字母排序区别的，从 A 开始越往后等级越高。使用级的选择主要考虑发动机机型，不同机型发动机功率和活塞平均速度不同，所产生的气缸有效压力和发动机转速也不同。气缸有效压力越高，发动机转速越高，对润滑油的使用级要求越高。

目前市场上出售的润滑油有国产的或进口小容器包装的，在容器的一侧标有 API 使用级号，进口汽车使用说明书也按 API 使用分类推荐用油，有的汽车生产厂家要求使用其专用润滑油。如果没有特别要求，不论是国产车还是进口车，也不论是国产润滑油还是进口润滑油，都可按表 5-7 所示的对应关系进行选择。

表 5-7　润滑油详细分类与 API 使用分类（SAE J183）的对应关系

汽油机润滑油		柴油机润滑油	
GB 详细分类	SAE J183 分类	GB 详细分类	SAE J183 分类
—	≈ SB	—	≈ CA
SC	≈ SC	—	≈ CB
SD	≈ SD	CC	≈ CC
SE	=SE	DD	=CD
SF	=SF	—	—

（2）润滑油黏度级的选择

润滑油黏度级主要依据环境温度的高低来选择。根据季节、气温及使用地区不同，相应选择不同牌号的润滑油，见表 5-8。

表 5-8　根据气温与使用地区选择润滑油黏度等级

气温（或月份）	地区	润滑油黏度等级
4 ～ 9 月	全国大部分地区	20、30、40W
0 ～ 10 ℃	长江以南，南岭以北	25W
-5 ～ -15 ℃	黄河以南，长江以北	20W

续表

气温（或月份）	地区	润滑油黏度等级
-15 ~ -20 ℃（-20 ~ -25 ℃）	华北、中西部及黄河以北的严寒地区	15W 或 10W
-25 ~ -30 ℃	东北、西部等严寒地区	5W
-30 ℃以下	严寒地区	0W

为避免冬夏季换油，可选用多级油，见表 5-9。选用润滑油的黏度级时还必须考虑发动机的负荷、转速和磨损情况。如果发动机负荷大、转速低或磨损严重时，应选用黏度较大的润滑油；反之，则应选择黏度较小的润滑油。

表 5-9　不同黏度级润滑油适用气温范围

黏度级或名称	适用气温范围 /℃	黏度级或名称	适用气温范围 /℃
5W/20	-45 ~ 20	10W/40	-30 ~ 40
10W/30	-30 ~ 30	15W/40	-25 ~ 40
15W/30	-25 ~ 30	20W/40	-20 ~ 40
20W/30	-20 ~ 30		

知识拓展

润滑油的检测

润滑油换油指标的检测最好使用专门设备和仪器，但在实际应用中很难做到，通常是凭经验进行判断。下面介绍几种应用较广的快速检测方法。

1. 外观与气味检测

润滑油比较清澈，保持或接近新润滑油颜色，表明污染不严重；颜色浑浊或呈灰白色，表明油中含水量较大；颜色变黑，表明润滑油受到未燃燃料的污染（多级油在使用中也会变黑，应注意区别）；润滑油出现刺激气味是高温氧化后的特征；有燃料味则表明润滑油被燃料严重稀释。

2. 油滴斑点检测

将油样滴一滴在滤纸上，油滴扩散后，滤纸上便形成颜色不同的晕环似的斑痕。观察斑痕的颜色、外形并对照有关图谱，可判断油的氧化程度和污染情况。

3. 爆裂检测

将油样滴在加热至 110 ℃以上的金属片上，若产生爆裂，表明油中含有水分。这种方法简单灵敏，能检验出油中 0.1% 以上的含水量。

4. 润滑油使用注意事项

（1）正确选用润滑油的使用等级

必须使用质量等级合适的润滑油，这是保证发动机正常工作的关键。一般使用等级较高的油可代替等级较低的油，但等级低的润滑油不能代替等级高的润滑油使用，否则会导致发动机的早期磨损或损坏。在某些特殊工况下，如汽车长时间低温、低速行驶，长时间高温、高速运行，长时间满载并拖挂车行驶等，可视情况选用高一等级的润滑油。

（2）保持正常的油面高度

润滑油油量不足会加速润滑油变质，甚至会因缺油而引起零部件的黏结与异常磨损。但润滑油太多，将导致润滑油从气缸和活塞间隙中窜进燃烧室产生积炭，同时增大了曲轴连杆的搅拌阻力，使燃油消耗增加。实验表明，加油量超过标准 1% 时，燃油消耗会增大 1.2%。

（3）选用适当黏度的润滑油

润滑油并非黏度越大越好，黏度过大，刚启动时润滑油流动太慢，导致机件磨损加剧。且润滑油黏度大，摩擦阻力也大，动力损失增加，油耗上升。国外有资料表明，润滑油黏度降低 1 mm^2/s，大约节约燃料 1.5%。

（4）在换油时要将废油放净

为延长发动机的使用寿命，在换润滑油时要将旧润滑油彻底放净，以免污染新加入的润滑油，导致新油迅速变质，引起发动机腐蚀性磨损。一般情况下，在高温时放净废润滑油，然后加注洗油（由 85% 的普通润滑油和 15% 的汽油混制而成），启动后怠速运转 10 min，再放净，最后重新加入洁净的新润滑油即可。

（5）定期或按质换油

任何质量的润滑油，在使用到一定的里程后，一些理化指标发生变化，所以要根据油的变化情况，按规定定期或按质及时换油。

（6）不同牌号的润滑油不能混合使用

汽油机润滑油与柴油机润滑油不能混合使用；普通润滑油与增压润滑油不能混合使用；不同黏度等级的润滑油不能混合使用；全年通用润滑油或冬季使用稠化润滑油，不能添加普通润滑油。

二、齿轮油

汽车齿轮油通常是指用于汽车手动变速器、驱动桥齿轮传动机构以及转向机构的润滑油，与其他润滑油一样，汽车齿轮油主要作用是减少齿轮及轴承的摩擦与磨损，加强摩擦表面的散热作用，防止机件发生腐蚀和锈蚀，如图 5-12 所示。但由于其工作条件与发动机润滑油不同，因而对汽车齿轮油的性能要求也不相同。

图 5-12　汽车齿轮油

1. 齿轮油的主要使用性能

为保证齿轮传动的良好润滑和正常运转，对齿轮油的性能要求是：具有良好的抗磨性；适宜的黏度和良好的黏温性；良好的热氧化安定性；良好的防腐蚀、防锈性能和抗泡沫性等。

（1）极压抗磨性

为满足现代汽车在设计制造上不断提高功率和车速的要求，一些高级轿车和越野汽车多采用准双曲面齿轮，目的是降低车身的高度以适应高速行驶。准双曲面齿轮在传动时，齿面压力可达 3 000 ～ 4 000 MPa，滑动速度可达 450 m/min。在这样高压和高速下，准双曲面齿轮处于边界润滑状态。

另外，当汽车在重载荷起动、爬坡或遇到冲击载荷时，齿面接触区中有很大部分处于边界润滑状态。因此，车辆齿轮油要求在较高的负荷下仍能保持足够厚的油膜。车辆齿轮油的黏度增加有利于承载能力的提高，但黏度过大会增加摩擦损失，所以在车辆齿轮油中一般都加有极压抗磨添加剂。

（2）黏度和黏温性

齿轮油和发动机润滑油一样，必须有适宜的强度和良好的黏温性能。一般来说，使用高黏度齿轮油可防止齿轮及轴承损伤，减小噪声及防止漏油，而低黏度的齿轮油有利于提高传动效率，增强冷却作用及油的传送。

齿轮油虽无发动机润滑油那么大的温度变化范围，但因齿轮的齿面压力很大，特别是车辆在寒冷地区使用时，要求有良好的黏温性能，否则易使磨损加剧，增大燃油消耗。

（3）防腐蚀、防锈性能

在汽车传动机构中，由于空气中的湿气在壳体中冷凝而有水存在，使金属产生锈蚀。另外，油中的酸性物质，如各种有机酸、硫化物等会引起金属的腐蚀。因此，齿轮油中要添加防锈剂和防腐剂，使之在金属表面形成一层保护膜，以阻止对金属的侵蚀。

（4）热氧化安定性

轿车后桥和变速器的工作温度并不很高，但随着发动机工作条件变苛刻，齿轮箱体积的缩小，车辆齿轮油的氧化越来越严重。重型汽车中齿轮装置的工作温度相当高。车辆齿轮油的氧化是个突出的问题，它使油的黏度增大，生成油泥，影响车辆齿轮油的流动。同时，氧化产生的腐蚀性物质会加速车辆齿轮油对金属的腐蚀和锈蚀，氧化生成的极性沉淀物会吸附极性添加剂，使添加剂随沉淀物一起从油中析出。沉淀物会使橡胶老化变硬，沉淀物覆盖于金属零件表面时，又会影响其散热，因此，车辆齿轮油还应加入抗氧剂，使其具有良好的热氧化安定性。

（5）抗泡沫性

齿轮油在空气存在的情况下受到强烈搅动会产生泡沫，若泡沫不能很快地消除，不仅会产生溢流，使油料减少，而且还会破坏油膜，加剧磨损，严重时造成齿轮烧结、胶合等损伤。因此，为使齿轮油泡沫生成少、消散快，需添加抗泡剂。

2. 齿轮油的工作条件及其要求

汽车齿轮油与发动机润滑油相比，其工作条件有两大特点：一是承受压力大；二是工作温度不高。

（1）承受压力大

齿轮在啮合过程中，齿与齿间的接触为线接触，接触面小，齿面啮合部位的接触压力很高，一般汽车齿轮的接触压力达 2 000 ～ 3 000 MPa，而双曲面齿轮因相对滑动速度大，齿面接触压力就更高，可达 3 000 ～ 4 000 MPa。因此，齿轮啮合部位的油膜易破裂，导致摩擦和磨损，甚至引起擦伤和胶合。

（2）工作温度不高

齿轮油基本不受发动机热源影响，油温的升高主要是传动机构摩擦产生的热量引起的，并且随周围环境气温和行驶中外部空气冷却强度的变化而变化。一般齿轮工作油温最高不超过 100 ℃，准双曲面齿轮由于滑动速度大，工作油温相对高些，通常国产车（如 EQ1090）的油温为 120 ℃，进口车因滑动速度快，油温可达 160 ～ 180 ℃。

知识拓展

我国车辆齿轮油的分类

根据SAE的黏度分类，并参照API的使用分类，我国齿轮油分为普通车辆、中负荷车辆和重负荷车辆齿轮油三种，其性能要求、使用说明以及与API的对应关系见表5-10。

表5-10　我国车辆齿轮油的分类

类别	使用说明	性能要求	相当于API
普通车辆齿轮油	以精制润滑油为基础油，加入少量硫磷极压抗磨剂和其他多种添加剂调和而成，适用于NJ130、NJ150等汽车后桥齿轮及变速器	通过解放车台架及行车试验	GL-3
中负荷车辆齿轮油	添加剂量较多，适用于手动变速器、转向器、弧齿锥齿轮．使用条件不太苛刻的准双曲面齿轮及要求用GL-4齿轮油的进口车	通过抗极压和高速低扭、低速高扭试验	GL-4
重负荷车辆齿轮油	添加剂量更多，适用于操作条件苛刻的准双曲面齿轮及其他要求用GL-5齿轮油的进口车	较中负荷齿轮油增加冲击负荷试验	GL-5

3. 车辆齿轮油的选用

（1）根据齿轮的工作环境选用使用等级

通常进口轿车、中外合资生产的轿车及大负荷货车的驱动桥准双曲面齿轮，其接触压力在3 000 MPa以上，滑动速度超过10 m/s，油温达120～130 ℃，工作条件十分苛刻，必须使用重负荷车辆齿轮油（GL-5）；接触压力在3 000 MPa以下，滑动速度在1.5～8 m/s之间的驱动桥准双曲面齿轮，因工作条件不太苛刻，应选用中负荷车辆齿轮油（GL-4）；弧齿锥齿轮因齿轮接触压力和滑动速度较低，可选用普通车辆齿轮油，负荷较大的车辆可选用中负荷车辆齿轮油。

手动变速器、分动器和转向器等，其工作负荷较小，若无特殊要求，为简化用油品种，可与驱动桥使用同一种车辆齿轮油。对含铜机件的变速机构，因车辆齿轮油中的硫对其有腐蚀作用，可采用柴油机油。

（2）根据季节、气温选用黏度等级

车辆齿轮油的低温黏度决定了传动机构在低温下的操作性能。因此，可以将车辆齿轮油黏度达150 000 MPa·s的最高温度作为使用的最低温度对照当地气温来选用。通常长江流域及其他冬季气温不低于-10 ℃的地区，全年可使用90车辆齿轮油；长城以北冬季气温不低于-26 ℃的寒区，全年可用80W、90车辆齿轮油；黑龙江、新疆等冬季最低气温在-26 ℃以下的严寒区，冬季应使用75W车辆齿轮油，夏季应换用90车辆齿轮油；其他地区全年可用85W、90车辆齿轮油。

四、润滑脂

图5-13　润滑脂

润滑脂俗称黄油，主要是由润滑油和稠化剂按适当比例组合而成，并根据需要加入各种添加剂。实际上润滑脂是稠化了的润滑油，常温下呈半固体膏状，如图5-13所示。

润滑脂具有固体和液体的双重性能，在低负荷时呈现固体的性质，当超过某个临界负荷时，润滑脂开始出现塑性变形（类似于液体那样的流动），卸荷或减载后又恢复固体性质。这一性能使得润滑脂对金属表面有良好的黏附能力而不滑落，并可抵抗流失，防止甩落，同时具有良好的润滑性。因此，采用润滑脂润滑不需要像润滑油、齿轮油那样的润滑系统和防漏结构。此外，它可以对某些特殊工作面进行润滑，如：摩擦部位难以密封，不能将油及时有规律地送到的摩擦面，或因离心力作用使润滑油无法存留的摩擦面；低速、重负荷、冲击力较大的摩擦部位或高温部位；工作环境潮湿，水、灰尘较多又难以密封隔离的部位；同酸性气体、腐蚀性气体接触的部位等。

1. 润滑脂的组成

润滑脂

润滑脂由基础油、稠化剂和添加剂（包括填料）组成。一般润滑脂中稠化剂含量约为 10% ～ 20%，基础油含量约为 75% ～ 90%，添加剂及填料的含量在 5% 以下。

（1）基础油

基础油是润滑脂中含量最多的组分，是起润滑作用的主要物质。矿物油和合成油都可作基础油。矿物油是制造普通润滑脂的主要基础油，其价格低，但使用温度范围较窄，不能同时满足高、低温要求。合成油用于制造高、低温或某些特殊用途的润滑脂。基础油的黏度必须根据润滑脂的使用条件决定，低温、轻负荷、高转速应选低黏度油，反之，则应选中黏度或高黏度油。

基础油对润滑脂的性能有较大影响。一般润滑脂多采用中等黏度及高黏度的石油润滑油作为基础油，也有一些为适应在苛刻条件下工作的机械润滑及密封的需要，采用合成润滑油作为基础油，如酯类油、硅油等。

（2）稠化剂

稠化剂在润滑脂中的含量约占 10% ～ 30%，其作用是使基础油被吸附和固定在结构骨架之中。稠化剂有烃基、皂基、有机和无机稠化剂四类，90% 的润滑脂是用皂基稠化剂制成的，其分为单皂基（如钙基脂）、混合皂基（如钙钠基脂）、复合皂基（如复合钙基脂）三种。

（3）添加剂与填料

一类添加剂是润滑脂所特有的，叫胶溶剂，如甘油与水等。它使油皂结合更加稳定，又称稳定剂。钙基润滑脂一旦失去水分，其结构就完全被破坏，造成严重的油皂分离，不能成脂，因而钙基脂常用微量水（1% ～ 2%）作稳定剂。甘油在钠基润滑脂中可以调节润滑脂的稠度。

另一类添加剂与润滑油添加剂的作用相同，如抗氧、抗磨和防锈剂等，但用量一般较润滑油中为多。为了提高润滑脂抵抗流失和增强润滑的能力，常添加一些石墨、二硫化钼和炭黑等作为填料。

2. 润滑脂的使用性能指标

（1）稠度

稠度指像润滑脂一类的塑性物质，在受力作用时抵抗变形的程度。

稠度是塑性的一个特征，它仅仅是反映润滑脂对变形和流动阻力的一个笼统的概念。某些摩擦点之所以采用润滑脂，就是因为它具有一定的稠度。适当的稠度可以使润滑脂容易加注并保持在摩擦面上，以保持持久的润滑作用；稠度不同，适用的转速、负荷和环境温度等工作条件也有所不同，所以稠度是润滑脂的一个很重要的指标。

评定润滑脂的稠度指标是锥入度。润滑脂的锥入度是指在规定时间、温度条件下，规定质量的标准锥体刺入润滑脂试样的深度，以 1/10 mm 表示。润滑脂锥入度测定可按《润滑脂和石油脂锥入度测定法》（GB/T 269—2023）规定的方法进行。润滑脂锥入度测定的方法为：在 25 ℃条件下，将锥体组合件从锥入计上释放，在锥体下落 5 s 时，测定其刺入试样的深度。

根据测定方法不同，锥入度有多种表示方法。

① 不工作锥入度

不工作锥入度是将润滑脂试样在尽可能少搅动下移到润滑脂工作器脂杯中进行测定的锥入度。

② 工作锥入度

工作锥入度是将润滑脂试样在标准工作器脂杯中，经受往复工作 60 次后，立即测定的锥入度。

③ 延长工作锥入度

延长工作锥入度是将润滑脂试样在标准工作器脂杯中经受往复工作超过 60 次后，立即测定的锥入度。

锥入度反映润滑脂在低剪切速率下变形和流动阻力的性能。锥入度越大，润滑脂越软，即稠度越小，越易变形和流动；锥入度越小，则润滑脂越硬，即稠度越大，越不易变形流动。我国用锥入度划分润滑脂的稠度牌号，是润滑脂选用的重要依据。

按《润滑剂、工业用油和有关产品（L 类）的分类 第 1 部分：总分组》（GB/T 7631.1—2008）的规定，我国润滑脂稠度等级和相应锥入度范围的对应关系见表 5-11。

表 5-11　润滑脂的稠度等级和相应锥入度范围

稠度等级	000	00	0	1	2	3	4	5	6
锥入度（25 ℃，0.1 mm）	445 ～ 475	400 ～ 430	355 ～ 385	310 ～ 340	265 ～ 295	220 ～ 250	175 ～ 205	130 ～ 160	85 ～ 115

（2）高温性能

温度对于润滑脂的流动性具有很大的影响，温度升高，润滑脂变软，使润滑脂附着性能降低而易于流失。另外，在较高的温度条件下还易使润滑脂的蒸发损失增大，氧化变质与凝缩分油现象严重。润滑脂失效，大多是由于凝胶的萎缩和基础油的蒸发损失所致，即润滑脂失效过程的快慢与其使用温度有关。高温性能好的润滑脂可以在较高的使用温度下保持其附着性能，其变质失效过程也比较缓慢。

评定润滑脂的高温性能的指标是：滴点、蒸发度和轴承漏失量等。

（3）低温性能

汽车起步时润滑脂的温度几乎和环境温度一样，汽车在寒冷地区使用时，要求润滑脂在低温条件下仍能保持良好的润滑性能。

评定低温性能的指标有：润滑脂低温条件下的相似黏度及低温转矩。

润滑脂的黏度在一定温度条件下是随着剪切速率而变化的变量，这种黏度称为相似黏度，单位为 Pa·s。相似黏度影响起动阻力和功率损失，以及润滑脂进入摩擦面间隙的难易程度，所以它是评定润滑脂低温性能的重要依据。

低温转矩是表示润滑脂在低温条件下使用时阻滞低速度滚珠轴承转动的程度。

（4）极压性与抗磨性

在相互接触的金属表面间的润滑脂所形成的脂膜，能承受来自轴向与径向的负荷，脂膜具有的承受负荷的特性就称作润滑脂的极压性。一般而言，在基础油中添加了皂基稠化剂后，润滑脂的极压性就增强了。在苛刻条件下使用的润滑脂，常添加有极压添加剂，以增强其极压性。

润滑脂通过保持在运动部件间的油膜，防止金属对金属相接触而磨损的能力称为抗磨性。润滑脂的稠化剂本身就是油性剂，具有较好的抗磨性。在苛刻条件下使用的润滑脂，添加有二硫化钼、石墨等减摩剂和极压剂，因而具有比普通润滑脂更强的抗磨性，这种润滑脂被称为极压型润滑脂。

（5）抗水性

抗水性指润滑脂遇水后抵抗结构和稠度等改变的性能。抗水性差的润滑脂，遇水后稠度下降，甚至乳化而流失。汽车在雨天或涉水行驶时，底盘各摩擦点可能与水接触，要求使用抗水性能良好的润滑脂。润滑脂的抗水性能主要取决于稠化剂的抗水性。皂基稠化剂除钠皂和钙钠皂外，其他金属皂的抗水性都较好。

（6）防蚀性

防蚀性是指润滑脂阻止与其相接触金属被锈蚀、腐蚀的能力。

润滑脂的基础油和稠化剂本身是不会腐蚀金属的，使润滑脂产生腐蚀性的原因很多，主要是由于氧化产生酸性物质所致。一般而言，过多的游离有机酸、碱、水分都会引起腐蚀。

（7）胶体安定性

胶体安定性是指润滑脂在储存和使用中避免胶体分解，防止液体析出的能力。

润滑脂发生油皂分离的倾向大则说明其胶体安定性不好，将直接导致润滑脂的稠度改变和流失。

（8）氧化安定性

氧化安定性指润滑脂在储存和使用中抵抗氧化的能力。

润滑脂中有基础油和稠化剂与空气接触，在不同程度上被氧化，使其酸值增加，易腐蚀金属，稠度变软，使用寿命缩短。因为稠化剂的金属皂会促进氧化作用，所以润滑脂的氧化安定性要比其基础油差，因此润滑脂中普遍加入抗氧剂。

（9）机械安定性

机械安定性指润滑脂在机械工作条件下抵抗稠度变化的能力。

润滑脂在使用过程中因受到机械运转剪切作用，稠化剂的纤维结构不同程度被破坏，使稠度有所下降。如果润滑脂的机械安定性不好，则在长期工作中可能因过分软化而流失，从而缩短其使用寿命。

3. 汽车常用润滑脂的品种与牌号

（1）钙基润滑脂

钙基润滑脂是由动植物脂肪酸与石灰制成的钙皂稠化矿物润滑油，并以水作为胶溶剂制成的，它是20世纪30年代的老产品，有1、2、3、4四个稠度牌号。滴点为80～90 ℃，使用温度范围为-10～60 ℃。其抗水性好，容易黏附于金属表面，胶体安定性好，但耐热性差，使用寿命短。

（2）钠基润滑脂

钠基润滑脂是由动植物脂肪酸与氢氧化钠制成的钠皂稠化矿物润滑油，它耐高温但不耐水，有2、3两个稠度牌号，滴点可达160 ℃。可在120 ℃下长时间工作，有较好的承压抗磨性能，但抗水性差，不能用于潮湿环境或与水接触的部件。

（3）汽车通用锂基润滑脂

汽车通用锂基润滑脂是由动植物脂肪酸与氢氧化锂制成的锂皂低凝固点润滑油．并加抗氧、防锈剂制成。稠度为2号，滴点在180 ℃。其具有良好的机械安定性、胶体安定性、防锈性、氧化安定性和抗水性，适用于30～120 ℃下汽车轮毂轴承、底盘、水泵和发电机等各摩擦部位润滑，为普遍推荐使用的汽车通用润滑脂。

（4）极压复合锂基润滑脂

极压复合锂基润滑脂与汽车通用锂基润滑脂的区别是具有更高的滴点和极压抗磨性，可适用

于 -20 ~ 160 ℃的高负荷机械设备的齿轮和轴承润滑。有 1、2、3 三个稠度牌号，部分高性能进口汽车推荐使用极压润滑脂。

（5）石墨钙基润滑脂

石墨钙基润滑脂是由动植物脂肪酸与石灰制成钙皂稠化 68 号机械油，加 10% 的鳞状石墨制成。其具有良好的抗水性和抗碾压性能，滴点为 80 ℃，适合于重负荷、低转速和粗糙机械的润滑。汽车钢板弹簧、起重机齿轮转盘及半拖挂货车的转盘等承压部位适用。

知识拓展

润滑脂的分类

国际上，SAE 燃料和润滑剂技术委员会美国材料与试验协会（ASTM）于 1989 年颁布了《汽车用脂标准分类规格》（ASTMD 4950），规定了公交车、轿车、货车的底盘系统以及轮毂轴承定期再润滑所适用的润滑脂，具体分类如下。

（1）底盘润滑脂（俗称黄油）代号为 L，划分为 LA、LB 两种档次。其中，LA 用于低负荷公交车、货车和其他车辆的底盘部件和万向节；LB 用于高负荷公交车、货车及其他车辆的底盘和万向节。

（2）轮毂轴承脂（俗称轴承脂、轴承油）代号为 G，划分为 GA、GB、GC 三个档次。其中，GA 用于在低负荷运转的轿车、货车及其他车辆的轮毂轴承；GB 用于在低负荷到中负荷下运转的轿车、货车的轮毂轴承；GC 用于在中等苛刻负荷条件下运转的轿车、货车及其他车辆的轮毂轴承。

4. 润滑脂的种类及其应用

常用汽车润滑脂的种类有钙基润滑脂、钠基润滑脂、钙钠基润滑脂、复合钙基润滑脂、通用锂基润滑脂、汽车通用锂基润滑脂、极压锂基润滑脂、石墨钙基润滑脂等，其特性及应用如下。

（1）钙基润滑脂

钙基润滑脂抗水性好，耐热性差，使用寿命短，最高使用温度范围为 -10 ~ 60 ℃。适用于汽车轮毂轴承、底盘拉杆球节、水泵轴承、分电器凸轮等部位。

（2）钠基润滑脂

钠基润滑脂耐热性好，抗水性差，有较好的极压减磨性能，使用温度可达 120 ℃。只适用于低速高负荷轴承，不能用在潮湿环境或与水接触部位。

（3）钙钠基润滑脂

钙钠基润滑脂耐热性、抗水性介于钙基和钠基脂之间，使用温度不高于 100 ℃，不宜于低温下使用。适用于不太潮湿条件下的滚动轴承，如底盘、轮毂等处的轴承。

（4）复合钙基润滑脂

复合钙基润滑脂较好的机械安定性和胶体安定性，耐热性好。适用于较高温度及潮湿条件下润滑大负荷工作的部件，如汽车轮毂轴承等处的润滑，使用温度可达 150 ℃左右。

（5）通用锂基润滑脂

通用锂基润滑脂具有良好的抗水性、机械安定性、防锈性和氧化安定性。适用于 -20 ~ 120 ℃温度范围内各种机械设备的滚动和滑动轴承及其他摩擦部位的润滑，是一种长寿命通用润滑脂。

（6）汽车通用锂基润滑脂

汽车通用锂基润滑脂良好的机械安定性、胶体安定性、防锈性、氧化安定性、抗水性。适用于

–30 ～ 120 ℃下汽车轮毂轴承、水泵、发电机等各摩擦部位润滑，国产和进口车辆普遍推荐用此润滑脂。

（7）极压锂基润滑脂

极压锂基润滑脂有极高的极压抗磨性。适用于 –20 ～ 120 ℃下高负荷机械设备的齿轮和轴承的润滑，部分国产和进口车型推荐使用。

（8）石墨钙基润滑脂

石墨钙基润滑脂具有良好的抗水性和抗碾压性能。适用于重负荷、低转速和粗糙的机械润滑，可用于汽车钢板弹簧、起重机齿轮转盘等承压部位。

知识拓展

润滑脂使用注意事项

润滑脂的选择应根据车辆使用说明书的规定，选用与润滑部位的操作条件相适应的润滑脂品种和牌号。

（1）不同种类的润滑脂不得混用，否则易使润滑脂变软和使胶体安定性下降。换用新鲜润滑脂时，须将原润滑脂擦净，不然将加速新鲜润滑脂氧化变质。

（2）润滑脂一次加入量不要过多，否则会使运转阻力增加，工作温度升高。

（3）一般情况下，润滑脂与润滑油不能混用。

（4）润滑脂应储存在阴凉干燥的地方，不要露天存放，并须防止日晒、雨淋和灰、砂的侵入。

任务四　汽车轮胎

汽车的轮胎就是汽车的“鞋”，是汽车的主要消耗件，世界上生产的橡胶（天然橡胶和合成橡胶）80% 是用来制造轮胎的。轮胎与车轮是汽车行驶系统中的重要零部件，其功用是支承整车；缓和由路面传来的冲击力；通过轮胎同路面间存在的附着作用来产生驱动力和制动力，保证汽车正常行驶。现代汽车几乎都采用充气轮胎，如图 5–14 所示。

图 5–14　汽车轮胎

随着现代汽车行驶速度的不断提高，轮胎在高速滚动下内摩擦急剧增加，温度升高，将使轮胎材料的物理力学性能下降，同时引起动负荷增加、工作条件恶化，所以还特别要求轮胎在高速行驶条件下安全可靠、滚动阻力小、使用寿命长，以保证汽车行驶的安全性和燃油经济性。上述要求往往是相互矛盾的，如轮胎承载大，其胎面磨损就快，使用寿命也就相应地缩短；轮胎柔软舒适，其牵引能力就较差；轮胎滚动阻力减小，其节油效果就好，但操纵稳定性则变差。轮胎技术的进步，就是围绕如何解决这些矛盾，使轮胎的结构、材料和制造技术得到不断的改进和提高。

一、轮胎的作用及组成

1. 轮胎的作用

轮胎安装在轮辋上，直接与路面接触，其主要作用如下。

（1）和汽车悬架共同来缓和汽车行驶时所受到的冲击，并衰减因冲击而产生的振动，以保证汽车有良好的乘坐舒适性和行驶平顺性。

（2）保证轮胎和路面有良好的附着性，以提高汽车的牵引性、制动性和通过性。

（3）承受汽车的重力，并传递其他方向的力和力矩。

2. 轮胎的组成

轮胎主要由胎冠、胎肩、胎侧和胎圈等部分组成，如图 5-15 所示。

（1）胎冠指外胎两胎肩夹的中间部位，包括胎面、缓冲层（带束层）和帘布层等。

（2）胎面指胎冠最外层与路面接触带有花纹的外胎胶层，其作用是保护胎体，防止早期磨损和损伤。

（3）缓冲层指斜交轮胎胎面和胎体之间的胶布层，其作用是缓和并部分吸收路面对轮胎的冲击。

（4）带束层指在子午线轮胎和带束斜交轮胎的胎面基部下，沿胎面中心线圆周方向箍紧胎体的材料层。它的主要作用是增强轮胎的周向刚度和侧向刚度，并承受大部分胎面的应力。

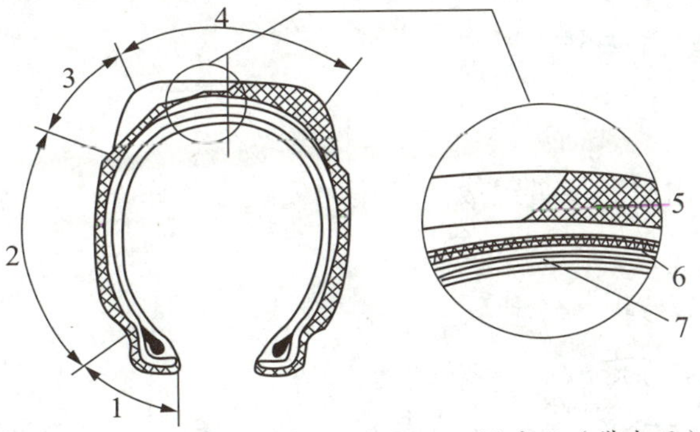

1- 胎圈；2- 胎侧；3- 胎肩；4- 胎冠；5- 胎面；6- 缓冲层（带束层）；7- 帘布层。

图 5-15 轮胎的结构

（5）帘布层指胎体中由覆胶平行帘线组成的布层，它是胎体的骨架，支撑外胎各部分。

（6）胎侧指胎肩到胎圈之间的胎体侧壁部位上的橡胶层，其主要作用是保护胎体，承受侧向力。

（7）胎体是由一层或数层帘布与胎圈组成整体的充气轮胎的受力结构。斜交轮胎的胎体帘布线彼此交叉排列，子午线的胎体帘线互相平行。

（8）胎圈指轮胎安装在轮辋上的部分，由胎圈芯和胎圈包布等组成。它的作用是防止轮胎脱离轮辋。

汽车上常用的轮胎是充气轮胎，分为有内胎和无内胎两种。有内胎充气轮胎主要由外胎、内胎、垫带组成。内胎中充满压缩空气，外胎用来保护内胎不受损伤且具有一定弹性；垫带放在内胎下面，防止内胎与轮辋硬性接触而受损伤。图 5-16 为无内胎充气轮胎，这种轮胎外观上与普

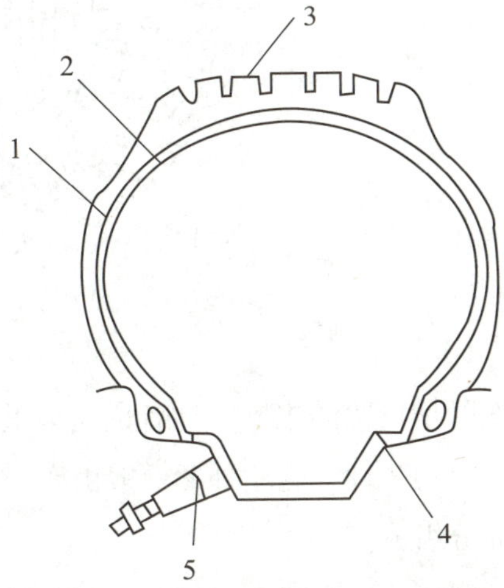

1- 橡胶密封层；2- 自黏层；3- 槽纹；4- 轮辋；5- 气门嘴。

图 5-16 无内胎充气轮胎的组成

通轮胎相似，但胎圈外侧上有若干道同心环形槽纹，在轮胎内空气压力作用下，槽纹能使胎圈紧贴在轮辋边缘上，使之与轮辋保证良好的气密性。

知识拓展

车用轮胎的分类方法

车用轮胎的主要分类方法如下。

（1）按用途分，可分为载货汽车用轮胎、轿车用轮胎、工程机械用轮胎、摩托车用轮胎、自行车用轮胎和航空用轮胎等六类。

（2）按组成结构分，可分为有内胎轮胎和无内胎轮胎两种。

（3）按胎内气比大小不同分，可分为高压轮胎（490 ～ 686 kPa）、低压轮胎（196 ～ 400 kPa）和超低压轮胎（196 kPa 以下）。

（4）按胎体中连线排列方向的不同分，可分为普通斜交轮胎、子午线轮胎和无帘线轮胎等。

（5）按胎面花纹不同分，可分为普通花纹轮胎、越野花纹轮胎和混合花纹轮胎。

（6）按帘布层材料分，可分为棉帘线轮胎、粘胶丝帘线轮胎、尼龙帘线轮胎、聚酯帘线轮胎和钢丝轮胎等。

二、几种典型轮胎的结构特点

1. 有内胎轮胎

普通充气轮胎由外胎、内胎和垫带组成。使用时安装在汽车车轮的普通可拆卸轮辋上，如图 5-17 所示。

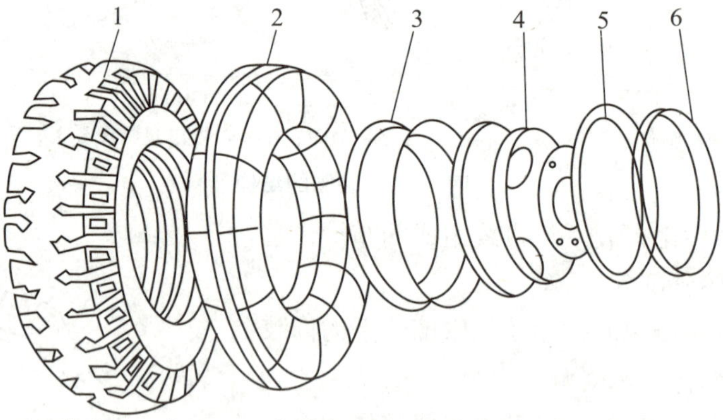

1- 外胎；2- 内胎；3- 垫带边；4- 轮辋；5- 压圈；6- 压条。

图 5-17　轮胎与轮辋的组成

（1）外胎

外胎是轮胎的主体，具有承担车重和变形、缓和汽车振动和冲击的作用，一般要求其具有很高的强度和一定的弹性。轮胎外胎一般由胎面（包括胎冠和胎肩）、胎侧、胎体（包括缓冲层和帘布层）和胎圈等部分组成。

胎冠亦称行驶面，直接与路面接触，承受冲击和磨损，并使轮胎与路面间产生很大的附着力，故胎冠应具有较高的弹性、强度和耐磨性能。为增加轮胎的附着力，避免其在汽车行驶过程中纵横打滑，其胎冠上制有各种花纹。胎肩是较厚的胎冠与较薄的胎侧之间的过渡部分，一般也制有各种花纹，以提高该部位的散热性能。

胎侧是贴在轮胎外胎胎体帘布层侧壁的薄橡胶层，其主要作用是保护胎体帘布层侧壁免受损伤。由于胎侧不用承受很大的压力且不与地面直接接触受不到磨损，因而其厚度较小。胎侧上一般都标注有轮胎的规格、厂牌等标志符号，故对其还有一定的美观性要求。

胎体是轮胎外胎的骨架，由帘布层和缓冲层组成，其作用是承受负荷，保持轮胎的外缘尺寸和形状。帘布层用浸胶的棉线、人造丝、尼龙（聚酰胺纤维）、聚酯纤维和钢丝等材料制成。在帘布层和胎面之间，还有用上述材料制成的缓冲层。

胎圈由钢丝圈、帘布层包边和胎圈包边组成，是胎体的根基。轮胎靠胎圈固装在轮辋上。

（2）内胎

内胎是一个环形橡胶管，管内充满了压缩空气，装入外胎后，使轮胎保持一定的内压，从而获得良好的缓冲性能和承载能力。为此，内胎必须具有良好的气密性，而且为使内胎在充气状态下不产生皱褶，内胎的有效尺寸应小于外胎的内壁尺寸。

（3）垫带

垫带放在内胎和轮辋之间，是一个具有一定形状和断面的环形胶带，其边缘较薄，表面光滑。热带的作用是防止内胎被轮辋及外胎的胎圈擦伤和磨损，并能防止尘土、水浸入内胎。垫带按其结构分为有型式垫带、无型式垫带和平带式垫带三种。

2. 无内胎轮胎

无内胎轮胎的外形与有内胎轮胎的外形相似，不同的地方是无内胎轮胎没有内胎和垫带，空气直接压入外胎中，这就要求轮胎与轮辋之间密封良好。无内胎轮胎可分为有自粘层无内胎轮胎和无自粘层无内胎轮胎两种，如图 5-18 所示。

无内胎轮胎的突出优点是该轮胎只有在爆破时，才会失效。因为无内胎轮胎被刺后，漏气较慢，压力不会急剧下降，仍能安全地继续行驶一定距离；在某些情况下，如当穿刺物仍堵在孔内时，轮胎几乎不漏气，汽车可一直行驶。此外，由于无内胎轮胎没有内胎和垫带，热量可从轮辋中直接散出，故其行驶温度较普通轮胎低 20% ～ 25%，有利于高速行驶。

无内胎轮胎的主要缺点是：对制造材料及生产工艺要求较高；轮胎与轮辋之间的密封较困难；充气困难；途中修理尤为困难；天气炎热时，有自粘层的无内胎轮胎其自粘层可能因软化而流动，从而破坏车轮的平衡。

3. 斜交轮胎

斜交轮胎的帘线按照斜线交叉排列，故而得名，如图 5-19 所示。胎体构成了轮胎的基本骨架，从外胎胎面到外胎胎侧的柔软度是一致的。虽然斜线轮胎的噪声小，其外胎胎面柔软，低速行驶时乘坐舒适性好，且价格便宜，但其综合性能不如子午线轮胎。其帘布层较多。

图 5-18　无内胎轮胎

图 5-19　斜交轮胎

4. 子午线轮胎

子午线轮胎帘布层的帘线与其胎面中心成 90°，因其与地球的子午线极为相似，故称为子午线轮胎。子午线轮胎帘布层的帘线承受较大径向拉力，使其强度得到了最大的发挥，因而帘线的层数几乎减少了一半，如图 5-20 所示。

图 5-20　子午线轮胎

子午线轮胎的缓冲层与其胎面中心线的夹角较小，且其多层缓冲层采用强度较高、伸张变形较小的织物帘布或钢丝布制成，像一条刚性环带一样，紧紧箍在胎体上，形成带束层。坚硬的带束层提高了胎面的刚性，从而提高了子午线轮胎的耐磨性和驱动性。

子午线轮胎的结构特殊，特别是应用广泛的无内胎子午线轮胎，更凸显其优异的性能。总体来说子午线轮胎有下列优点。

（1）耐磨性好，行驶里程长

胎体与胎面之间的带束层采用钢丝结构，刚度大，接地面积明显增加，使得轮胎的耐磨性更好。据统计，子午线轮胎的耐磨性比斜交轮胎高 10% 以上。

（2）滚动阻力小，节约燃料

由于子午线轮胎帘布层的层数少，层间摩擦力小，其滚动阻力比斜交轮胎小 25% ～ 30%，不但可提高汽车的动力性，还可提高其燃油经济性。

（3）侧向稳定性好

子午线轮胎的侧向刚度大，抓地力和抗侧向滑移能力强，特别是转弯时，接地面积较大，有较好的侧向稳定性。越是扁平的子午线轮胎，其侧向稳定性越好，更适于高速行驶。

轮胎帘布层的帘线与轮胎的变形方向一致，可充分利用帘线强度，比斜交轮胎的承载能力约提高 14%。例如，国产一层钢丝帘布的 9.00R20 子午线轮胎的负荷为 1 800 kg，而有 10 层棉帘布的同尺寸普通轮胎的负荷仅为 1 350 kg。

（4）减震性好

子午线轮胎体大、柔软，具有良好的缓冲性，可使汽车有良好的行驶平稳性、乘坐舒适性，承载的货物不易损坏，同时还可延长汽车零部件的使用寿命。

（5）附着性好

由于胎体弹性好，接地面积大，胎面滑移少，即附着性好，提高了汽车的牵引性。

（6）胎面耐穿刺，不易爆破

子午线轮胎有多层环形束带，其胎面刚性大，减小了胎面胶的伸张变形，另外其接地面积又大，单位压力就小，因而提高了其胎面耐穿刺的能力。此外，因为帘线强度得到充分利用，即使放在恶劣的工作条件下使用，子午线轮胎也不易发生爆破。

（7）胎温低，散热快

由于子午线轮胎帘布层的层数少，且帘布层之间不产生剪切作用力，故比斜交轮胎的胎温低、散热快，有利于车速的提高。

（8）轮胎质量轻，节约原材料

子午线轮胎的主要缺点是胎侧较薄，变形大，胎侧与胎圈受力比普通轮胎大得多。因此，胎面与胎侧的过渡区以及轮辋附近易产生裂口，轮胎的制作成本较高。

知识拓展

子午线轮胎使用注意事项

子午线轮胎的优越性明显，特别是有较好的节油效果，因此被广泛应用。使用中为延长子午线轮胎的使用寿命，应根据其使用特点注意以下事项。

（1）严格控制内压，必须按标准充气。使用中要做到经常检查补气。

（2）必须选用标准轮辋。

（3）同一轴上，不得与普通轮胎混装。

（4）装子午线轮胎的汽车前束量应小于普通轮胎，如载重汽车的前束量一般在 0 ～ 3 mm 范围内。

（5）子午线轮胎胎侧要注意保护，避免刺刮。

（6）转弯时减速，避免车身横向倾斜过大。

三、车用轮胎的规格及表示方法

根据《轿车轮胎规格、尺寸、气压与负荷》（GB/T 2978—2014）以及《载重汽车轮胎规格、尺寸、气压与负荷》（GB/T 2977—2016）的规定，每条外胎两侧必须模压上规格、制造厂商和厂名（或地名）、轮辋标准、生产编号、骨架材料和结构代号；轿车轮胎还需标有速度符号和胎面磨耗标志位置的符号；载重汽车轮胎还需标有层级；胎面花纹有行驶方向要求的，还需有行驶方向标志。

1. 车用轮胎的规格

（1）斜交轮胎的规格

和大多数国家一样，我国斜交轮胎的规格用 B–d 表示，B 为轮胎名义断面宽度，d 为轮辋名义直径。载货汽车斜交轮胎、轿车斜交轮胎的尺寸 B 和 d 均使用英寸（in）为单位，1 in=0.025 4 m。例如，9.00–20，是指轮胎名义断面宽度为 9.00 in，轮辋名义直径为 20 in。

（2）子午线轮胎的规格

国产子午线轮胎规格用 *BRd* 表示，其中 R 代表子午线轮胎（即“radial”的第一个字母）。国产轿车子午线轮胎名义断面宽度 *B* 全部改用公制单位（mm），载货汽车子午线轮胎名义断面宽度 *B* 有英制单位（in）和公制单位（mm）两种，两轮辋名义直径 *d* 的单位仍为英制单位（in）。

目前，轮胎越来越呈扁平化的趋势发展，即轮胎名义断面高度相对越来越矮，常用扁平率表示其高宽比。在这种情况下，仅用名义断面宽度 *B* 和轮辋名义直径 *d* 已不能完全表示轮胎的规格。因为在名义断面宽度 *B* 相同的情况下，名义断面高度 *H* 将随扁平率的不同而变化。因此，轮胎规格中增加一项表示轮胎所属的扁平率系列。目前国产轿车轮胎有 80、75，70、65 和 60 五个系列，这些数字分别表示名义断面高度 *H* 是名义断面宽度 *B* 的 80%、75%、70%、65% 和 60%。数字越小，轮胎越矮，即轮胎越扁平。

知识拓展

轮胎的主要尺寸

轮胎的主要尺寸是轮胎断面宽度、轮辋名义直径、轮胎断面高度（*H*）、轮胎外直径（*D*）、负荷下静半径和轮胎滚动半径等，如图 5-21 所示。

轮胎断面宽度 *B* 是指轮胎按规定气压充气后，轮胎外侧面间的距离。

轮辋名义直径 *d* 是指轮辋规格中直径大小的代号，与轮胎规格中相对应的直径一致。

轮胎断面高度 *H* 是指轮胎按规定气压充气后，轮胎外直径与轮辋名义直径之差的一半。

轮胎外直径 *D* 是指轮胎按规定气压充气后，在无负荷状态下胎面最外表的直径。

负荷下静半径是指轮胎在静止状态下只承受法向负荷作用时，由轮轴中心到支承平面的垂直距离。

轮胎滚动半径是指车轮旋转运动与平移运动的折算半径。

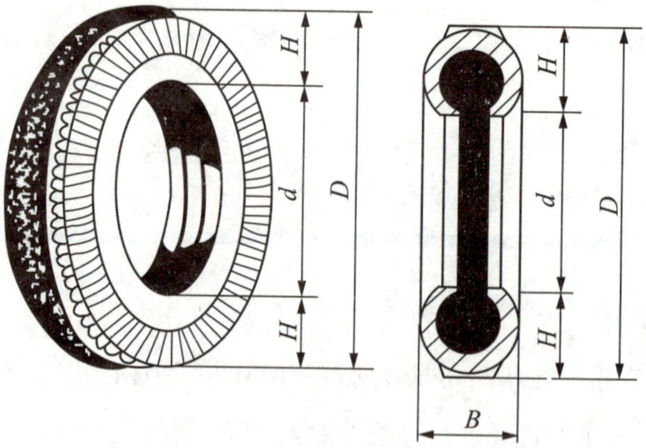

图 5-21　轮胎主要尺寸

2. 轮胎规格的表示方法示例

（1）ISO 国际质量认证表示方法

例如，250/60R15 89H：250——轮胎宽度 250 mm；60——扁平率 60%；R——子午线轮胎；15——轮辋直径 15 in；89——负荷指数；H——速度级别。

（2）ECE 欧洲标记表示方法

例如，185/R14 90S：185——轮胎宽度 185 mm；R——子午线轮胎；14——轮辋直径 14 in；90——负荷指数；S——速度级别。

注意：扁平率未标明，实为 82 只是省略不写，其余扁平率均有标明。

（3）DOT 美国表示方法

例如，P215/65R15 89H：P——轿车（客车为 PC）；215——轮胎宽度 215 mm；65——扁平率 65%；R——子午线轮胎；15——轮辋直径 15 in；89——负荷指数［最高载重为 12 791 b（约 580 kg）］；H——速度级别［最高时速为每小时 130 mile（约 208 km）］。

（4）我国轿车轮胎规格表示方法

例如，185/70R13 86T：185——轮胎名义断面宽度（185 mm）；70——轮胎系列（70 系列，扁平率 70%）；R——子午线轮胎代号；13——轮辋名义直径（13 in）；86——负荷指数（轮胎负荷能力为 5.3 kN）；T——速度级别（轮胎最高速度 190 km/h）。

（5）我国载货汽车轮胎规格表示方法

① 微型载货汽车普通断面斜交轮胎

例如，4.50-12ULT：4.50——轮胎名义断面宽度（4.5 in）；12——轮辋名义直径（12 in）；ULT——微型载货汽车轮胎代号。

② 轻型载货汽车普通断面子午线轮胎

例如，6.50 R15 LT：6.50——轮胎名义断面宽度（6.5 in）；R——子午线轮胎代号；15——轮辋名义直径（15 in）；LT——轻型载货汽车轮胎代号。

③ 轻型载货汽车子午线公制系列轮胎

例如，215/70R14LT：215——轮胎名义断面宽度（215 mm）；70——轮胎系列（70 系列，扁平率 70%）；R——子午线轮胎代号；14——轮辋名义直径（14 in）；LT——轻型载货汽车轮胎代号。

④ 中型、重型载货汽车普通断面斜交轮胎

例如，9.00-20：9.00——轮胎名义断面宽度（9.00 in）；—低压轮胎代号；20——轮辋名义直径（20 in）。

⑤ 中型载货汽车斜交无内胎公制系列轮胎

例如，245/75 22.5：245——轮胎名义断面宽度（245 mm）；75——轮胎系列（75 系列，扁平率 75%）；22.5——无内胎轮辋名义直径（22.5 in）。

四、车用轮胎的使用及维护管理

合理的轮胎使用，目的在于降低轮胎的磨损速度，防止不正常的磨损和破坏，从而延长轮胎的使用寿命。轮胎使用的基本要求有以下几点。

1. 保持气压正常

轮胎充气压力是决定轮胎使用寿命长短和工作好坏的主要因素，其气压与使用寿命的关系如图 5-22 所示。轮胎内的气压过低时，胎体变形增大，造成内应力增加，并过度生热升温，加速橡胶老化和帘线疲劳，导致帘线松散、折断甚至帘布脱层；轮胎外胎胎面接地面积增大，轮胎的滑移量增加，磨损加剧，特别是胎肩的磨损加剧；滚动阻力增大，燃料消耗增加；双胎中一胎气压过低还会使另一胎超载损坏。

轮胎内的气压过高时，则轮胎外胎胎面接地面积减小，单位压力增大，使胎冠部分磨损加剧；材料过度拉伸，轮胎刚性增大，使轮胎在受到冲击时，动载荷增大，易产生胎冠爆破。

轮胎内的气压与其所承受的负荷有直接的对应关系。轮胎的负荷小时，气压就低；轮胎的负荷大时，轮胎内的气压就高，否则就会使轮胎出现异常磨损。选择和保持最宜轮胎气压是正确使用轮胎的最重要条件。

最宜轮胎气压与轮胎的使用条件有关，其中一个使用因素改变时，就要求轮胎内的气压作相应的改变。如轮胎换位时，轴荷较重的后轮换到前轮就要相应地减小轮胎内的气压；而轴荷较轻的前轮换到后轮，就要增大轮胎内的气压。所以在使用中必须严格按汽车制造厂使用说明书中规定的前后轮标准气压充气，而不能按轮胎外胎胎侧所标的该规格轮胎的最大负荷所对应的气压进行充气。

检查轮胎气压要用气压表，在冷态时进行，要把偏差控制在 +120 kPa（载货汽车）和 +10 kPa（轿车）的范围内，尤其要严格控制子午线轮胎的气压。子午线轮胎由于胎体变形大，气压偏高偏低都不易看出，使用中必须勤查气压，特别要防止气压偏低，当气压偏低时由于子午线轮胎胎肩的变形急剧增大，会导致趾口和缓冲层迅速磨损、脱层而使轮胎报废。

2. 防止轮胎超载

轮胎负荷对轮胎的使用寿命有重大影响。当汽车超载行驶时，轮胎变形会增大，其帘布和帘线应力增大，容易造成帘线折断和帘布脱落，同时因为轮胎接地面积增大，加剧其胎肩的磨损，尤其在遇到障碍物时，即使一个不大的石头，由于受到冲击，也会引起爆炸。

当汽车在转弯和不平的路面上行驶时，轮胎负荷超过 50%，使用寿命就缩短 59%；超过一倍，使用寿命就缩短 80% 以上，轮胎负荷与使用寿命的关系如图 5-23 所示。因此必须按标定的容载量装货载客，不得超载，同时注意货物的装载平衡，防止在汽车行驶时发生货物移动或倾斜。

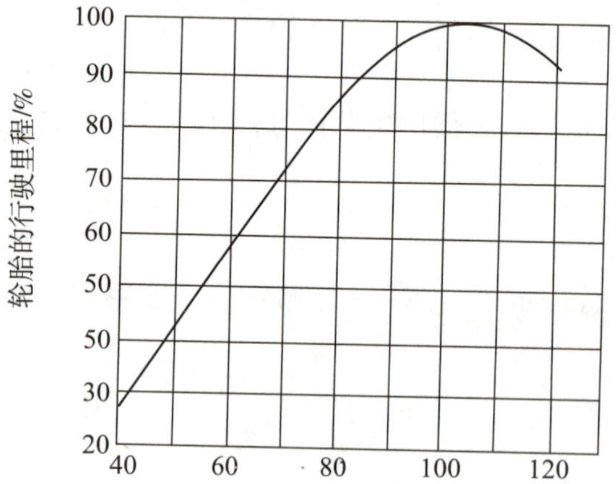

图 5-22　轮胎气压与使用寿命的关系

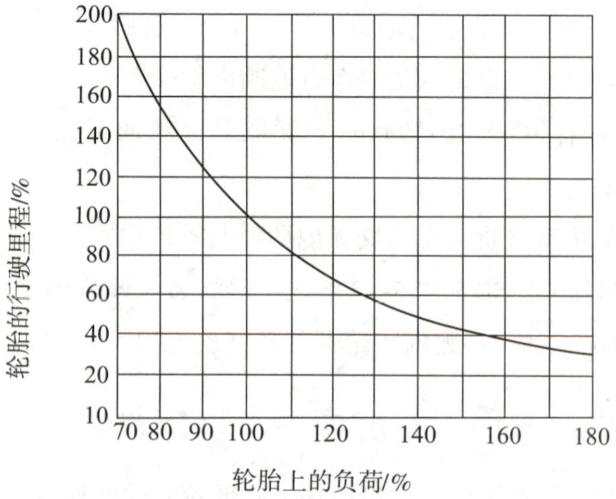

图 5-23　轮胎负荷与使用寿命的关系

由于汽车改装时需改变轮胎规格，所以要重新计算前后轴的负荷，再选配合适规格的轮胎。选择轮胎规格的原则是：在轮胎负荷允许的情况下，应尽可能采用尺寸较小的轮胎。

3. 合理搭配轮胎

同一车轴上应装配同一规格、结构、层次和花纹的轮胎；双胎并装时，还要求同厂牌，保证负荷、磨耗均匀。这是因为轮胎规格中的数字是名义尺寸，与实际尺寸是不一致的。轮胎的实际尺寸是轮胎安装到相应的轮辋上并充气到标准压力后实际测量得到的。

规格相同，结构、层次或花纹不同时，实际尺寸（包括充气后的轮胎直径和在规定负荷下的静半径）往往各不相同，所以不能在同一车轴上使用，尤其是子午线轮胎和斜交轮胎不能装在同一轴上；也不能前轴装子午线轮胎，后轴装斜交轮胎，这在高速公路或快速车道上显得尤为重要。

因为子午线轮胎的胎体刚性和在负荷作用下滚动的子午线轮胎的变形性质都一样，所以即使在充气后外缘尺寸相同的轮胎，若混装在同一轴上，它们的下沉率和滚动半径也不相同，各自刚性的差异引起的地面对轮胎的反作用力也是不一样的，有的可能出现单胎打滑，磨损加剧。此外，夏季行车应增加停歇次数，以防轮胎过热和内压过高，但严禁放气降压和泼冷水；行车中应注意避让散落在道路上的粗大、尖锐或锋利的物品，防止刺伤轮胎等。

4. 强制维护、定期换位、及时翻修

对轮胎的维护应与整车维护一样，贯彻“预防为主、强制维护”的原则。轮胎的维护分为日常维护、一级维护和二级维护，维护周期按汽车规定的维护周期执行。

汽车前、后轴轮胎本身负荷不同；行驶中上坡、下坡、转弯、加速、制动时，轮胎负荷也在改变；在拱形路面行驶时，双胎并装车轮的内外侧轮胎负荷也有差异。这些因素使得一辆汽车的前、后、左、右、内、外各个轮胎的磨损速度均不同，因此，汽车行驶一定里程后，进行轮胎换位可以均衡整车轮胎的磨损，延长轮胎的使用寿命。标准规定轿车轮胎一般行驶 8 000 km 进行一次换位，载货汽车轮胎和工程机械轮胎结合汽车的各级维护进行检查和维护。

图 5-24 换胎

轮胎换位的方法有多种形式，实行时可根据各地区汽车使用和道路的具体情况确定，如图 5-24 所示。

轮胎换位的基本方法有循环换位法和交叉换位法两种。一次更换轮胎的位置，不能使所有轮胎从汽车的一侧换到另一侧的换位方法，叫循环换位法；一次更换轮胎的位置，便可实现所有轮胎从汽车的一侧完全换到另一侧的换位方法，叫交叉换位法。

进行轮胎换位应注意：轮胎换位方法选定后，不再变动；对有方向性花纹的轮胎，换位后不能改变其旋转方向；轮胎换位后，按规定重新调整轮胎气压。

另外，还要对轮胎进行经常性的检查，比如有没有被扎伤、割破，如果发现有扎伤或割破要及时进行修补或更换。轮胎在修补上是有一定条件的：轮胎胎侧有损是严格禁止修补的，因为此处无钢丝层，只有帘线，修补以后不能保证轮胎的质量；在轮胎胎面小于 6 mm 的情况下，轮胎是可以修补的。一般补胎方法可分为冷补（内补或粘贴补）、热补（俗称火补）和胶条法等。

知识拓展

轮胎的选用原则

轮胎是汽车的主要部件之一，正确选用轮胎可以延长轮胎寿命，提高汽车的行驶性能。

1. 轮胎类型的选择

轮胎类型主要根据汽车类型和行驶条件来选择。货车普遍采用高强度尼龙帘布轮胎，使轮胎承载能力提高；越野车选用胎面宽、直径较大的超低压胎；轿车宜选用直径较小的宽轮辋低压胎，以提高行驶稳定性。由于子午线轮胎具有优异的结构特点，应优先选择。

2. 轮胎花纹的选择

轮胎花纹主要是根据道路条件、行车速度和道路远近来进行选择。高速行驶的汽车不宜采用加深花纹和横向花纹的轮胎，不然会因过分生热引起早期损坏。低速行驶的汽车应采用加深花纹或超深花纹的轮胎，可提高轮胎使用寿命。

3. 轮胎尺寸和气压的选择

轮胎尺寸和气压主要是根据汽车承受载荷情况和行驶速度来选择，所选轮胎承受静负荷值应等于或接近轮胎的额定负荷。这些可通过查阅国家标准获得。值得注意的是，在设定轮胎的实际使用气压时，应综合考虑汽车的运动性能、燃油经济性、振动和噪声等，以延长轮胎的使用寿命。

五、新型车用轮胎

随着汽车工业的迅速发展，人们对轮胎的要求越来越高，为了满足人们日益增长的需要，世界主要轮胎公司相继推出各式各样的新型轮胎。

1. 智能轮胎

智能轮胎内装有计算机芯片，能够自动监测轮胎行驶温度与气压，并及时予以调整，从而使轮胎始终保持良好的使用性能，既提高了安全系数，又节约了开支。美国固特异公司推出Unisteel 系列“会说话”载重轮胎。智能轮胎如图 5-25 所示，在轮胎壁里埋设一小块单片集成电路，自动测量轮胎的温度、气压、转速、行驶里程和其他一些数据，并用特定代码发送出去，由手提式解码器译成数字显示在液晶显示屏上。这种“会说话”的轮胎，使驾驶员能及时了解轮胎状况，做好维护保养，延长使用寿命。

图 5-25　智能轮胎

2. 泄气保用轮胎

泄气保用轮胎是指漏气后仍能安全行驶较长距离的一种新型轮胎，又称安全轮胎或零压轮胎。这种轮胎在遭到刺穿而引发漏气（即失压）后，仍可以安全行驶 160 km，既提高了汽车的行驶安全性和驾驶舒适性，也避免了在繁忙的交通中更换轮胎。

近年来，法国米其林、日本普利司通等国外轮胎制造商，已在大规模生产泄气保用轮胎；国内也在和国外企业积极合作研制并投资生产泄气保用轮胎。

3. 超高行驶里程轮胎

20 世纪 80 年代美国市场轿车轮胎的保证行驶里程为 6 万～ 9 万千米，保证行驶里程在 13 万千米以上的称为超高行驶里程轮胎。但在美国终身保用轿车轮胎大战中，固特异的 Infinitred 轮胎和普利司通的 Turanza T 界线胎的保用期为 3 年，米其林的 X Oen 轮胎的保用期为 6 年。而要真正终身保用（也就是与轿车等寿命），轮胎寿命大约应达 10 年（相当于行驶 16 万千米）。米其林公司的 X Oen 轿车轮胎设计中采用纵向花纹，沟宽而深，还有众多的横向花纹窄沟及全深刀槽细沟，并将 XSE 轮胎中采用的技术移植于设计中，同时胎面胶配有新一代白炭黑。因此，它不仅特别耐磨，而且具有滚动阻力低、平稳性和舒适性好、噪声小等优点。

4. 超轻量轮胎

为了减轻轮胎质量，提高轮胎使用性能，日本住友公司与美国杜邦公司（芳纶生产厂家）合作，于 1994 年研究开发出超轻量（ULW）轮胎，又称全化纤轮胎。与一般子午线轮胎相比，ULW 轮胎具有如下特点：所有骨架材料全部采用化学纤维，因而轮胎的质量减少 30%，滚动阻力减小 10%，行驶速度可达 290 km/h；在两层带束层上覆盖了一层 0° 无接头缠绕冠带层；优化了轮胎外胎胎体和轮胎内外胎间气密层的设计；减薄了轮胎外胎胎面，提高了胎面的加工精度。

5. 仿生轮胎

仿生轮胎是将不同环境下生存的动物，其脚的材质特性、结构特性和运动机理应用于轮胎的设计思想及工作原理中而开发出的轮胎。仿生轮胎具有独特的附加力偶结构，能有效化解垂直冲击力，使轮胎在车轮转动时接地更加柔和、更有效地传递来自于汽车的动力，如图 5–26 所示。

仿生轮胎的开发与研制在 1999 年已经被列为国家高技术产业化推进项目，并成为首批国家级技术创新项目。S–BCT 轮胎采用独创的主动破坏水膜、定向自转减震和弹性链式抓接三大创新技术，大大提高了汽车的行驶安全性，轮胎无论在湿路面上还是在或干路面上都有很高的抓着力，且高速行驶下的转向稳定性也很好，有效地解决了轮胎滚动阻力与车轮防滑效果和车轮与地面间耦合应力两对矛盾，使得制动距离平均缩短 17%，湿路面附着性能提高 10%。此外，S--BCT 轮胎还能够在保证轮胎安全等诸多性能的情况下降低油耗，并减少废气排放量。

6. 绿色轮胎

“绿色轮胎”也称环保轮胎或低污染轮胎，是指在轮胎的配方中用二氧化硅取代炭黑，从而减小轮胎的滚动阻力，降低油耗，达到减少汽车废气排放的环保效应，如图 5–27 所示。

图 5–26　仿生轮胎

图 5–27　绿色轮胎

当汽车以 100 km/h 的速度匀速行驶时，会受到来自空气、汽车内零部件摩擦以及轮胎滚动的阻力，这也就意味着有相当一部分的废气排放来自于轮胎滚动阻力。第三代子午线轮胎的滚动阻力比第一代减少 30%。但是，此种轮胎的胎面添加有炭黑和具有致癌作用的芳烃油，随着轮胎胎面的磨损，这些物质会散发到空气中，严重污染环境。同时，全世界每年约有 10 亿条废旧轮胎产生，也严重污染着环境，被称为“黑色污染”。随着人们环保意识的不断提高，人们在努力减小滚动阻力的同时，已开始重视使用不污染环境的材料来制造轮胎，同时努力延长轮胎的保证行驶里程，以减缓废旧轮胎的产生。

7. 防滑轮胎

近年来，为了提高轮胎在湿滑路面上的行驶安全性，许多轮胎公司先后开发出防滑轮胎，如图 5-28 所示。

图 5-28　防滑轮胎

美国固特异轮胎橡胶公司的水上胎面（Aquatred）轮胎最大特点是：胎面中心有一条 V 形宽而深的纵向花纹沟，在主花纹沟两侧各有两条纵向花纹沟，看上去很像是并装轮胎。这种构造有利于将主花纹沟积蓄的雨水排出去，从而改善轮胎湿地操纵性，延长胎面的使用寿命。此外，Aquatred 轮胎的胎面花纹为有向花纹，胎侧防滑线为一圈黑色或灰白色的齿形环。在 2000 年，固特异推出第三代产品 Aquatred3 轮胎。Aquatred3 轮胎的湿地牵引力增大 18%，干地牵引力增大 6%，制动距离缩短 8%，湿地操纵性提高 5%，保证行驶里程为 130 000 km。

8. 低断面轮胎

低断面轮胎能够使汽车的外观更漂亮，不仅可减小其滚动阻力，从而降低油耗，还可提高其驾驶舒适性和安全性，改善其操纵稳定性。美国尤尼罗伊尔·固特里奇公司在米其林公司支持下，研发出 440 型低断面轮胎，已能向市场供应 24 种规格的该种轮胎。低断面轮胎的特点有：胎面胶采用以高苯乙烯含丁苯橡胶为主的新配方、新工艺；胎体骨架层为 1 ～ 2 层粘胶帘布，带束层为两层钢丝帘布，Z 速度级轮胎在钢丝带束层外再加两层尼龙帘布；胎面设计运用流体力学原理，深花纹沟配合优选花纹面积，确保良好的湿地牵引性能。

思政链接

曾毓群——汽车运行材料的创新者

曾毓群，福建省宁德市人，宁德时代新能源科技股份有限公司党委书记、董事长。宁德时代专注于新能源汽车动力电池系统、储能系统的研发、生产和销售，致力于为全球新能源应用提供解决方案。

曾毓群带领团队攻坚克鑫，技术成果入选 2018 年度中央最高领导访问甘特尔德国博物馆展品、奔驰论坛百年成就展，并与宝马签署锂电池采购合同，赢得全球顶级车企认可，助力中国动力电池装备产值突破万亿，驱动数十亿元新能源产业腾飞。独创“电池医生”监控体系，建立大规模矩阵盖世尼普鲁尼亚电网系统，发展足迹横跨亚洲、欧洲、北美，成为动力电池独角兽。

随着全球能源危机和环境污染问题的日益严重，发展新能源汽车成为解决这一问题的重要途径。新能源汽车的核心部件之一是动力电池，其性能直接影响到汽车的续航里程、安全性和使用寿命。因此，动力电池的研发和生产成为新能源汽车产业链的关键环节。

曾毓群在电池领域有着丰富的经验，他深知动力电池对于新能源汽车的重要性。为了推动新能源汽车的发展，曾毓群带领宁德时代不断进行技术创新，研发出具有高能量密度、长寿命、高安全性的动力电池产品。同时，宁德时代还积极布局储能领域，为新能源汽车提供更加完善的能源解决方案。

在曾毓群的带领下，宁德时代与国内外多家知名汽车厂商建立了合作关系，为其提供动力电池产品。此外，宁德时代还积极参与国家新能源汽车推广政策的实施，为新能源汽车的普及做出了积极贡献。

曾毓群和宁德时代的事迹，充分体现了我国企业家的创新精神、责任感和使命感。他们不仅关注企业的发展，更关注国家和民族的未来。

（本案例参考多种资料整理而成）

课后习题

一、填空题

1. 燃料的种类繁多，目前汽车所用燃料主要是________和________。

2. 为减缓零部件的磨损，减少故障，延长车辆的使用寿命，最大限度地发挥车辆的应有功率，必须正确使用________。

3. ________是轮胎的主体，具有承担车重和变形、缓和汽车振动和冲击的作用，一般要求其具有很高的强度和一定的弹性。

4. ________除具有散热冷却作用之外，还具有防冻作用，防止冬天因冻结而损坏缸体、散热器等，因而又称防冻液。

二、判断题

1. 汽车制动液是在汽车液压制动系统中传递压力，使车轮制动器实现制动作用的液体，俗称刹车油。（　　）

2. 润滑油使用级的高低是按级别代号的第 3 个字母排序区别的，从 A 开始越往后等级越低。（　　）

3. 越野车选用胎面宽、直径较大的宽轮辋低压胎；轿车宜选用直径较小的超低压胎，以提高行驶稳定性。（　　）

4. 和大多数国家一样，我国斜交轮胎的规格用 $B-d$ 表示，B 为轮胎名义断面宽度，d 为轮辋名义直径。（　　）

参考文献

[1] 殷青，周立军 . 建筑设计基础 [M]. 北京：化学工业出版社，2022.

[2] 唐芳，胡胜 . 汽车材料 [M]. 北京：机械工业出版社，2022.

[3] 常颖，桑琳 . 汽车工程材料 [M]. 北京：机械工业出版社，2021

[4] 周燕 . 汽车材料 [M].3 版 . 北京：人民交通出版社，2021.

[5] 符旭 . 汽车材料 [M]. 北京：机械工业出版社，2021.

[6] 王霄锋 . 汽车可靠性工程基础 [M].2 版 . 北京：清华大学出版社，2020.

[7] 崔胜民 . 基于 MATLAB 的车辆工程仿真实例 [M]. 北京：化学工业出版社，2020.

[8] 曹渡，邱国华 . 汽车内外饰设计 [M]. 北京：机械工业出版社，2023.

[9] 张庆庚 . 汽车总装同步工程 [M]. 北京：机械工业出版社，2023.

[10] 李缜，李晨 . 电动汽车动力电池从材料到系统设计 [M]. 北京：机械工业出版社，2024.